Devocional

Conversa com
DEUS
Pai

AMANDA VERAS

Devocional

Conversa com
DEUS
Pai

365 reflexões diárias que trazem
acolhimento e conforto para a alma

Principis

Esta é uma publicação Principis, selo exclusivo da Ciranda Cultural
© 2024 Ciranda Cultural Editora e Distribuidora Ltda.

Texto
© Amanda Veras

Editora
Michele de Souza Barbosa

Preparação
Eliel Silveira Cunha

Revisão
Fernanda R. Braga Simon

Produção editorial
Ciranda Cultural

Projeto gráfico e diagramação
Linea Editora

Design de capa
Ana Dobón

Dados Internacionais de Catalogação na Publicação (CIP) de acordo com ISBD

V476c	Veras, Amanda
	Conversa com Deus Pai: 365 reflexões diárias que trazem acolhimento e conforto para a alma / Amanda Veras. - Jandira, SP : Principis, 2024.
	384 p. ; 15,50cm x 22,60cm.
	ISBN: 978-65-5552-805-3
	1. Autoajuda. 2. Fé. 3. Religiosidade. 4. Devocional. 5. Meditação. 6. I. Título.
2024-1982	CDD 158.1 CDU 159.92

Elaborada por Lucio Feitosa - CRB-8/8803

Índice para catálogo sistemático:
1. Autoajuda : 158.1
2. Autoajuda : 159.92

1ª edição em 2024
www.cirandacultural.com.br
Todos os direitos reservados.
Nenhuma parte desta publicação pode ser reproduzida, arquivada em sistema de busca
ou transmitida por qualquer meio, seja ele eletrônico, fotocópia, gravação ou outros, sem
prévia autorização do detentor dos direitos, e não pode circular encadernada ou encapada
de maneira distinta daquela em que foi publicada, ou sem que as mesmas condições sejam
impostas aos compradores subsequentes.

SUMÁRIO

Apresentação...6

Janeiro..8

Fevereiro..40

Março...69

Abril..101

Maio..132

Junho...164

Julho..195

Agosto..227

Setembro...259

Outubro...290

Novembro..322

Dezembro..353

APRESENTAÇÃO

É com grande alegria que apresento *Conversa com Deus Pai*. Quando convidei Amanda Veras para escrever este devocional, ela prontamente aceitou o convite. Conheci sua história de vida e fui profundamente tocado por sua conexão com Deus e pelos milagres que ela vivenciou em comunhão com Ele. Sua trajetória é um testemunho poderoso da fidelidade divina e da força que a fé pode proporcionar em tempos de dificuldade.

Este devocional é mais do que apenas um conjunto de leituras; é um convite sincero para que você se conecte com Deus diariamente. Por meio da leitura da Sua Palavra, dos momentos de reflexão e oração, podemos cultivar uma relação mais íntima com o Senhor. Buscar a orientação divina nos ajuda a tornar a vida mais leve e a nossa jornada mais suave, pois, quando depositamos nossa confiança em Deus, nossos fardos se tornam mais leves.

A ansiedade e as tribulações que enfrentamos não precisam nos dominar. Temos um Pai amoroso, que nos acolhe, nos ama incondicionalmente e se preocupa com cada detalhe de nossa vida. Podemos apresentar a Ele todas as nossas necessidades em oração, sabendo que Ele está sempre atento e pronto para nos ajudar.

As mensagens deste livro são um poderoso lembrete de que podemos encontrar descanso na presença de Deus. As orações não apenas nos aproximam de Deus, como também nos ajudam a encontrar clareza e conforto nas dificuldades. Cada oração é uma conversa íntima com o Senhor, e é com esse entendimento que escolhemos este título. Cada página representa um pequeno diálogo com Deus, projetado para trazer alívio e esperança à nossa vida. Cada uma delas é como um abraço carinhoso de Deus em nossa alma, envolvendo-nos em Seu amor e paz.

Como desafio diário, sugiro que você dedique alguns minutos a mais em oração e meditação na Palavra. Pergunte-se: "O que Deus quer me ensinar hoje?". Este simples questionamento pode abrir seu coração para novas revelações e fortalecer sua fé. Que esta prática de oração e gratidão se torne um hábito transformador em sua vida, permitindo que você experimente a paz e a alegria que vêm de uma relação profunda e íntima com Deus. Ao fazermos isso, nossa fé se fortalece, e somos capacitados a viver com propósito, amor e confiança na Sua vontade.

Convido você a embarcar nesta jornada de autoconhecimento e espiritualidade, permitindo que a luz de Deus ilumine cada passo do seu caminho. Juntos, vamos explorar as verdades eternas contidas nas Escrituras e descobrir como elas podem transformar nossa vida. Que a cada dia você possa sentir a presença de Deus, recebendo Seu amor e direção e se permitindo crescer em fé e esperança.

DONALDO BUCHWEITZ

JANEIRO

COMECE O ANO EM DEUS

01 JAN

Começar um novo ano nos dá a oportunidade de refletir sobre tudo o que vivemos e agradecer a Deus o Seu cuidado constante. Cada dia que recebemos é um presente do Senhor, uma nova chance de viver sob Suas bênçãos. Mesmo que o ano que passou tenha trazido desafios e momentos difíceis, podemos confiar que Deus esteve conosco em cada passo. Ele esteve presente nas alegrias e nas dores, e Seu amor nunca falhou. Agora, ao entrar em um novo ano, somos chamados a começar com um coração cheio de gratidão, reconhecendo que tudo o que temos é um reflexo da bondade de Deus. Que possamos viver cada dia deste ano com alegria e gratidão, confiando que Deus tem planos bons para nós. Vamos fazer deste dia, e de cada dia que virá, uma oportunidade para nos alegrar no Senhor, entregando a Ele todas as nossas esperanças, sonhos e desafios, com a certeza de que Ele nos acompanha em cada momento. Que possamos confiar plenamente na direção divina e na certeza de que o Senhor nos acompanha e sustenta em todos os nossos caminhos, renovando nossas forças e enchendo nossos corações de paz e alegria.

Pai, que todos os dias eu celebre a Tua presença e confie nos Teus planos. Amém.

"Entregue o seu caminho ao Senhor; confie nele, e ele agirá."

Salmos 37:5

ANOTAÇÕES

02 JAN

É HORA DE VIVER COM SABEDORIA

Pai, ajude-me a discernir o que é melhor para minha vida. Amém.

"(…) que o vosso amor aumente mais e mais em conhecimento e profundidade de discernimento (…) para que possam ser puros e irrepreensíveis para o dia de Cristo."

Filipenses 1:9-10 (NIV)

ANOTAÇÕES

Quantas vezes já ouvimos falar sobre a importância de não apenas buscar conhecimento, mas acima de tudo buscar sabedoria. Mergulhar no conhecimento com profundidade de discernimento é uma entrega feita com amor em busca do caminho certo, justo e bondoso. Isto é agir com sabedoria. Deus nos capacita para viver com sabedoria, fazendo com que a nossa escolha seja pelo caminho reto, justo e bondoso. Se você está passando por momentos difíceis, lutando para tomar decisões que terão grande impacto em seu coração, em seu dia a dia, em seu futuro, permita-se mergulhar na profundidade do amor do Senhor. Assim, suas decisões serão conduzidas pelos bons sentimentos e seus atos se revelarão amorosos, por mais difíceis que sejam, trazendo paz em seu coração e evitando que você tome decisões equivocadas. A sabedoria bíblica nos ensina que amar não é simplesmente sentir, mas agir e escolher com base nos valores de Deus. É um amor que busca o que é excelente, que discerne o que realmente importa, e que nos guia para sermos sinceros e inculpáveis diante de Deus. Não é um amor cego ou sem propósito, mas um amor que se manifesta em um entendimento cada vez mais profundo da verdade e dos princípios de Deus.

Amanda Veras

CUIDE DOS SEUS PENSAMENTOS

03 JAN

Em dias de cansaço, que tipo de pensamento você permite ocupar sua mente? E como isso reflete na sua maneira de se relacionar com os outros? Há uma forte conexão entre nossos pensamentos e nossas ações e a forma como nos comunicamos. Quando cultivamos pensamentos positivos, nosso comportamento muda, e nossa comunicação se torna mais suave e acolhedora. Pensamentos de paz trazem alívio para a alma, ajudando-nos a viver com mais serenidade e confiança. Deus cuida de nós com amor perfeito e quer o nosso bem-estar em todos os aspectos – físico, emocional e espiritual. Ele nos convida a viver em plenitude, sabendo que nunca estamos sozinhos. Seu coração está sempre aberto para nos ouvir, especialmente quando buscamos Sua presença com sinceridade. Ele deseja nos encher com Sua paz e nos guiar por caminhos de esperança. Portanto, cuide dos seus pensamentos. Permita que a bondade e o amor de Deus moldem sua mente e suas atitudes. Ele prometeu estar ao nosso lado, e podemos confiar que seus planos são para o nosso bem, trazendo esperança e propósito.

Pai, Te agradeço porque estás sempre pronto para ouvir o meu clamor. Amém.

"Porque bem sei os pensamentos que tenho acerca de vós, diz o Senhor, pensamentos de paz, e não de mal, para vos dar o fim que esperais."

Jeremias 29:11

ANOTAÇÕES

04 JAN

VIVA COM VIGOR

Pai, Te agradeço a força necessária que sempre me oferece para viver uma vida plena. Amém.

"O coração alegre é bom remédio, mas o espírito abatido prejudica até os ossos."

Provérbios 17:22

ANOTAÇÕES

Os desafios diários podem roubar nossa alegria e nosso ânimo. Muitas vezes achamos que não há saída para o que estamos vivendo naquele momento. A força para que desistamos de lutar, de reverter uma situação difícil é sempre muito grande. Mas há um remédio para combater essa força que nos puxa para baixo: a Palavra de Deus e Seus ensinamentos. A alegria em Deus é o remédio para o desânimo e a opressão. A alegria em Deus é o caminho para uma vida plena. Ele deseja que Seus filhos vivam com alegria e ânimo e nos direciona para uma jornada de cura e vitalidade, para viver uma vida plena. A alegria mencionada em Provérbios 17:22 não é algo superficial ou passageiro; é uma alegria profunda, enraizada em um relacionamento íntimo com Deus. Essa alegria tem o poder de trazer cura e renovação, funcionando como um remédio que revigora o corpo, a alma e o espírito. Mas isso só será possível se elevarmos nossos pensamentos, independentemente das circunstâncias em que estamos vivendo, e acreditarmos que Deus está conosco em todos os momentos, nos amparando e nos ensinando a enfrentar os desafios com força e esperança, aprendendo a ser gratos em todas as situações e a viver com o vigor que Ele deseja para nós.

05 JAN

VIVA UMA VIDA DE AMOR E PERDÃO

Quem de nós gosta de viver com uma carga pesada nas costas? A resposta parece ser bem óbvia. Ninguém! Viver de forma leve implica adotar o perdão e o amor como estilo de vida. Para isso é preciso que haja a firme decisão de perdoar a todos, em especial àqueles que mais nos prejudicam ou que nos perseguem. Amar os nossos inimigos é decidir perdoá-los, independentemente do que eles tenham feito. Deus nos chama para uma vida de amor e bondade, mesmo diante daqueles que nos maltratam. Quando enfrentamos ódio e inimizade, somos desafiados a responder com compaixão e atos de bondade, refletindo a graça que recebemos de Deus. Ao praticar o amor incondicional, estamos imitando o caráter de Jesus Cristo. Portanto, devolva um olhar de compreensão, amor e piedade para aqueles que afrontam você. Simplesmente decida perdoar e amar. Hoje, pense em alguém que você precisa perdoar. Peça a Deus que o ajude a libertar esse peso e a responder com um coração leve. Lembre-se de que o perdão é um presente que você dá a si mesmo, permitindo-se viver com mais paz e liberdade.

Pai, concede-me a força e a graça para amar meus inimigos e fazer o bem. Amém.

"Amem os seus inimigos, façam o bem aos que os odeiam."

Lucas 6:27

ANOTAÇÕES

_____

_____

_____

_____

_____

_____

_____

_____

_____

Conversa com Deus Pai

06 JAN

CULTIVE RELAÇÕES SAUDÁVEIS

Pai, concede-me sabedoria para que eu possa discernir o joio do trigo em minha vida. Amém.

"(…) Então direi aos encarregados da colheita: juntem primeiro o joio e amarrem-no em feixes para ser queimado; depois juntem o trigo e guardem-no no meu celeiro."

Mateus 13:30 (NVI)

ANOTAÇÕES

Nem sempre estamos em boa companhia. Nem sempre temos a coragem de nos afastar delas, seja por comodidade, seja por imprudência ou conveniência. Afastar-se é uma decisão, pois algumas pessoas são como ervas daninhas: nascem espontaneamente em local e momento indesejados, interferem em nossa vida, nos causam mal. Em Mateus 13:30, Jesus conta a parábola do joio e do trigo, nos ensinando uma verdade profunda sobre o Reino de Deus e a paciência divina. Nesta parábola, o dono do campo instrui os servos a permitirem que o joio e o trigo cresçam juntos até o momento da colheita. Somente então, na hora certa, será feita a separação. Esse ensinamento nos mostra que, neste mundo, o bem e o mal coexistem, e nem sempre cabe a nós julgar ou eliminar o que achamos errado. Esse versículo também nos encoraja a refletir sobre o nosso crescimento espiritual. Estamos crescendo como trigo, firmes e alinhados com a vontade de Deus, ou estamos permitindo que o "joio" — atitudes, comportamentos e pensamentos errados — se desenvolva em nossa vida? Deus nos dá tempo e oportunidades para amadurecermos, e é importante usarmos esse tempo para buscar mais de Sua presença, deixando que Ele nos transforme e nos purifique.

BUSQUE ESPERANÇA E CONSOLO EM DEUS

07 JAN

É natural do ser humano a fuga da dor e a busca pelo prazer, mas é impossível vivermos o tempo todo distante de algum sentimento de tristeza ou mesmo a eliminação completa do sofrimento, da dor e do luto, quando este nos sobrevier. Nesses momentos, podemos nos sentir perdidos, desanimados e sem fé. No Sermão da Montanha, Jesus oferece uma promessa de consolação divina para aqueles que estão sofrendo e nos lembra que Deus está presente em nossas dificuldades e nos oferece conforto, consolação e alívio em nossas aflições. Por isso, não perca a fé, não entregue seu coração ao vazio, à revolta, à solidão. Busque a Deus, coloque sua esperança nos braços amorosos de Deus. Devemos lembrar acima de tudo que as dores desta vida não são permanentes. Aqueles que choram serão consolados no Reino de Deus, onde não haverá mais dor ou sofrimento. Hoje, se você estiver enfrentando um momento de dor, tire um tempo para buscar a presença de Deus. Ore, entregue-Lhe sua tristeza e permita que Ele o console. Lembre-se de que essa dor é temporária e de que, em Deus, há sempre esperança e restauração.

Pai, ajude-me a aceitar a dor, a perda, e nos momentos difíceis me abrace com o Teu amor e com as Tuas palavras de acalento. Amém.

"Bem-aventurados os que choram, pois serão consolados."

Mateus 5:4

ANOTAÇÕES

08 JAN

ESCOLHA PERDOAR E CONSTRUIR

Pai, ajuda-me a domar a minha língua. Dá-me o dom de palavras graciosas. Amém.

> *"Palavras amáveis são como um favo de mel, doces para a alma e saudáveis para o corpo."*
>
> **Provérbios 16:24 (ESV)**

ANOTAÇÕES

Sabemos que nossas palavras têm poder. Elas podem edificar ou destruir, podem acalmar ou despertar a ira. Palavras negativas, fofocas e críticas destroem relacionamentos, criam desconfiança e geram mágoa. Aquele que participa desse ciclo de negatividade perde a paz interior e se afasta do amor ao próximo. Ao escolher criticar, em vez de edificar, estamos nos tornando fonte de amargura. Jesus nos ensinou que, da boca, fala o que está cheio o coração (Lucas 6:45). Se permitirmos que o nosso coração se encha de ressentimento e julgamento, inevitavelmente nossas palavras refletirão esse estado. Portanto, falar mal dos outros não apenas faz mal a quem ouve, mas, principalmente, corrói nossa própria alma, envenenando nossa mente com sentimentos ruins e nos afastando da comunhão com Deus. Que nossas palavras sejam cuidadosas, proferidas com amor e graça. Que possamos ser canais de bênção por meio do que falamos, espalhando a bondade e a paz que vêm de Deus.

09 JAN

SIGA A LUZ DE CRISTO

Luz, guia e vida, estas são claras promessas de Jesus para todos que O seguem, revelando Seu papel como nosso Salvador e guia. Porém, é preciso reconhecer que seguir a luz de Cristo requer de nós uma decisão contínua de fé e obediência. Jesus deseja que Seus seguidores vivam na luz, afastando-se das trevas e caminhando em Sua verdade e amor. A luz de Cristo é o antídoto para a escuridão e a confusão. Quando seguimos Jesus, desenvolvemos nossa capacidade de discernir a verdade, aprendemos a viver de acordo com Seus ensinamentos e a experimentar a vida abundante que Ele oferece. A luz de Jesus não apenas nos guia, mas também revela quem somos e nos transforma. À medida que caminhamos na Sua luz, nossas atitudes, pensamentos e ações são iluminados, e somos moldados à imagem Dele. Não importa quão escura seja a situação ao nosso redor, quando Jesus está conosco, podemos ter a certeza de que a luz Dele é suficiente para dissipar qualquer treva e nos dar direção.

Pai, eu decido segui-Lo, na certeza de que o Senhor sempre me conduzirá pelo caminho certo. Amém.

"(…) Jesus disse: 'Eu sou a luz do mundo. Quem me segue nunca andará em trevas, mas terá a luz da vida'."

João 8:12

ANOTAÇÕES

10 JAN

QUAL ATITUDE CORAJOSA VOCÊ PRECISA TER HOJE?

Pai, que as minhas decisões estejam sempre alicerçardas na Tua vontade. Amém.

"Sê forte e corajoso; não temas, nem te espantes; porque o Senhor teu Deus é contigo, por onde quer que andares."

Josué 1:9

ANOTAÇÕES

Todos nós, em algum momento, somos chamados a tomar decisões importantes sobre qual caminho seguir, seja em relação à nossa carreira, seja em relação aos nossos sonhos ou ao propósito maior que sentimos clamar em nosso coração. No entanto, junto com essas decisões, muitas vezes vêm o medo, a insegurança e a sensação de que somos insuficientes para enfrentar os desafios que estão diante de nós. Deus, porém, nos dá uma mensagem clara e cheia de esperança: "Sê forte e corajoso". O chamado à coragem é um chamado constante, mesmo quando os obstáculos parecem intransponíveis e o futuro é incerto. Deus conhece nossos medos, nossas fragilidades, e ainda assim nos escolhe para grandes propósitos. Ele está com você, hoje e sempre, por onde quer que você ande. Então, siga em frente, porque o Senhor é o seu companheiro fiel. Reserve um momento para entregar a Deus suas decisões e preocupações. Peça a Ele coragem para seguir em frente e sabedoria para discernir o caminho certo. Lembre-se de que você não está sozinho; Deus é seu companheiro fiel em cada passo que você dá.

11 JAN

UMA NOVA CHANCE

Este é um versículo de esperança e renovação. Ele nos lembra que, por mais que falhemos e cometamos erros, Deus é fiel e justo para nos perdoar e nos purificar quando confessamos nossos pecados a Ele. Não importa quão grande ou pequeno seja o erro, a graça de Deus está sempre disponível, pronta para restaurar nosso relacionamento com Ele.

Confessar nossos pecados é mais do que simplesmente reconhecer que fizemos algo errado; é um ato de humildade e rendição, no qual abrimos nosso coração para Deus, reconhecendo que precisamos d'Ele para nos purificar e transformar. Quando confessamos, Deus não apenas nos perdoa, mas nos purifica de toda injustiça, restaurando nossa pureza e nos dando a oportunidade de começar de novo. É um convite para viver uma vida de liberdade, sem o peso da culpa ou da vergonha. Confessar nossos erros não é fácil, pois exige humildade e coragem. Mas, quando fazemos isso, encontramos a verdadeira libertação. Deus não está esperando para nos condenar. Ele está esperando para nos receber com braços abertos, para nos perdoar e nos dar uma nova chance. Sua justiça e fidelidade garantem que, ao confessarmos, somos purificados e podemos viver sem o peso da culpa. Se você carrega algo que pesa em seu coração, lembre-se de que Deus é um Pai amoroso, que deseja libertá-lo desse fardo.

Pai, escuta meu clamor e me acolhe com Teu infinito amor. Amém.

"Se confessarmos os nossos pecados, ele é fiel e justo para nos perdoar os pecados e nos purificar de toda injustiça."

1 João 1:9

ANOTAÇÕES

Conversa com Deus Pai

12 JAN

NÃO DEIXE QUE O MEDO VENÇA!

Pai, ajuda-me a manter o olhar fixo no Teu e a encontrar-me Contigo em meio à tempestade e nos momentos de dificuldade. Amém.

"(…) Jesus imediatamente lhes disse: 'Coragem! Sou eu. Não tenham medo!'."

Mateus 14:27

ANOTAÇÕES

A palavra medo se repete 365 vezes na Bíblia, mas a mesma palavra foi vencida por Jesus, que bastou dizer uma vez a Pedro para que ele pudesse andar sobre as águas. Da mesma forma, Jesus reafirma a cada um de nós esse mesmo convite. Em Mateus 14:27, encontramos os discípulos em meio a uma tempestade no mar, assustados e inseguros, até que Jesus se aproxima deles, andando sobre as águas. No momento em que eles mais temiam, pensando que estavam vendo um fantasma, Jesus se revela e os tranquiliza com palavras poderosas: "Tende bom ânimo; sou eu. Não temais!" Essas palavras de Jesus nos ensinam que, mesmo quando estamos enfrentando tempestades em nossa vida, Ele está presente, e Sua presença é suficiente para dissipar todo temor. Jesus não apenas se aproxima, mas também se identifica: "Sou eu". Ele nos lembra que, independentemente do que estamos passando, Ele é o Deus presente, poderoso e soberano sobre todas as situações. Ele nos convida a confiar Nele, a ter coragem e a enfrentar os desafios com a certeza de que não estamos sozinhos. Sua presença é a fonte de nossa força e paz, e Ele é fiel para nos sustentar em meio às tempestades. Diante das adversidades da vida, das tempestades intensas da alma, das grandes ondas que podem vir com força contra nós, Ele está com as mãos estendidas, nos convidando: não tenham medo, olhem para mim!

Amanda Veras

ESCOLHA VIVER EM UM AMBIENTE SAUDÁVEL

13 JAN

Na vida, temos a oportunidade de fazer muitas escolhas. Uma das mais importantes para que tenhamos uma existência pacífica é olhar bem para o ambiente que estamos frequentando. Um ecossistema saudável e vitorioso nos traz vida. Um ecossistema tóxico e destrutivo tende a trazer destruição para a nossa vida. É da vontade de Deus que nós vivamos unidos em segurança e proteção, e acima de tudo que nossas casas possam ser protegidas e abençoadas pelo Pai Amado. A pergunta que fica é: qual ambiente estamos frequentando? Qual é o nosso ecossistema? É um ecossistema que está debaixo da vontade e dos cuidados do nosso Pai, que nos ama e cuida de nós? Um ambiente saudável pode nos proteger de todos os perigos que a vida nos apresenta. Nele, podemos ser amparados e protegidos por pessoas que vivem a mesma vida de amor a Deus que nós vivemos. Então, escolha o ambiente como o Pai nos ensina. Lembre-se sempre de que Ele cuida de nós todos os dias de nossa vida. Em Jesus Cristo, estamos seguros e salvos, hoje e sempre.

> **Pai, sei que vencerei todas as dificuldades da vida, pois encontro em Ti graça, força e amor. Amém.**

> *"O decreto do rei concedia aos judeus de cada cidade o direito de se reunirem e de se protegerem (...)"*
> **Ester 8:11**

ANOTAÇÕES
_____
_____
_____
_____
_____
_____
_____
_____

Conversa com Deus Pai

14 JAN

PONHA ALEGRIA EM SUA VIDA

Pai, permaneço na confiança de Teu cuidado e amor, mesmo diante das dificuldades. Amém.

"Alegrem-se sempre no Senhor. Novamente direi: alegrem-se!"

Filipenses 4:4

ANOTAÇÕES

Alegrar-se no Senhor é um ato de fé, uma escolha consciente de focar no caráter e nas promessas de Deus em vez de se deixar abater pelas dificuldades da vida. Quando escolhemos nos alegrar, mesmo em meio às provações, estamos declarando que confiamos na soberania de Deus e que acreditamos que Ele está conosco em todas as coisas. Essa alegria é sustentada pelo Espírito Santo, que nos fortalece e nos dá paz, mesmo quando o mundo ao nosso redor está turbulento. Hoje, pergunte-se: Como tenho respondido aos desafios da vida? Tenho permitido que as circunstâncias roubem minha alegria, ou estou escolhendo me alegrar no Senhor, confiando que Ele está presente e ativo em minha vida, mesmo nos momentos difíceis? A verdadeira alegria não é superficial; ela é profunda, firme e nasce de um coração que conhece e confia em Deus. Meditar sobre esse versículo é um convite a renovar nossa perspectiva e buscar essa alegria que transcende as situações.

FORTALEÇA-SE TODOS OS DIAS

15 JAN

Quantas vezes na vida já fomos assolados pela dúvida? Não sabemos qual a decisão que deveríamos ter tomado ou que caminho deveríamos ter escolhido em nossa vida. A dúvida pode ser uma manifestação de medo, especialmente quando nos deparamos com situações desconhecidas, incertas ou desafiadoras. Essas dúvidas podem de fato gerar medo em nós. Sem contar que também temos medo de tomar decisões erradas, medo de falhar ou medo de enfrentar consequências indesejadas. A dúvida também pode ser uma forma de proteção e autopreservação. Porém, quando colocamos a nossa confiança em Deus, a dúvida e o medo desaparecem. Deus é a nossa fortaleza, a nossa proteção e o nosso Pai Amado, que cuida de cada um de nós com um amor infinito. Saber que somos guardados pelo Pai nos faz viver uma vida cheia de força e de confiança, pois Ele deseja que nosso passo de fé seja transbordante de confiança Nele. Hoje, reserve um momento para refletir sobre as áreas da sua vida em que você precisa exercitar sua fé. Entregue-as a Deus em oração, pedindo para que Ele fortaleça sua confiança n'Ele. Escolha um versículo bíblico que represente uma promessa de Deus e medite sobre ele, permitindo que a Palavra fortaleça sua certeza e convicção em Deus e em Suas promessas.

Pai, ainda que eu não veja o chão, conceda-me coragem para avançar e viver uma vida com fé. Amém.

"Ora, a fé é a certeza daquilo que esperamos e a prova das coisas que não vemos."

Hebreus 11:1

ANOTAÇÕES

_____
_____
_____
_____
_____
_____
_____
_____
_____

Conversa com Deus Pai

16 JAN

JESUS É A LUZ DIÁRIA

Pai, entrego hoje as áreas escuras da minha vida que ainda não lhe permiti acessar e peço que Tua luz divina traga cura. Amém.

"A tua palavra é lâmpada para os meus pés e luz para o meu caminho."

Salmos 119:105

ANOTAÇÕES

Existem momentos na nossa vida em que não temos clareza sobre qual caminho seguir ou que decisão tomar. Nesse momento somos lembrados de que Deus é o nosso guia e Ele nos orienta nas nossas decisões diárias. Se estivermos alicerçados em Deus, poderemos tomar decisões mais sábias para a nossa vida, seguindo, assim, o caminho certo para uma vida mais segura e feliz. Deus, por meio de Sua palavra, ilumina a nossa alma com Sua presença, nos faz enxergar as respostas que precisamos ter, nos orienta para as ações que devemos tomar e assim avançar sem medo de errar. Deus é a nossa luz, a luz que ilumina o nosso caminho. Ele nos ajuda a enxergar a verdade e escolher o destino. Quais são as aéreas de sua vida que ainda não receberam a luz da presença de Jesus? Reserve um tempo para ler e meditar na Palavra Dele, buscando Sua direção para sua vida. Anote um versículo que toque seu coração e mantenha-o como um lembrete de que a Palavra é a luz que guia seus passos, trazendo clareza e sabedoria em cada decisão. Permita que a palavra de Deus ilumine seu caminho e o conduza a decisões prudentes e assertivas.

Amanda Veras

17
JAN

EXPERIMENTE A FELICIDADE

Salmos 119:1 nos lembra que aqueles que caminham em integridade, seguindo a lei do Senhor, são verdadeiramente bem-aventurados. A felicidade, segundo esse versículo, não está apenas nas bênçãos visíveis que recebemos, mas em viver uma vida alinhada com os princípios de Deus. Andar nos caminhos retos do Senhor é uma jornada de fidelidade, em que escolhemos diariamente viver segundo Sua vontade, buscando agradá-Lo em cada passo que damos. Ser "bem-aventurado" significa experimentar uma alegria profunda e uma paz que vêm da obediência e do compromisso com Deus. A integridade, que é caminhar de acordo com os mandamentos de Deus, não é apenas sobre fazer o que é certo quando os outros estão olhando, mas sobre um desejo sincero de honrar a Deus com nossa vida, em todos os momentos e em todas as circunstâncias. É uma caminhada diária de fé, onde escolhemos seguir o que Deus nos ensina, confiando que Seus caminhos são os melhores para nós. Hoje, reflita sobre suas escolhas e pergunte-se: "Estou vivendo de acordo com os caminhos de Deus, mesmo nas pequenas coisas?" Peça a Ele que fortaleça seu compromisso de caminhar em integridade e de viver uma vida que reflete o Seu amor e a Sua bondade.

Pai, celebro com gratidão a direção que Tua Palavra me dá. Andar em Teus caminhos é motivo de regozijo. Amém.

"Bem-aventurados os que andam em caminhos irrepreensíveis, que vivem conforme a lei do Senhor."

Salmos 119:1 (NVI)

ANOTAÇÕES

18 JAN

O AMOR QUE TRANSFORMA

Pai, agradeço a salvação e a força que me ofereces para viver uma vida plena. Amém.

"Pois estou convencido de que nem morte nem vida, nem anjos nem demônios (…) nem qualquer outra coisa na criação será capaz de nos separar do amor de Deus que está em Cristo Jesus, nosso Senhor."

Romanos 8:38-39

ANOTAÇÕES

Saber que somos filhos amados do Deus Pai que nos criou e nos salvou enche a nossa vida de sentido, significado e plenitude. Sou filho amado do Pai celestial. Uma afirmação poderosa que me enche de alegria. Independentemente do que faço, do que tenho e de quem sou, o poder e o amor de Deus me alcançaram de forma incondicional através do sacrifício de Jesus Cristo. Não importam nossos erros, falhas e fracassos, Deus nos abraça por meio do sacrifício de Jesus, que veio ao mundo para nos resgatar. Romanos 8:38-39 é uma declaração poderosa da certeza que temos no amor de Deus. Paulo nos lembra que absolutamente nada, nem circunstâncias, nem poderes espirituais, nem eventos futuros, nem qualquer outra coisa que possamos imaginar, pode nos separar do amor que Deus tem por nós em Cristo Jesus. Esse amor é inabalável, constante e profundo. É a âncora segura para nossas vidas, que nos sustenta em meio às tempestades, nos momentos de alegria e nos dias de tristeza. Esse amor é o que nos dá força para seguir em frente, pois sabemos que, em Cristo, estamos seguros, independentemente do que enfrentarmos.

A PROSPERIDADE DEPENDE DE VOCÊ!

19 JAN

Diligência, trabalho árduo e planejamento, estas são claras instruções de Deus ao nosso coração, que revelam a Sua vontade para nós. Ele nos direciona para uma jornada de esforço, de preparação e de sabedoria, enfrentando as adversidades com fé e coragem. Em Provérbios 6:6-8, somos chamados a observar as formigas e a aprender com elas. Essas pequenas criaturas, embora não tenham líderes ou supervisores para guiá-las, trabalham diligentemente, preparando e armazenando mantimentos para os tempos futuros. A lição que o sábio nos oferece é que sabedoria e diligência são fundamentais para viver uma vida plena e preparada. Devemos aprender a ser proativos, a planejar e a agir com responsabilidade, sem depender de pressão externa ou de alguém para nos motivar. O trabalho da formiga é feito com previsibilidade e dedicação. Ela não espera que alguém a instrua ou a force a agir; ao contrário, ela se antecipa às necessidades futuras e trabalha com zelo para garantir que estará pronta quando os tempos difíceis chegarem. Essa atitude é um exemplo poderoso para nós: somos chamados a ser diligentes em todas as áreas da vida. Não devemos esperar que as circunstâncias nos forcem a agir, mas sim, com sabedoria, antecipar o que é necessário e nos preparar para o futuro.

Pai, eu decido trabalhar e planejar com diligência, na confiança de que o Senhor sempre estará comigo. Amém.

"Vai ter com a formiga, ó preguiçoso; considera os seus caminhos e sê sábio! (…)"

Provérbios 6:6-8

ANOTAÇÕES

20 JAN

CULTIVE UMA VIDA DE ALEGRIA

Pai, que eu honre o que o Senhor tem me dado todos os dias. Amém.

"Regozijem-se sempre. Orem continuamente. Deem graças em todas as circunstâncias, pois esta é a vontade de Deus para vocês em Cristo Jesus."

1 Tessalonicenses 5:16-18

ANOTAÇÕES

Entender a vida como um presente sublime deve nos encher de gratidão, alegria e plenitude. Em 1 Tessalonicenses 5:16-18, Paulo nos dá um poderoso conselho sobre como viver a vida cristã: com alegria constante, oração contínua e gratidão em todas as circunstâncias. Esses três elementos, alegria, oração e gratidão, são como pilares que sustentam nossa vida espiritual e nos ajudam a viver com um coração voltado para Deus, independentemente do que estamos enfrentando. O chamado à *alegria* não significa ignorar as dificuldades, mas escolher, pela fé, regozijar-se em Deus, sabendo que Ele é a nossa força e que Suas promessas são verdadeiras. A *oração* contínua nos chama a cultivar uma vida de comunhão constante com Deus, mantendo nosso coração e mente abertos para falar e ouvir o Senhor em todos os momentos do dia. *Gratidão* em todas as circunstâncias, independentemente do que enfrentamos, é um desafio que nos ensina a confiar que Deus está no controle e a ver a mão Dele em cada detalhe da nossa vida. Hoje, pergunte-se: tenho vivido com alegria, oração e gratidão constantes em minha vida?

21 JAN

ALIMENTE A SUA ALMA

Todos os dias Deus nos convida para que possamos nos alimentar da Sua palavra, que sustenta a nossa vida, a nossa alma. Jesus afirma: "Eu sou o pão da vida". Ele é a nossa fonte de sustento espiritual e a certeza da vida eterna. Assim como o pão é essencial para a vida física, Jesus é essencial para a vida espiritual. Quando Jesus diz: "Aquele que vem a mim nunca mais terá fome; aquele que crê em mim nunca terá sede", ele está afirmando que aqueles que se aproximam Dele e confiam Nele como seu Salvador nunca ficarão espiritualmente vazios ou insatisfeitos. Lembre-se sempre de que a satisfação não vem exclusivamente de você, mas do Cristo que habita em você e oferece o verdadeiro pão que sacia a fome. Hoje, procure momentos de quietude para refletir sobre como tem buscado preencher sua vida. Abra seu coração para Jesus, o Pão que sustenta sua alma e que está sempre presente, pronto a oferecer descanso, consolo e força. Permita-se a cada dia lembrar que sua verdadeira nutrição espiritual vem do amor e da presença de Jesus em sua vida.

Pai, dá-me a sabedoria e a fé para buscar satisfação em Ti e não em coisas temporárias. Amém.

"Então Jesus declarou: 'Eu sou o pão da vida. Aquele que vem a mim nunca terá fome; aquele que crê em mim nunca terá sede'."

João 6:35

ANOTAÇÕES

Conversa com Deus Pai

22 JAN

NÃO SE RENDA ÀS PREOCUPAÇÕES

Pai, confio em Ti, na certeza de que o Senhor aliviará a minha alma. Amém.

"Quando eu disse: 'Os meus pés escorregaram', o teu amor leal, Senhor, me amparou! Quando a ansiedade já me dominava no íntimo, o teu consolo trouxe alívio à minha alma."

Salmo 94:18-19

ANOTAÇÕES

Perdemos muito tempo nos preocupando com coisas pequenas, com as quais não deveríamos nem sequer nos importar. Quantas vezes acordamos à noite pensando em um problema que nem é tão relevante, mas que corrói nossa mente? Na Bíblia temos um exemplo do que Jó enfrentou. Ele passou por grandes provações, mas mesmo em meio a tudo isso permaneceu fiel a Deus. Apesar de não compreender o propósito de tanto sofrimento, Jó escolheu confiar em Deus e em Sua justiça. O exemplo de Jó mostra a importância de nos voltarmos para Deus e acreditar Nele, especialmente em tempos difíceis. Ele nos sustenta, nos dá força para superar os desafios e promete que não permitirá que os justos sejam derrotados. Por isso, somos chamados a colocar nossa fé em ação. Quando entregamos nossas preocupações a Deus, encontramos descanso em Sua paz e sentimos a segurança que Ele nos oferece. É essa entrega que nos permite viver com esperança, sabendo que, nas mãos Dele, sempre seremos sustentados. Hoje, entregue suas preocupações a Deus em oração. Confie que Ele cuidará de cada detalhe e que, em Suas mãos, você encontrará a paz que precisa para descansar.

Amanda Veras

VIVA O HOJE COM ESPERANÇA E RESILIÊNCIA

23 JAN

Enfrentar sofrimentos e desafios faz parte da vida de todos nós. O que não podemos é nos deixar abater com as dificuldades, porque tudo tem começo, meio e fim. Enxergar além das circunstâncias presentes requer de nós uma ação consciente de fé e esperança. Paulo, nesse versículo, nos encoraja a olhar além das circunstâncias presentes e enxergar a realidade eterna que Deus está preparando para nós. Ele descreve as tribulações que enfrentamos como "leves e momentâneas" em comparação com o "peso eterno de glória" que elas produzem. A perspectiva de Paulo nos desafia a enxergar as dificuldades da vida de uma maneira diferente, como oportunidades para desenvolver a perseverança e a fé, sabendo que, no fim, elas nos conduzirão a algo muito maior e mais glorioso. Nunca se esqueça de que Deus utiliza até os momentos mais difíceis para nos transformar e nos aproximar Dele, preparando-nos para a eternidade. Hoje, ao enfrentar um desafio, peça a Deus que lhe conceda a perspectiva de Paulo, para que você possa ver além das dificuldades presentes. Confie que Ele está usando cada situação para moldá-lo e aproximá-lo Dele, preparando você para algo maior e eterno.

Pai, agradeço cada um dos momentos que vivo, sabendo que meu caminho é a glória eterna. Amém.

"Pois os nossos sofrimentos leves e momentâneos estão produzindo para nós uma glória eterna que pesa mais do que todos eles."

2 Coríntios 4:17

ANOTAÇÕES

24 JAN

MANTENHA SEU PASSO FIRME

Pai, ainda que minha alma esteja adoecida, continuo firme, crendo pela fé. Amém.

"Pois nessa esperança fomos salvos. Mas a esperança que se vê não é esperança (...)"

Romanos 8:24-25 (NVI)

ANOTAÇÕES

Há períodos em que nos sentimos desanimados, enfrentando frustrações e decepções que nos deixam sem direção. Em situações assim, é essencial reconhecer que não podemos controlar tudo ao nosso redor. Quando nossa confiança é depositada apenas nas pessoas, nos arriscamos a nos decepcionar. Mas, ao colocarmos nossa esperança em Deus, encontramos um alívio verdadeiro para os desafios da vida. Esperar em Deus é confiar que Ele sempre nos guiará e sustentará. A esperança é um dos maiores dons que recebemos de Deus e é fundamental para nossa jornada de fé. Em Romanos 8:24-25, Paulo nos lembra que nossa salvação está intimamente ligada à esperança. A verdadeira esperança olha para além das circunstâncias presentes e se firma naquilo que Deus prometeu, ainda que essas promessas sejam invisíveis aos nossos olhos agora. Viver com esperança é mais do que apenas esperar algo acontecer; é uma expressão de confiança e fé no caráter de Deus. Quando Paulo fala que "a esperança que se vê não é esperança", ele está nos desafiando a viver uma fé que não se baseia em evidências visíveis, mas em uma confiança profunda no Senhor. Isso nos chama a exercitar paciência e perseverança. Deus nos ensina a esperar Nele, a confiar que Ele está trabalhando, mesmo quando não vemos sinais claros disso.

DEUS TE GUARDARÁ E TE PROTEGERÁ SEMPRE!

25 JAN

Muitas vezes podemos nos ver diante de situações que aparentemente não têm solução. O que fazer em momentos assim? Respire – suas atitudes impulsivas e impensadas podem não trazer a melhor solução. Tenha calma – esse sentimento de impotência e até de desespero também vai passar. Permita que lágrimas rolem em seu rosto – elas serão profundas e sinceras petições confiadas ao terno amor do Pai. Busque conforto na leitura da Bíblia – lembre-se de que grandes partes do livro de Salmos são petições de uma alma aflita que pede socorro a Deus. Alivie a bagagem dos seus pensamentos, troque seu fardo pesado pelo leve de Jesus, então você encontrará alívio. Grandes problemas não são maiores do que o nosso Deus grandioso e glorioso, capaz de resolver toda e qualquer circunstância, presente em toda situação, e nele encontramos a luz para iluminar a vasta escuridão dos problemas aparentemente sem solução. Nele sempre há esperança, direção e resposta para a sua aflição. Faça um memorial de gratidão por todas as situações que você vivenciou e venceu. A cada lembrança, agradeça. Contemple pela fé a solução dos problemas que ainda estão sem resolver e celebre com sorriso no rosto a saída para cada um desses desafios.

Pai, hoje Te peço que ilumine minha alma de esperança, equilibre minhas emoções e me proteja com Teu manto. Amém.

"O Senhor te guardará de todo mal; guardará a tua alma. O Senhor guardará a tua saída e a tua entrada, desde agora e para sempre."
Salmos 121:5-8 (ARA)

ANOTAÇÕES

Conversa com Deus Pai

26 JAN

HOJE NÃO É DIA DE DESANIMAR!

Pai, dê-me força necessária para vencer as dores e os enganos da minha alma. Amém.

"Por isso não desfalecemos; mas, ainda que o nosso homem exterior se corrompa, o interior, contudo, se renova de dia em dia."

2 Coríntios 4:16

ANOTAÇÕES

Em nossa vida, há momentos em que nos sentimos esmagados pelas circunstâncias, desgastados pelas lutas diárias, consumidos pela dor emocional. Nessas horas de escuridão, é fácil sentir-se perdido, desamparado e até mesmo esquecido por Deus. Mas 2 Coríntios 4:16 nos lembra que Deus está presente em nossa renovação diária. Ele é um Pai amoroso, que se inclina para ouvir o clamor do Seu povo. Ele não está distante, indiferente às nossas dores. Ele está envolvido em nossa vida, especialmente nos momentos de sofrimento. Ele é como o bom pastor que busca a ovelha perdida e a envolve em Seus braços de amor.

Mesmo nas maiores adversidades, Deus nos renova e nos sustenta. Em Suas mãos, encontramos paz e segurança, sabendo que Ele é nossa força constante. Acredite, Deus te elevará acima dos teus pensamentos, medos e assombros, acima das perseguições, pois Ele é o refúgio e a fortaleza, o socorro sempre presente na hora da angústia. Hoje, leve suas preocupações e dores a Deus em oração. Confie que Ele está ao seu lado, renovando suas forças e enchendo seu coração com paz. Permita que Ele seja seu refúgio e fortaleza em cada desafio.

Amanda Veras

ENCONTRE REFÚGIO EM DEUS

27 JAN

O refúgio, a fortaleza e o auxílio constante: estas são as claras promessas de Deus para o nosso coração que revelam a sua presença em nossa vida. Porém, é preciso reconhecer que encontrar refúgio em Deus requer de nós uma ação deliberada de confiança e entrega. Deus deseja que seus filhos estejam seguros e protegidos e nos convida a buscar Nele a nossa segurança e força. Porém, isso só será possível quando decidirmos confiar Nele e nos entregar plenamente a Ele. A confiança em Deus é o antídoto para o medo e a ansiedade. Salmos 46:1 nos traz uma mensagem de conforto e segurança: Deus é o nosso socorro bem presente. Ele não é apenas um abrigo distante ou uma ajuda eventual, mas um amigo e protetor que está ao nosso lado, pronto para nos acolher e fortalecer. Quando nos sentimos sobrecarregados, podemos encontrar em Deus um lugar seguro onde somos compreendidos, amados e protegidos. Ele nos convida a levar nossas preocupações, dores e medos até Ele, garantindo que Seu amor e cuidado são constantes e fiéis. Não precisamos carregar nossos fardos sozinhos; Deus nos acolhe com Seus braços abertos e nos sustenta com Sua presença.

Pai, reconheço a Ti como meu refúgio e fortaleza. Amém.

"Deus é o nosso refúgio e a nossa fortaleza, auxílio sempre presente na adversidade."

Salmos 46:1

ANOTAÇÕES

Conversa com Deus Pai

28 JAN

VOCÊ TEM SE DEDICADO A SEUS AMIGOS?

Pai, juntos podemos seguir adiante, em direção ao caminho indicado por Ti. Amém.

> *"(...) Se um cair, o amigo pode ajudá-lo a levantar-se. Mas pobre do homem que cai e não tem quem o ajude a levantar-se!"*
>
> **Eclesiastes 4:9-10 (NVI)**

ANOTAÇÕES

Só percebemos a importância da companhia e do apoio mútuo em nossa vida quando estamos em um momento difícil. Quando a vida vai bem, na correria do dia a dia, muitas vezes não temos tempo de nos dedicar às pessoas que amamos, que são importantes para nós. É hora de você parar e se perguntar: eu tenho valorizado os meus verdadeiros amigos? Tenho olhado para eles e percebido suas dificuldades? Se está se deixando levar por uma vida supérflua, de aparências, e negligenciando as boas pessoas que Deus colocou na sua vida, é hora de repensar os caminhos que você está seguindo. Pare, valorize essas pessoas e agradeça a Deus cada um dos momentos que você vive ao lado dos amigos, sabendo que Ele continua a colocar pessoas em sua vida para caminhar ao seu lado e ajudá-lo a levantar-se. Pergunte-se: "Estou verdadeiramente presente e atento às necessidades das pessoas que estão ao meu redor?". Lembre-se de que não estamos aqui para caminhar sozinhos; nossa jornada é mais leve e significativa quando caminhamos com aqueles que Deus nos deu.

Amanda Veras

AGRADEÇA TODOS OS DIAS

29 JAN

Jesus está com você em todos os momentos. Seja naqueles dias difíceis, em que tudo parece estar desmoronando, seja nos dias felizes, em que o coração está cheio de alegria, Deus está sempre presente. Gálatas 2:20 é um versículo profundo e transformador que nos convida a viver uma nova vida em Cristo. Quando Paulo diz que está "crucificado com Cristo", ele está expressando que, ao aceitar a obra de Jesus, seu antigo eu, com todos os seus desejos egoístas e falhas, foi colocado na cruz com Cristo. Agora, ele vive uma vida totalmente nova, onde Cristo é o centro, e tudo o que ele faz é movido pela fé no Filho de Deus, que o amou e se entregou por ele. Essa mensagem nos ensina que, quando entregamos nossas vidas a Jesus, passamos por uma transformação radical. Já não vivemos mais para nós mesmos, mas Cristo vive em nós e através de nós. Isso significa que nossas atitudes, pensamentos e ações devem refletir a presença de Cristo em nosso ser. Não somos mais guiados pelos impulsos e desejos antigos, mas pela fé e pelo amor que Jesus demonstrou na cruz. Renove sua fé em Jesus todos os dias e agradeça a direção e a força que Ele lhe dá para viver uma vida cheia de propósito. Quando deixamos Cristo viver em nós, conseguimos refletir o amor Dele em nosso dia a dia, e isso nos faz mais leves, mais amados e mais felizes.

Pai, renovo minha fé todos os dias e celebro com gratidão a vida que tenho em Cristo. Amém.

"Fui crucificado com Cristo. Assim, já não sou eu quem vive, mas Cristo vive em mim (…)"

Gálatas 2:20

ANOTAÇÕES

30 JAN

TRANSBORDE EM BOAS AÇÕES

Pai, que Tua graça me capacite a ser um instrumento de bondade e amor. Amém.

"Deus pode fazer que toda a graça lhes seja acrescentada, para que em todas as coisas, em todo o tempo, tendo tudo o que é necessário, vocês transbordem em toda boa obra."

2 Coríntios 9:8

ANOTAÇÕES

Na Bíblia encontramos muitos exemplos de pessoas que transbordaram em ações de bondade. Fazer o bem faz bem, promove bem-estar, reduz os níveis de estresse e promove equilíbrio emocional. Mas você sabe o que é fazer uma boa ação? Algumas atitudes simples podem gerar grande impacto: doar seu tempo em ações voluntárias, praticar cotidianamente atitudes de gentileza, acolher pessoas em sofrimento com sua escuta empática. Deus nos concede gratuitamente a sabedoria necessária para fazermos o bem, mesmo com nossas limitações e desafios, então graciosamente somos capacitados a ser instrumentos de bênção, servindo e ajudando aqueles ao nosso redor. Deus nos chama para uma vida de generosidade, mas Ele também nos capacita para isso. Às vezes, podemos sentir que não temos recursos ou forças suficientes para ajudar ou servir, mas este versículo nos lembra que a graça de Deus é abundante e suficiente. Quando colocamos nossa confiança Nele, Ele nos enche com o que precisamos, seja materialmente, emocionalmente ou espiritualmente, para que possamos ser usados para Sua glória. Deus nos chama a confiar Nele de forma plena, sabendo que, em Sua graça abundante, sempre teremos o suficiente para realizar aquilo que Ele nos chamou a fazer. Hoje, descanse na certeza de que a graça de Deus é mais que suficiente para você e para tudo o que Ele te pediu.

Amanda Veras

O PROPÓSITO QUE NOS DÁ VIDA

31 JAN

Sua vida está sem propósito? Você não está só! Muitas pessoas não conseguem olhar para o horizonte, pois a falta de perspectiva limita a visão. Então, buscam saciar suas necessidades em coisas temporárias, com o pensamento de que Deus jamais proveria o suficiente para nossas carências e limitações. Provérbios 29:18 nos revela uma verdade profunda: viver sem um propósito claro, sem a orientação de Deus, nos leva a um estado de confusão e desordem. Quando não temos uma visão ou um sentido para o nosso caminhar, é fácil nos sentirmos perdidos, desanimados e sem direção. Esse vazio pode nos afetar profundamente, fazendo com que a vida pareça sem cor e sem significado. Mas a boa notícia é que Deus deseja nos dar essa visão e propósito, Ele quer nos mostrar o caminho que nos leva à verdadeira vida e alegria. Ele nos oferece um propósito maior do que aquilo que podemos imaginar sozinhos. Seguir a "lei" de Deus, mencionada nesse versículo, é mais do que obedecer a regras; é alinhar nosso coração com os valores e princípios divinos que trazem sentido e clareza para cada passo que damos. Deus deseja que vivamos uma vida plena, com direção e significado.

Pai, ajuda-me a encontrar propósito para minha vida. Amém.

"Onde não há visão, o povo perece; mas o que guarda a lei, esse é bem-aventurado."

Provérbios 29:18

ANOTAÇÕES

FEVEREIRO

01 FEV

DÊ A VOLTA POR CIMA

É natural que passemos por momentos de angústia. Várias circunstâncias da vida podem nos trazer dor, sofrimento e angústia, como: doença na família, a perda de um emprego, o término de um relacionamento ou mesmo a perda de um ente querido. Na Bíblia encontramos muitos exemplos de grandes homens que tiveram momento de grande angústia. Jó experimentou uma angústia profunda ao questionar Deus pelo motivo de seu sofrimento. Elias sentiu profundo desespero ao sofrer ameaça de morte após a vitória sobre os profetas de Baal. Jonas, quando foi engolido por um grande peixe, sentiu angústia. Todos eles oraram a Deus pedindo misericórdia e foram restaurados por Ele. Deus está atento ao clamor dos que sofrem e está sempre próximo daqueles que estão em angústia, trazendo consolo e alívio. Entregue suas emoções e lutas a Deus. Hoje, se você está passando por um momento de angústia, tire um tempo para orar, entregando a Deus suas emoções e pedidos. Confie que Ele está perto, ouvindo seu clamor e pronto para trazer consolo.

Pai, entrego em Tuas mãos os meus temores, para que meu fardo seja aliviado. Amém.

"O Senhor está perto dos que têm o coração quebrantado e salva os de espírito abatido."

Salmos 34:18

ANOTAÇÕES

02 FEV

POR QUAIS CAMINHOS VOCÊ TEM ANDADO?

Pai, agradeço a paz que tem trazido à minha vida. Amém.

"Tu conservarás em paz aquele cuja mente está firme em ti; porque ele confia em ti."

Isaías 26:3

ANOTAÇÕES

A vida tem sido cada dia mais cheia de compromissos. Quando mal percebemos, a noite chegou e não demos conta de fazer aquilo que nos propusemos. Mas será mesmo que isso é "vida"? Por quais razões você tem vivido? Você tem ido em busca dos seus propósitos ou tem se desviado, olhando pelo caminho o propósito alheio? Deus deseja que seus filhos vivam em paz e nos direciona para uma jornada de confiança e gratidão. Mas isso só será possível quando decidirmos entregar nossas preocupações a Ele e buscar a Sua paz. Manter a mente firme em Deus é mais do que apenas pensamentos positivos; é um ato de fé. Significa escolher, diariamente, confiar que Deus está no controle e que Ele cuida de cada detalhe de nossa vida. Quando enfrentamos dificuldades ou tempestades, somos tentados a focar nos problemas ou a buscar soluções por nossas próprias forças. No entanto, Deus nos convida a confiar Nele e a permitir que Sua paz nos envolva, acalmando nossas preocupações e nos dando serenidade. Ao seguirmos o caminho do Pai, desenvolvemos nossa confiança em Sua provisão, aprendemos a ser gratos independentemente das circunstâncias e a desfrutar da paz plena que Ele tem para nós. Portanto, decida hoje apresentar suas preocupações a Deus e agradecer a Ele cada um desses momentos de paz e provisão.

Amanda Veras

ENCONTRE DESCANSO EM JESUS

03 FEV

Muitas vezes temos vontade de desistir, de deixar a vida correr, de não esboçar reação diante da adversidade. Sabemos que há dias em que a vontade é de nem sair da cama. Porém, sabemos que a vida tem de seguir, e Jesus deseja que Seus seguidores vivam em paz e descanso, deixando de lado o peso da preocupação e da ansiedade. Isso, porém, só será possível quando decidirmos confiar e entregar nossas preocupações a Ele. Para desfrutar de um descanso verdadeiro, é preciso uma vida de entrega contínua a Cristo. O descanso em Jesus é o remédio para o estresse e a exaustão. Quando nos voltamos a Ele, desenvolvemos nossa confiança em Sua bondade, aprendemos a ser humildes e mansos como Ele e experimentamos a paz plena que Ele oferece. Hoje, permita-se um momento de pausa e entrega. Confie suas preocupações a Jesus e peça que Ele encha seu coração com Sua paz. Descanse, sabendo que Ele está cuidando de você. Lembre-se: cada vez que você entrega seus fardos a Cristo, experimenta o descanso verdadeiro e se renova para seguir em frente. Sempre que se sentir sobrecarregado, repita a si mesmo: "Jesus é meu descanso e meu refúgio." Deixe que essa verdade encha seu coração e acalme sua alma.

Pai, reconheço que posso levar minhas cargas a Jesus, onde há alívio e conforto. Amém.

"Venham a mim, todos os que estão cansados e sobrecarregados, e eu darei descanso a vocês."

Mateus 11:28

ANOTAÇÕES

_____
_____
_____
_____
_____
_____
_____
_____
_____
_____

Conversa com Deus Pai

04 FEV

CONFIE NA PRESENÇA DE DEUS

Pai, agradeço por estar sempre comigo em todos os dias da minha vida. Amém.

"Ninguém te poderá resistir todos os dias da tua vida; como fui com Moisés, assim serei contigo; não te deixarei nem te desampararei."

Josué 1:5

ANOTAÇÕES

Você já se sentiu sobrecarregado e com uma responsabilidade enorme diante de um novo desafio, a tal ponto que teve dúvidas se daria conta ou não? Josué foi escolhido por Deus para liderar o povo de Israel após a morte de Moisés. Ele recebeu uma responsabilidade enorme de guiar uma nação inteira, enfrentando inimigos poderosos, e sem dúvida ele tinha muitas dúvidas e incertezas pelo caminho. Mas Josué não estava sozinho; ele tinha a presença de Deus consigo. Deus fez a ele a promessa de não o desamparar. E esteve com ele em toda a jornada. Da mesma forma, em nossa vida temos a promessa de Deus de nunca nos desamparar. Ele está sempre ao nosso lado e nos fortalece para que possamos enfrentar todos os desafios que estarão por vir. Sua presença e proteção estarão presentes conosco sempre. Com Ele podemos enfrentar qualquer desafio que a vida vier nos apresentar. Então, creia, Deus está com você, sempre. É Ele quem lhe dá força para seguir adiante!

OUÇA COM O CORAÇÃO

05 FEV

É bastante comum a frase "o sujeito fala pelos cotovelos" aplicada a pessoas que falam de forma excessiva e sem parar, inclusive não permitindo que o outro participe da conversa. Nesse caso, não temos um diálogo, mas sim um monólogo, em que apenas um fala e o outro ouve. Você já passou por uma situação em que gostaria de falar, mas não lhe foi permitido expor suas ideias, porque não lhe foi dada a chance de se expressar? A Bíblia nos ensina que ouvir é mais importante do que falar. O que Deus quer nos transmitir, por meio de Tiago, é a importância da prática de ouvir com atenção quando as pessoas estão falando conosco. Ouvir não só as palavras, mas também os sentimentos que acompanham as palavras. Ouvir com o coração. Quando ouvimos com o coração, mostramos para o outro a importância que ele tem para nós. Portanto, abra seu coração juntamente com seus ouvidos e mostre para o outro como você está disposto a ouvi-lo e a auxiliá-lo. Hoje, quando estiver em uma conversa, coloque de lado qualquer distração, olhe nos olhos e ouça com o coração, procurando entender não apenas as palavras, mas também o sentimento de quem fala.

Pai, que as minhas palavras sejam sempre de edificação. Amém.

> *"Portanto, meus amados irmãos, todo homem seja pronto para ouvir, tardio para falar, tardio para se irar."*
>
> **Tiago 1:19**

ANOTAÇÕES

_____

_____

_____

_____

_____

_____

_____

_____

_____

Conversa com Deus Pai

06 FEV

COM DEUS VOCÊ NUNCA COMEÇA DO ZERO

Pai, agradeço por renovar todos os dias as minhas forças. Amém.

"A ordenar acerca dos tristes de Sião que se lhes dê ornamento por cinza, óleo de alegria por tristeza, vestes de louvor por espírito angustiado (...) para que Ele seja glorificado."

Isaías 61:3

ANOTAÇÕES

Você já teve de recomeçar em alguma área de sua vida? Achou que tivesse voltado à estaca zero e que teria um árduo caminho pela frente? Não é assim com Deus. Ao lado Dele, recomeçar nunca é começar do zero, porque Ele não despreza a nossa história, as nossas pequenas conquistas. Ele não as mede como nós. Deus enxerga no recomeço a beleza da vida, e assim nos ensina sobre autocompaixão, nos mostra que não somos os erros que cometemos e que temos a chance de novos começos, de reescrever nossa história. Esse versículo mostra que Deus está sempre nos guiando para algo novo. Ele não nos faz voltar ao ponto inicial, mas nos proporciona um novo caminho, em que nossas experiências e aprendizados nos ajudam a avançar, e os recomeços são oportunidades de seguir adiante, não de retroceder. Hoje, se você se encontra em um momento de recomeço, confie que Deus está ao seu lado, valorizando sua história e guiando-o para um novo caminho. Não se permita desanimar; em vez disso, veja essa oportunidade como uma chance de crescer e seguir adiante com esperança renovada. Ele está com você em cada passo, ajudando-o a construir algo ainda mais bonito. Sempre que pensar em desistir, lembre-se: cada recomeço com Deus é uma oportunidade de crescimento. Ele não nos leva para trás, mas abre um caminho novo e cheio de esperança.

Amanda Veras

RECOMECE COM PROPÓSITO

07 FEV

Todos nós passamos por momentos na vida em que parece que tudo saiu do controle. Frustrações, dificuldades e até perdas nos fazem questionar o que está acontecendo e qual é o plano de Deus para nós. No entanto, Romanos 8:28 nos lembra de uma verdade poderosa: Deus age em todas as coisas para o bem daqueles que O amam. Isso significa que, mesmo quando tudo parece caótico ou doloroso, Ele está transformando essas situações para o nosso bem. É importante lembrar que os recomeços fazem parte da nossa caminhada. São uma nova oportunidade que Deus nos dá para viver de maneira ainda mais alinhada com o Seu propósito. Portanto, hoje, lembre-se de que, não importa o que você esteja enfrentando, Deus está trabalhando para o seu bem. Ele conhece suas dores, suas alegrias e os desejos do seu coração. E, enquanto você O amar e se mantiver firme em Seu propósito, Deus transformará todas as coisas – até aquelas que você considera perdas – em parte do grande plano que Ele tem para sua vida.

Pai, agradeço por me levar cada vez mais para perto de Ti. Amém.

"Sabemos que Deus age em todas as coisas para o bem daqueles que o amam, dos que foram chamados segundo o seu propósito."

Romanos 8:28

ANOTAÇÕES

08 FEV

ESQUEÇA PARA AVANÇAR

Pai, ajuda-me a deixar para trás tudo o que me impede de avançar. Amém.

"(…) esquecendo-me das coisas que para trás ficam, e avançando para as que estão diante de mim, prossigo para o alvo, ao prêmio da soberana vocação de Deus em Cristo Jesus."

Filipenses 3:13-14

ANOTAÇÕES

Todos nós temos coisas em nosso passado que nos prendem – erros, arrependimentos ou até mesmo vitórias que ficaram para trás. O apóstolo Paulo nos lembra que, para avançar em nossa caminhada com Deus, precisamos deixar o passado no lugar a que ele pertence. Ficar preso ao que já passou nos impede de ver o que Deus tem preparado para nós adiante. Avançar exige foco no alvo: Cristo. Quando deixamos de olhar para trás, nos abrimos para os planos que Deus tem para nossa vida e nos movemos em direção ao que realmente importa. Hoje, escolha soltar o que ficou para trás e olhe para a frente com confiança, sabendo que há algo muito maior e melhor que Deus deseja fazer em você e por meio de você. Hoje, escolha soltar o que o prende ao passado. Sejam arrependimentos, medos ou antigas glórias, deixe-os nas mãos de Deus e olhe para a frente. Focalize seu olhar em Cristo e nos propósitos que Ele tem para sua vida. Caminhe com fé, acreditando que Deus está preparando um futuro cheio de novas oportunidades e bênçãos. Lembre-se: ao soltar o passado, você abre espaço para o novo. Deixe Deus guiar seus passos e confie que Ele tem coisas maravilhosas reservadas para você.

Amanda Veras

RENOVE SUAS FORÇAS EM DEUS

09 FEV

Se você sente que está cansado e sobrecarregado, Deus tem uma mensagem linda: os que esperam no Senhor renovam as suas forças. Voam alto como a águia, pois Deus é a nossa renovação. Corremos e não ficamos exaustos, caminhamos e não nos cansamos. Deus nos capacita e nos fortalece. Em Deus temos alívio sempre. Nele encontramos a leveza que tanto desejamos na vida. Quando esperamos Nele, corremos e não cansamos, não ficamos exaustos. Pelo contrário, somos capacitados a enfrentar os desafios com coragem e vigor. Ele nos dá força para continuar mesmo quando as circunstâncias parecem insuperáveis. Se em algum momento os problemas e os desafios o assolarem, lembre-se de que em Deus podemos encontrar forças renovadas para enfrentar os desafios da vida. Entregue sua vida nas mãos Dele, que Ele te guiará em segurança. Hoje, se sentir o peso dos desafios, entregue seus fardos a Deus em oração. Confie que Ele é capaz de renovar suas forças e trazer leveza à sua vida. Espere Nele com confiança, sabendo que Ele o sustenta e capacita a enfrentar cada situação com vigor. Sempre que se sentir sobrecarregado, lembre-se: "Em Deus, encontro forças renovadas". Que essa verdade traga paz ao seu coração e o ajude a enfrentar cada dia com confiança.

Pai, Te agradeço a renovação da força que me dás para voar bem alto. Amém.

"Mas aqueles que esperam no Senhor renovam as suas forças. Voam alto como águias; correm e não ficam exaustos, andam e não se cansam."

Isaías 40:31

ANOTAÇÕES

_____
_____
_____
_____
_____
_____
_____
_____
_____

Conversa com Deus Pai

10 FEV

O MARAVILHOSO DE DEUS

Pai, ajuda-me a confiar nas Tuas promessas e a viver com o coração cheio de esperança. Amém.

> *"Nem olhos viram, nem ouvidos ouviram, nem jamais penetrou em coração humano o que Deus tem preparado para aqueles que o amam."*
>
> **1 Coríntios 2:9**

ANOTAÇÕES

O que Deus preparou para aqueles que O amam vai muito além do que conseguimos imaginar. Muitas vezes nos limitamos a pensar apenas no que podemos ver, ouvir e sentir no presente, mas a promessa de Deus é algo muito maior. Ele está preparando bênçãos que ultrapassam nossas expectativas e sonhos. Essa certeza deve nos encher de esperança e confiança, mesmo quando a vida nos apresenta desafios.

Deus conhece os desejos mais profundos do nosso coração, e Sua bondade e amor vão além da nossa compreensão. Ele está trabalhando nos bastidores, cuidando de cada detalhe da nossa vida, preparando algo grandioso que só Ele pode realizar. O que precisamos fazer é confiar e continuar amando a Deus, sabendo que Ele tem o melhor para nós, mesmo quando não conseguimos ver o que está à nossa frente. Hoje, ao enfrentar seus compromissos e desafios, lembre-se de que Deus já está cuidando do seu futuro. Permita que essa verdade traga paz ao seu coração. Confie Nele, mesmo que não consiga ver o caminho à frente, e mantenha a certeza de que Ele sempre age em amor.

Amanda Veras

11 FEV

A ALEGRIA DE DAR

Vivemos em um mundo que frequentemente valoriza o que podemos obter, seja sucesso, seja bens materiais ou reconhecimento. Porém, o ensinamento de Jesus nos desafia a pensar de maneira diferente: a verdadeira felicidade está em dar, não em receber. Quando escolhemos dar – nosso tempo, atenção, recursos ou carinho –, nos conectamos diretamente ao coração de Deus, que é um Deus generoso e que ama profundamente. Dar não se trata apenas de ajudar financeiramente. Podemos dar com palavras de encorajamento, com um sorriso, com um abraço, ou simplesmente ouvindo alguém que precisa. Quando fazemos isso, percebemos que há uma alegria genuína em ser canal de bênção para a vida de outra pessoa. Dar nos enche de propósito, porque é um reflexo da própria essência de Cristo. Que possamos buscar oportunidades para abençoar os outros, sabendo que essa é uma das maiores fontes de alegria que podemos experimentar.

Pai, que eu encontre alegria em servir, do mesmo modo que o Senhor tem sido generoso comigo. Amém.

"Mais bem-aventurada coisa é dar do que receber."

Atos 20:35

ANOTAÇÕES

12 FEV

UM REFÚGIO SEGURO

Pai, ajuda-me a confiar mais em Ti, entregando preocupações e temores em Tuas mãos. Amém.

"Direi do Senhor: Ele é o meu Deus, o meu refúgio, a minha fortaleza, e nele confiarei."

Salmos 91:2

ANOTAÇÕES

Todos nós enfrentamos momentos na vida em que somos tomados pelo medo, pela insegurança e pelas incertezas. Nessas horas, precisamos de um lugar seguro para onde possamos correr e nos sentir protegidos. O Salmo 91:2 é uma declaração de fé e confiança em Deus como nosso refúgio seguro. Em um mundo cheio de incertezas, preocupações e desafios, este versículo nos lembra de que temos um lugar onde podemos encontrar proteção, paz e segurança: a presença de Deus. Ele não é apenas um lugar de refúgio temporário, mas uma fortaleza inabalável que nos sustenta e nos acolhe, independentemente das circunstâncias que enfrentamos. Quando afirmamos que o Senhor é nosso refúgio e fortaleza, estamos expressando que Ele é digno de toda a nossa confiança. Significa reconhecer que, mesmo nos momentos de maior fragilidade ou medo, podemos descansar Nele, sabendo que Sua força e Seu amor nos cercam. Ele nos convida a confiar plenamente, a deixar nossas preocupações em Suas mãos e a encontrar Nele a paz que o mundo não pode oferecer. Hoje, pergunte-se: em quais áreas da sua vida você precisa confiar mais em Deus como seu refúgio e fortaleza?

Amanda Veras

SIGA O CONVITE DE JESUS

13 FEV

Em quem você se inspira? A quem você segue? Essas duas perguntas podem definir a forma como você lida com a vida e a maneira como você tem escolhido vivê-la. Influenciadores não mudam a sua vida, mas a influência que eles exercem em sua mente, em seu modo de se comportar, de ver as coisas na vida, sim, isso pode gerar um grande impacto e mudar a sua história. Jesus, ao andar à beira do mar da Galileia, observou dois irmãos, jovens pescadores, e então decidiu chamá-los não somente para uma jornada de vida, mas para uma transformação pessoal. O mais lindo é ver que as palavras de Jesus os encorajaram a partir daquilo que eles já faziam, o seu ofício de pescadores. Às vezes podemos pensar que aquilo que fazemos é mero acaso do destino. Isso não é verdade. Tudo em nossa vida contribui para o chamado de Deus: o lugar onde você nasceu, suas preferências, seu trabalho. Ele deseja usar tudo isso para que você também seja um pescador de vidas! Imagine que por meio do seu trabalho você pode levar esperança a alguém aflito, que você pode ser influência positiva na vida de muitas pessoas. Pedro e André, simples pescadores, disseram sim ao chamado de caminhar com Jesus e tiveram sua vida completamente transformada. Abrace a influência divina em sua história, entregue-se aos cuidados de Deus.

Jesus, hoje eu digo sim ao Teu chamado. Eu confio, descanso e avanço para pescar muitas vidas por amor a Ti! Amém.

"(…) 'Sigam-me, e eu os farei pescadores de homens'. No mesmo instante eles deixaram as suas redes e o seguiram."

Mateus 4:18-20

ANOTAÇÕES

_____
_____
_____
_____
_____
_____
_____

Conversa com Deus Pai

14 FEV

ACREDITE, E ELE CUIDARÁ

Pai, entrego a minha vida em Tuas mãos, pois sei que reservaste o melhor para mim. Amém.

> *"Entrega o teu caminho ao Senhor, confia nele e o mais ele fará."*
>
> **Salmos 37:5**

ANOTAÇÕES

Você já viveu uma grande dúvida, sem saber ao certo que decisão tomar? Muitas vezes enfrentamos momentos cruciais, que podem mudar completamente o rumo da nossa vida. Queremos controlar todas as circunstâncias e fazer tudo conforme os nossos próprios planos em vez de entregar a direção da nossa vida a Deus e confiar Nele completamente. Deus nos convida para que entreguemos a Ele nossas preocupações, nossos medos, nossas dúvidas e nossas incertezas. Ele tem um plano perfeito para a nossa vida. Quando entregamos a direção da nossa vida a Deus, começamos a sentir uma paz e uma tranquilidade inimagináveis. Isso acontece porque não sou mais eu quem está no controle da minha vida, mas, sim, Deus, e Ele cuida de cada detalhe da minha vida. Buscar a direção de Deus em oração é a certeza da melhor escolha. Ele estará conosco todos os dias da nossa vida.

Amanda Veras

CONFIE NA PRESENÇA DE DEUS

15 FEV

Você já se sentiu muito sobrecarregado e com uma responsabilidade enorme diante de um novo desafio a tal ponto que teve dúvidas se daria conta ou não? Josué foi escolhido por Deus para liderar o povo de Israel após a morte de Moisés. Ele recebeu uma responsabilidade enorme de guiar uma nação inteira, enfrentando inimigos poderosos, e sem dúvida ele tinha muitas dúvidas e incertezas pelo caminho. Mas Josué não estava sozinho: ele tinha consigo a presença de Deus, que prometeu não o desamparar. Da mesma forma, em nossa vida temos a mesma promessa de Deus. Ele nos fortalece para que possamos enfrentar todos os desafios que estão por vir. Sua presença e proteção estarão presentes conosco sempre. Com Ele podemos enfrentar qualquer desafio que a vida vier nos apresentar. Portanto, confie, confie sempre. E segura na mão de Deus. Hoje, ao encarar seus próprios desafios, lembre-se da promessa de Deus para sua vida. Confie que Ele está presente, fortalecendo você. Em momentos de dúvida, pare e faça uma oração, entregando seus medos e incertezas a Ele. Segure a mão de Deus e permita que Sua paz o guie.

Pai, agradeço por estar sempre ao meu lado, pronto para me guiar. Amém.

"O Senhor é quem vai adiante de ti; ele será contigo, não te deixará nem te desamparará; não temas, nem te espantes."

Deuteronômio 31:8

ANOTAÇÕES

_____
_____
_____
_____
_____
_____
_____
_____
_____

16 FEV

O VERDADEIRO CAMINHO DA SABEDORIA

Pai, ajuda-me a ter um coração que Te teme e que reconhece a Tua grandeza. Dá-me sabedoria para viver de acordo com os Teus princípios. Amém.

> *"O temor do Senhor é o princípio da sabedoria."*
>
> **Provérbios 9:10**

ANOTAÇÕES

A verdadeira sabedoria começa com o temor ao Senhor. Mas o que significa temer ao Senhor? Não se trata de ter medo, mas de ter reverência, respeito e um profundo reconhecimento de quem Deus é. Temer a Deus significa reconhecer Sua grandeza, Seu poder, e submeter nossa vida a Ele, sabendo que Seus caminhos são justos e perfeitos. Esse temor reverente nos leva a buscar a vontade de Deus e a agir com discernimento. Quando colocamos Deus no centro de nossas decisões, Ele nos guia e nos ensina a viver com sabedoria. A sabedoria não é apenas conhecimento, mas a capacidade de viver de forma alinhada com os valores e princípios de Deus, fazendo escolhas que honrem a Ele e abençoem os outros. O fato é que o mundo oferece muitas formas de sabedoria, mas a verdadeira sabedoria só pode ser encontrada quando colocamos Deus em primeiro lugar, pedindo ao Senhor, diariamente, que nos mostre o caminho certo e nos ensine a viver de acordo com Sua vontade.

SEMEIE COM FARTURA E GENEROSIDADE

17 FEV

Quais são os resultados que você colhe em sua vida? Você está realizado e feliz com os resultados que vem obtendo? Tem alguma área em que percebe falta de prosperidade? Todos nós gostamos de colher bons frutos. No texto ao lado encontramos uma relação direta entre o que semeamos e o que colhemos. Se semeamos pouco, colhemos pouco. Se semeamos com fartura, colhemos com abundância. Deus quer que vivamos em abundância em todas as áreas. Se quer ser abundante e próspero, é necessário investir com generosidade, pois ela produz prosperidade e abundância. Se o nosso semear for generoso e farto, nossa colheita será abundante e próspera. Se dedicarmos um tempo generoso a nossos filhos, colheremos uma relação abundante, acumularemos memórias positivas com eles, que os fortalecerão para os desafios da vida. E assim é em todas as áreas da nossa vida. Onde o investimento e a semeadura forem fartos, a colheita será maravilhosamente abundante.

Pai, dê-me forças para que eu possa semear com fartura em todas as áreas da minha vida. Amém.

"Quem semeia pouco, colherá pouco. Quem semeia com fartura colherá com abundância."

2 Coríntios 9:6

ANOTAÇÕES

18 FEV

VIDA PLANEJADA COM DEUS

Pai, ilumine a minha mente e alinhe todos os meus planos ao Teu coração. Amém.

"O coração do homem pode fazer planos, mas a resposta certa dos lábios vem do Senhor."

Provérbios 16:1

ANOTAÇÕES

O que torna um jogador de xadrez vencedor em uma partida? Dentre tantas características, podemos mencionar as que mais se destacam: boa memória, pensamento ágil, capacidade de se concentrar, paciência. Mas uma característica é essencial: um bom jogador de xadrez sabe desenvolver excelentes estratégias. Boas estratégias vencem partidas. Em nossa vida com Deus também é assim: vence a batalha quem escolhe a melhor estratégia, quem segue o melhor plano na luta entre entre o bem e o mal. O que facilita nossa jogada é saber que já temos o vencedor: Jesus! E para estarmos com Ele e viver em vitória, precisamos seguir as estratégias que Ele nos ensina em Sua palavra, precisamos planejar nosso dia e nossa vida, saber como faremos nossas escolhas e quais sonhos temos em nosso coração. É preciso entender, porém, que muitas vezes não saberemos fazer as melhores escolhas. É nesse momento que temos de escutar as palavras de Deus por meio da leitura de Sua palavra. Lembre-se sempre: Deus tem a resposta certa para você!

Amanda Veras

VIVA UMA VIDA FRUTÍFERA

19 FEV

Algumas árvores frutíferas só conseguem se desenvolver se têm o apoio necessário para seu desenvolvimento. O tronco de algumas árvores cresce torto, porém com o apoio correto consegue crescer sem se encurvar. O suporte do tronco da árvore é o apoio necessário para seu crescimento reto. Assim como uma planta para crescer precisa de apoio, nós também precisamos de Deus para crescer de forma saudável. Por mais que tenhamos o apoio e a ajuda necessários para nossa vida, é preciso permanecer na fonte, estar conectado na raiz, na essência de nossa existência, no autor da vida: Jesus. Com Ele podemos ter uma vida abundante e transformar a vida de muitas pessoas. Hoje, reflita sobre as áreas em que você precisa de apoio para crescer de forma saudável. Entregue essas áreas a Deus e peça que Ele o fortaleça e o direcione. Busque permanecer conectado a Jesus, sabendo que é Nele que encontramos a fonte da verdadeira vida. Lembre-se de que Deus é o apoio que endireita e sustenta. Permaneça firme Nele, e seu crescimento será abundante e transformador.

Pai, agradeço por me amar e me permitir ter uma vida frutífera. Amém.

"Eu sou a videira, vós, os ramos; quem está em mim, e eu nele, esse dá muito fruto; porque sem mim nada podeis fazer."

João 15:5

ANOTAÇÕES

20 FEV

A ALEGRIA NA FÉ

Pai, ensina-me a viver com o coração cheio de esperança, sabendo que, em Ti, tenho uma alegria que não se abala. Amém.

"Alegrem-se sempre."

1 Tessalonicenses 5:16

ANOTAÇÕES

Em apenas duas palavras, 1 Tessalonicenses 5:16 nos traz uma verdade poderosa e, ao mesmo tempo, desafiadora: "Alegrem-se sempre". É fácil sentir alegria nos bons momentos, quando tudo está bem e a vida parece caminhar de forma tranquila. Mas Paulo nos chama a experimentar uma alegria constante, que não depende das circunstâncias ao nosso redor. Ele fala de uma alegria que vem de Deus, uma alegria que se enraíza na confiança de que Ele está sempre conosco, em qualquer situação. Alegrar-se sempre não significa ignorar as dificuldades ou viver sem enfrentar problemas. Ao contrário, é um chamado para confiar que, mesmo em meio às lutas, Deus está ao nosso lado e Sua presença é uma fonte inesgotável de alegria. É uma alegria que brota da certeza de que Ele tem um plano maior, de que cada desafio tem um propósito e de que Sua paz está disponível para nossos corações. Essa alegria é uma expressão de nossa fé e esperança em Deus, que nunca nos abandona. Nos dias bons, essa alegria se torna louvor; nos dias difíceis, ela é nossa força. Quando escolhemos nos alegrar em Deus, nossas vidas se tornam uma mensagem de esperança para aqueles ao nosso redor. Nossa alegria em Deus é um testemunho de que Ele é fiel, mesmo nas tempestades, e de que Sua paz pode preencher nossas vidas. Hoje, escolha alegrar-se em Deus, independentemente das circunstâncias.

SER LUZ NO MUNDO, BRILHAR COM PROPÓSITO

21 FEV

Jesus nos chama a ser luz no mundo, a viver de uma maneira que a presença e o amor de Deus sejam evidentes em nossas atitudes. Ser luz não significa apenas fazer coisas boas, mas viver de tal forma que os outros possam ver Deus em nós. Nosso objetivo não é receber elogios ou reconhecimento, mas que, através das nossas ações, as pessoas possam ver a bondade de Deus e serem tocadas por Sua graça.

Muitas vezes, achamos que precisamos de grandes gestos para brilhar, mas a luz de Cristo em nós é refletida em gestos simples e sinceros. Um sorriso, um ato de bondade ou uma palavra de encorajamento são pequenas atitudes que têm um impacto duradouro, pois revelam o caráter de Deus. Cada gesto nosso é uma oportunidade de apontar para Ele, mostrando que é o amor de Deus que nos motiva. A luz de Cristo em você é um presente para o mundo. Permita que ela brilhe, de forma que as pessoas possam ver, através de você, o amor e a presença de Deus. Hoje, pense em como você pode refletir a luz de Deus em sua vida diária. Que suas atitudes e palavras sejam direcionadas por amor e compaixão, de modo que aqueles ao seu redor possam ver a glória de Deus em você. Lembre-se de que, ao agir com bondade e generosidade, você está dando a outros a oportunidade de ver Deus em ação.

> **Pai, ajuda-me a viver de tal forma que as pessoas vejam em mim o Teu amor e a Tua graça. Amém.**

> *"Assim brilhe a luz de vocês diante dos homens, para que vejam as suas boas obras e glorifiquem ao Pai de vocês, que está nos céus."*
>
> **Mateus 5:16**

ANOTAÇÕES

22 FEV

BUSQUE BONS CONSELHOS EM BONS CONSELHEIROS

Pai, oro para que eu possa encontrar bons conselheiros para minha jornada. Amém.

"Porque com conselhos prudentes tu farás a guerra; e há vitória na multidão dos conselheiros."

Provérbios 24:6 (ARC)

ANOTAÇÕES

Grandes empresas possuem um conselho. Um lugar de pessoas experientes, que têm por missão ajudar a decifrar situações desafiadoras, que contribuem na tomada de decisões assertivas e de menor impacto para a empresa. Pessoas que pensam sempre em melhorar a situação que encontra. Note que a Bíblia ensina que a sabedoria está na multidão de conselheiros! Isso porque os conselhos sem bons conselheiros são como palavras ao vento, não criam registros no papel, não existem de fato, não são eficazes. Provérbios 24:6 nos ensina sobre a importância de buscar conselhos sábios em tempos de decisões e batalhas, sejam elas espirituais, emocionais ou relacionadas aos desafios diários da vida. Em vez de enfrentarmos nossos problemas e responsabilidades sozinhos, somos encorajados a buscar o apoio e a orientação daqueles que possuem sabedoria e experiência. Deus nos lembra que, ao cercarmo-nos de pessoas que caminham na fé e na prudência, aumentamos nossas chances de vencer as batalhas que se levantam contra nós. Lembre-se de que todos precisamos de bons conselheiros em nossa vida, pois eles nos dão a oportunidade de aprender, refletir e agir de forma prudente e com sabedoria. Quais foram as últimas decisões que você tomou? Será que bons conselheiros o ajudaram nessas decisões?

OLHE PARA SI MESMO

23 FEV

Imagine se você tivesse uma lupa com superpoderes. A lupa mágica te permitiria ver a essência de todas as coisas, revelaria aquilo que nossos olhos não podem ver, enxergaria a essência do ser humano, sentimentos, emoções, aquilo que está oculto aos nossos olhos, aquilo que só Deus é capaz de ver. O que você faria de posse dessa lupa mágica? Será que você iria mirar a lupa em você? Será que estaríamos preparados para tal façanha? É muito mais fácil julgar e analisar a conduta de vida e atitudes do outro. Ter esse olhar voltado para nós mesmos é desafiador. Para nossa esperança, a lupa mágica não existe. O que existe é o olhar genuíno e verdadeiro de Deus, que acessa e conhece nosso ser como ninguém, porém não para condenar e apontar, mas para revelar, tratar e redimir: esse é o olhar de Deus Pai para seus filhos. Hoje, tire um tempo para orar e pedir a Deus por uma revelação daquilo que tem sido oculto aos seus olhos, mas que internamente tem trazido dor.

Pai, que Teu olhar me encontre na essência de tudo aquilo que ainda não foi curado em mim. Amém.

"Examine-se o homem a si mesmo, e então coma do pão e beba do cálice."

1 Coríntios 11:28

ANOTAÇÕES

24 FEV

NÃO DESISTA NO TEMPO DA ESPERA

Pai, que o renovo do tempo de espera alcance meu coração, e que eu permaneça cultivando as sementes a mim confiadas. Amém.

"A esperança que se adia faz adoecer o coração, mas o desejo cumprido é árvore de vida."

Provérbios 13:12

ANOTAÇÕES

Um dos grandes desafios em nossa vida é saber esperar. Hoje tudo acontece com tanta velocidade que acabamos nos tornando impacientes quando temos de esperar. Porém, o tempo de espera faz parte da vida. Mas o que fazer quando o tempo da espera se prolonga demais? Como reagir quando ficamos cansados de semear, de cultivar e sentir que a hora de colher nunca vai chegar? O grande desafio é saber que a despeito de qualquer circunstância precisamos esperar e confiar que o tempo de Deus chegará. Nossa luta não é outra senão continuar crendo e semeando com esperança, suportando o tempo da espera, mesmo sem entender, permanecer agindo, porque o silêncio de Deus não significa que Ele deixou de agir; ao contrário, no silêncio de Deus Ele continua trabalhando em nosso favor. O que precisamos é dar a manutenção necessária a nossa alma no tempo de espera, porque ao final o renovo virá como uma linda árvore frondosa e iremos desfrutar do que semeamos.

Amanda Veras

25 FEV

TRANSBORDE AMOR

Podemos transbordar coisas boas quando nutrimos nosso interior com coisas boas, mas também podemos transbordar coisas ruins quando somos abastecidos por elas. Uma boa xícara de café quente pode transbordar e queimar a mão de alguém, mas a mesma xícara pode proporcionar momentos de acolhimento, reflexão e afeto. Ou seja, não é o conteúdo da xícara, mas, neste caso, a temperatura. Como está a temperatura do seu relacionamento consigo mesmo? Será que está promovendo queimaduras no seu interior e transbordando palavras e atitudes que ferem as pessoas ao seu redor? Ou a temperatura está adequada para transbordar e nutrir a vida das pessoas ao seu redor, construindo relacionamentos saudáveis e positivos? Jesus transbordou seu amor por nós por meio da cruz. Deus continua a transbordar em nossa vida; sua graça é um grande transbordar. E quanto a você, o que decide transbordar hoje? Lembre-se de que a graça de Deus transborda constantemente sobre você. Permita que esse amor flua para os outros, e faça de sua vida uma xícara que aquece, acolhe e abençoa.

Pai, agradeço por transbordar graça, paz e amor diariamente em minha vida. Amém.

"O Senhor fez sua graça transbordar e me encheu da fé e do amor que vêm de Cristo Jesus."

1 Timóteo 1:14 (NVT)

ANOTAÇÕES

Conversa com Deus Pai

26 FEV

VIVA COM LUZ

Pai, dá-me discernimento para escolher bem as pessoas que me cercam. Amém.

"Não se deixem enganar: 'As más companhias corrompem os bons costumes'."

1 Coríntios 15:33

ANOTAÇÕES

Assim como uma planta precisa de solo fértil e limpo para crescer saudável, precisamos escolher com cuidado o ambiente em que plantamos nossa vida e com quem escolhemos caminhar. Aquelas amizades que nos levam para longe dos caminhos de Deus, que nos influenciam negativamente, agem como ervas daninhas, sufocando nossa fé, alegria e propósito. Podemos até nos enganar pensando que não somos tão influenciáveis ou que temos a capacidade de mudar aqueles ao nosso redor, mas Paulo é muito claro: as más companhias corrompem os bons costumes. Isso não significa que devemos rejeitar, ignorar ou julgar aqueles que não compartilham dos mesmos valores que nós. Pelo contrário, somos chamados para ser luz no mundo, para amar e acolher. No entanto, precisamos ter discernimento sobre quem deixamos ter uma influência íntima em nossa vida. Precisamos nos rodear de pessoas que nos incentivem a crescer, que nos desafiem a ser melhores e que nos aproximem de Deus. Hoje, reflita sobre suas amizades e as influências ao seu redor, redefina limites, ore por sabedoria para lidar com essas pessoas. Lembre-se: Deus deseja que estejamos cercados de pessoas que nos edifiquem e nos ajudem a trilhar o caminho da justiça.

Amanda Veras

SIGA O VERDADEIRO CAMINHO

27 FEV

Vivemos em um mundo onde muitas pessoas buscam respostas e procuram caminhos que deem sentido à vida, mas Jesus nos lembra que Ele é a resposta para todas as nossas perguntas. Não existe outra forma de conhecer a Deus senão por meio de Jesus. Jesus é o caminho que nos guia para uma vida de paz e reconciliação com o Pai. Ele não é um caminho entre muitos. Ele é o único. Quando depositamos nossa confiança Nele, recebemos direção e propósito. Ele também é a verdade que liberta nosso coração das mentiras do mundo, nos trazendo clareza e entendimento. Por meio Dele, encontramos não apenas vida eterna, mas também uma vida plena e significativa aqui e agora. Ao seguir Jesus, vivemos de acordo com a verdade e experimentamos a vida em sua plenitude. Temos o livre-arbítrio para escolher seguir o único caminho que nos leva ao Pai, buscando viver conforme a verdade e a vida que Jesus nos oferece.

Pai, agradeço a Ti por me mostrar o verdadeiro caminho que devo trilhar. Amém.

"Respondeu Jesus: 'Eu sou o Caminho, a Verdade e a Vida. Ninguém vem ao Pai, a não ser por mim'."

João 14:6

ANOTAÇÕES

_____
_____
_____
_____
_____
_____
_____
_____
_____

28 FEV

UM CORAÇÃO EM PAZ

Pai, que eu possa ser grato por tudo o que tenho e confiar na Tua provisão para minha vida. Amém.

"O coração em paz dá vida ao corpo, mas a inveja apodrece os ossos."

Provérbios 14:30

ANOTAÇÕES

A inveja é como uma sombra silenciosa que pode crescer em nosso coração sem que percebamos. Em princípio, ela aparenta ser um sentimento inofensivo, mas, no fundo, corrói nosso bem-estar e nos afasta da paz. Além de afetar nossas emoções, esse sentimento impacta de maneira profunda e negativa em nosso corpo e em nosso espírito, pois traz tristeza, ansiedade e uma constante sensação de insatisfação. Viver com inveja é uma armadilha que nos impede de enxergar as bênçãos que já recebemos. Quando olhamos para a vida dos outros e desejamos aquilo que não temos, nós nos esquecemos de valorizar o que está diante de nós. Já um coração satisfeito e confiante em Deus gera vida. Quando cultivamos a gratidão e encontramos contentamento no que o Senhor nos dá, somos fortalecidos e revigorados. A paz que Deus oferece é uma fonte de renovação que transcende as circunstâncias, permitindo-nos experimentar verdadeira alegria e saúde. Hoje, se algum pensamento de inveja surgir, peça a Deus para substituí-lo por gratidão. Reflita sobre as bênçãos presentes em sua vida e agradeça por cada uma delas. Lembre-se de que Deus tem um propósito único para você, e que seu coração pode encontrar alegria e paz Nele.

Amanda Veras

MARÇO

01 MAR

PRATIQUE A GENEROSIDADE

Pai, que eu possa espalhar bondade, amor e generosidade pelo mundo. Amém.

> *"A alma generosa prosperará, e aquele que atende também será atendido."*
>
> **Provérbios 11:25**

ANOTAÇÕES

Todo mundo busca a prosperidade, mas não são todas as pessoas que estão dispostas a praticar a generosidade e cuidar da necessidade do outro. A prosperidade é resultado da observação de muitos princípios, entre eles a fidelidade e obediência a Deus, a gratidão e a generosidade. Existem pessoas que são viciadas em acumular bens materiais, mesmo que para isso tenham de usar meios desonestos. A Bíblia condena a prática de querer enriquecer a qualquer custo e ter os bens materiais como razão e sentido da vida. A generosidade nos permite combater a ganância e o egoísmo. Ao contribuirmos com a vida do outro, mostramos quão importante a vida do outro é para nós. Sendo generosos, estamos refletindo o amor de Deus por nós. Hoje, reflita sobre como você pode ser uma bênção para alguém ao seu redor. Que sua prosperidade não seja apenas medida pelo que você tem, mas pelo bem que você faz. Seja generoso em suas palavras, atitudes e ações. Lembre-se: A prosperidade genuína está em um coração que compartilha. Quando somos generosos, revelamos o caráter de Deus e vivemos em verdadeira abundância.

Amanda Veras

RESSIGNIFIQUE SUA HISTÓRIA

02 MAR

Dar um novo sentido às dores que vivemos: é disso que se trata a palavra ressignificar. Mas como falar em dar outro sentido a uma situação que nos feriu e nos machucou profundamente? Essa talvez seja uma pergunta para a qual, assim como para tantas outras, não encontramos facilmente a resposta. Você já viveu alguma situação em sua vida que parecia ser o fim? O fim da esperança, o fim das possibilidades e o fim dos sentimentos? Encontrar o consolo e o conforto no amor de Deus e em seus cuidados, ainda que estejamos diante de situações tão desafiadoras e aparentemente impossíveis de receber um novo sentido, é o bálsamo para dias difíceis e para ausência de respostas. Ainda que não consigamos entender, tudo de que precisamos é permanecer confiantes em Seu cuidado e em Seu infinito amor. Lembre-se: Deus compreende a nossa dor, nunca nos abandona. Ele se importa com o que sentimos e permanece conosco todo o tempo.

Pai, agradeço por permanecer zeloso com minha vida, mesmo quando nem eu mesmo fui. Amém.

"Então Jó respondeu ao Senhor: 'Sei que podes fazer todas as coisas; nenhum dos teus planos pode ser frustrado'."

Jó 42:1-2

ANOTAÇÕES

CURE SEU CORAÇÃO

Pai, que a cura de que eu tanto preciso aconteça, e que eu possa aprender com Teu amor. Amém.

"Ele sara os quebrantados de coração, e lhes ata as suas feridas."

Salmos 147:3

ANOTAÇÕES

Você já se sentiu esquecido ou abandonado? Já se frustrou porque colocou expectativas em pessoas e depositou nelas a confiança de que dessa vez você seria feliz e iria realizar os seus sonhos? Quando nos decepcionamos, parece até que um trator passou por cima do nosso coração. Deus é especialista em recolher nossos cacos, quebrados pela dor, e nos reconstruir através de pessoas. Porque, apesar de pessoas ferirem, elas também são instrumentos de cura nas mãos de Deus. Ele deseja reconstruir a estrada da esperança em seu coração. Ela começa nos seus pensamentos, desce até seu coração e alcança o destino através das suas atitudes e comportamento. Hoje, Jesus quer fazer morada na sua alma, restaurar os caminhos e deixar fluir esperança no seu interior. Quais são as feridas e as dores da sua alma que precisam de cuidado e atenção para serem revitalizados? Anote em um papel as feridas e as dores da sua alma e faça a oração ao lado com todo o seu coração. Confie, Ele te escuta. Lembre-se: Deus é fiel para recolher nossos cacos e fazer uma obra de restauração. Ele transforma a dor em esperança e nos ensina a confiar no Seu amor constante.

Amanda Veras

A DOR DA TRAIÇÃO E O CONSOLO DE DEUS

04 MAR

A traição é uma ferida que afeta não apenas nossas emoções, mas também nosso espírito, nos fazendo questionar a lealdade e a confiança nas pessoas ao nosso redor. Como você tem lidado com as experiências de traição em sua vida? Você consegue entregar a dor e a decepção a Deus, confiando que Ele pode restaurar seu coração? De que maneira você pode buscar cura e reconciliação, mesmo quando a confiança foi quebrada? odos nós, em algum momento, podemos passar por experiências de traição, seja com amigos, com familiares ou até mesmo colegas de trabalho. A dor de ser traído por alguém próximo pode ser avassaladora, que deixa cicatrizes profundas em nosso coração. No entanto, mesmo em meio a essa dor, há consolo e esperança. Deus conhece nossa dor e Ele mesmo, por meio de Jesus, experimentou a traição de um amigo íntimo, Judas. Ele entende o que sentimos e está pronto para nos amparar, nos curar e nos restaurar. Se você está experimentando a dor de ser traído por alguém em quem confiava não deixe que essa experiência afete seu coração e sua fé. É importante lembrar que Deus está ao seu lado, disposto a curar as feridas que a traição deixou. Ele entende sua dor e oferece Seu abraço reconfortante.

Pai, ajuda-me a encontrar cura em Ti e a confiar que Tu estás sempre ao meu lado. Amém.

"Até o meu próprio amigo íntimo, em quem eu confiava, que comia do meu pão, levantou contra mim o seu calcanhar."

Salmos 41:9

ANOTAÇÕES

05 MAR

DEUS, NOSSA FORTALEZA E REFÚGIO

As fortalezas, ao longo da história, foram construções militares projetadas para oferecer segurança e proteção contra os ataques inimigos. O rei Davi sabia muito bem o que significava estar em situações de perigo. Assim como na vida de Davi, enfrentamos desafios e perigos em nossa jornada. E você, como tem agido diante das dificuldades? Tem confiado em Deus como seu refúgio e fortaleza? Tem depositado sua confiança Nele em todas as circunstâncias, sabendo que Ele é capaz de proteger, sustentar e guiar você em meio às adversidades? Quando confiamos em Deus, colocamos nossa fé em ação. Entregamos a Ele nossas preocupações, medos e necessidades, reconhecendo que Ele cuidará de nós. É reconfortante saber que temos um Deus a quem podemos declarar com toda a convicção: "O Senhor é o meu refúgio e a minha fortaleza". Nunca se esqueça de que Deus nunca falha. Em todas as situações, busque refúgio Nele e encontre a paz e a força para enfrentar o que vier pela frente.

Pai, agradeço porque o Senhor é o meu refúgio e a minha fortaleza. Ajuda-me a buscar sempre a Tua presença. Amém.

> *"Direi do Senhor: Ele é o meu Deus, o meu refúgio, a minha fortaleza, e nele confiarei."*
> **Salmos 91:2**

ANOTAÇÕES

Amanda Veras

CLAME A DEUS. ELE RESPONDE!

06 MAR

Muitas vezes, em momentos de grandes dificuldades, nos perguntamos: a quem recorrer, a quem pedir socorro? Entre os salmos de adoração a Deus, encontramos as palavras de Davi, que soube a quem clamar nas horas mais difíceis de sua existência. Davi nos representa em nossas dores, decepções e frustrações, angústia e desejos, mas também nos inspira em sua honra e lealdade. Essa é a ambiguidade do ser, que nos torna humanos. Vamos errar em muitos momentos, mas precisamos acreditar que, apesar do erro, temos a quem clamar. Deus nos encontra nesses momentos, nos resgata e nos restaura por inteiro. Em quais momentos de angústia você se sentiu distante de Deus, sem saber se Ele estava ouvindo seu clamor? Lembre-se de que, mesmo nos momentos mais difíceis, Deus está presente, ouvindo cada oração e respondendo de maneiras que, às vezes, não compreendemos imediatamente. Confie que Ele é fiel e que, ao clamar, você nunca está sozinho. Deus é o socorro presente nas tempestades e sempre responde ao nosso chamado. Quando estiver diante de uma dificuldade, clame a Deus. Ele lhe mostrará o caminho.

Pai, agradeço por me mostrar o caminho diante de todas as dificuldades. Amém.

> *"Você me chamou em seu momento de dificuldade, e eu o salvei."*
>
> **Salmos 81:7 (NVP)**

ANOTAÇÕES

07 MAR

APOIE-SE NO AMOR DE DEUS

Pai, Tu me sondas e me conheces. Te agradeço porque me proteges e me guias. Conduza-me sempre em Teus passos. Amém.

"Senhor, Tu me sondas e me conheces."

Salmos 139:1

ANOTAÇÕES

Quantas vezes nos sentimos sozinhos, como se ninguém realmente nos entendesse ou soubesse pelo que estamos passando? A verdade é que, mesmo nas melhores amizades ou relacionamentos, há limites na compreensão do outro sobre quem somos e o que sentimos. Mas em Salmos 139:1 encontramos uma promessa maravilhosa: Deus nos conhece completamente. Ele nos sonda e nos conhece de uma forma que ninguém mais pode. Ele sabe o que nos alegra e o que nos entristece. Ele nos entende em nossa totalidade – nossas falhas, medos, sonhos, lutas. E Ele nos ama exatamente como somos, incondicionalmente. Não precisamos fingir ser alguém que não somos para ser amados por Ele. Então, hoje, reserve um momento para se abrir diante de Deus. Compartilhe suas dores e suas esperanças. Ele já conhece tudo, mas deseja que você se aproxime Dele, que confie em Seu amor.

Amanda Veras

PRIORIZE SUA RELAÇÃO COM DEUS

08 MAR

Pessoas apaixonadas desejam a todo instante estar uma na companhia da outra. O desejo busca estar satisfeito. Mas você já reparou como é diferente a satisfação que encontramos na companhia de Deus? Não é fruto de um impulso, de ter uma necessidade suprida de forma imediata, mas é como um cultivo constante, maduro e perene, traz paz, regozijo, liberdade e crescimento constante. Na presença de Deus, somos supridos em todo o nosso ser. Na presença Dele não há o desejo desenfreado e até mesmo descontrolado de o tempo não ser suficiente, porque não recebemos migalhas de seu amor, e sim a mais perfeita dose que supre, sustenta e abastece a nossa alma, revigora o nosso ser e nos faz pertencer a alguém que jamais irá nos desamparar, e sim revelar o mais perfeito e puro modo e maneira de amar. Na presença de Deus desfrutamos da suficiência de tudo que necessitamos. Tenha uma atitude de gratidão neste dia, ainda que esteja sem uma boa companhia. Lembre-se: Jesus está com você, então existem motivos para celebrar!

Pai, agradeço por ser presente e estar ao meu lado em todos os momentos da minha vida. Amém.

"(...) Deus é a fortaleza do meu coração e a minha porção para sempre."

Salmos 73:25-26 (ARC)

ANOTAÇÕES

_____
_____
_____
_____
_____
_____
_____
_____
_____

09 MAR

VÁ PELO CAMINHO CERTO

Pai, entrego a minha vida em Tuas mãos, ajuda-me a confiar mais em Ti. Amém.

"'Pois os meus pensamentos não são os pensamentos de vocês, nem os seus caminhos são os meus caminhos', declara o Senhor. (…)."

Isaías 55:8-9

ANOTAÇÕES

Quando entregamos nossa vida nas mãos de Deus, reconhecemos que Ele tem o controle de todas as coisas e que os Seus planos são sempre melhores do que os nossos. A vida pode nos desafiar com momentos de incerteza, medos e dúvidas, mas quando confiamos plenamente no Senhor, podemos descansar na certeza de que Ele cuida de cada detalhe. Ao dizer: "Pai, entrego minha vida em tuas mãos," estamos colocando nossa confiança não em nós mesmos, mas em Deus, que conhece o nosso coração e as nossas necessidades. Ele vê além do que somos capazes de ver e já reservou o melhor para cada um de nós. Mesmo que, muitas vezes, não compreendamos o caminho que Ele está nos guiando, sabemos que Seus planos são sempre de bem, e nunca de mal (Jeremias 29:11). Entregar-se nas mãos do Pai é viver em paz, sabendo que não estamos sozinhos. Jesus nos ensinou a orar para que a vontade de Deus fosse feita, e podemos confiar que a vontade Dele para nós é boa, agradável e perfeita (Romanos 12:2). Portanto, hoje, que sua oração seja uma entrega verdadeira e completa, confiando que o melhor de Deus está reservado para você. Acredite, mesmo que em seu coração estejam instalados a descrença e o desânimo. Hoje, levante e cabeça e confie. Deus não falha.

Amanda Veras

PROTEJA SUA MENTE

10 MAR

Imagine que você está em uma grande guerra. A primeira coisa de que você precisa para vencer é estar adequadamente protegido. Deus sabe que vivemos em uma guerra diária, em que o campo de batalha é a nossa mente. Para isso Ele nos disponibiliza uma armadura completa, já que nossa mente é um eterno campo de batalha. Para nos proteger, Deus nos concede o capacete da salvação, que blinda a nossa mente contra esses dardos e os protege das dúvidas que o inimigo nos lança. Dúvida, medo, ansiedade, angústia não são provenientes de Deus; desse modo, é preciso entender que o capacete que Ele nos entrega é uma proteção a nossa alma. Ainda que venhamos a viver tantos desafios, nossa mente está guardada e protegida pelo Senhor e nada poderá nos abalar. O seu passado não define como você decide viver seu presente, mas suas escolhas hoje definem seu futuro. Então, de que modo você tem protegido a sua mente para a tomada correta de decisões? Hoje, peça a Deus para revestir sua mente com o capacete da salvação. Sempre que um pensamento de dúvida, medo ou ansiedade surgir, lembre-se de que sua mente está protegida pelo Senhor. Confie que Ele está com você e o ajudará a tomar decisões firmes e baseadas na verdade.

Pai, nenhum dardo do inimigo atingirá meus pensamentos, pois estou protegido por Ti. Amém.

"Tomai também o capacete da salvação, e a espada do Espírito, que é a palavra de Deus."

Efésios 6:17

ANOTAÇÕES

11 MAR

BRILHE EM TODOS OS LUGARES A QUE VOCÊ CHEGAR!

Pai, ajude-me a ser luz na vida dos que sofrem e padecem em trevas. Amém.

"Porque noutro tempo éreis trevas, mas agora sois luz no Senhor; andai como filhos da luz."

Efésios 5:8

ANOTAÇÕES

No meio dos campos o vaga-lume brilha. Ele não tem o objetivo de brilhar para que possamos ver com mais clareza. Ele se acende porque sua essência é brilhar. Ele brilha por ser quem é! Assim como o vaga-lume, nossa essência é brilhar. Não emitimos *flashes* de luzes, porque temos a fonte de toda luz a brilhar dentro de nós, e essa fonte tem um nome: Jesus! Ele brilha e traz luz ao nosso coração; seu brilho cura as partes escuras do nosso interior, para que Sua luz em nós anuncie Seu amor! Sim, nós emitimos muito mais que apenas *flashes* de luz, que emanam amor no mundo! Porque nossa essência é brilhar a luz do amor de Deus que ilumina nosso ser e tudo ao redor. Pode ser o lugar mais escuro, faremos brilhar a luz de Cristo, que mora em nós. Você se lembra da última vez que esteve em um local de muita tristeza e dor? Esses ambientes são um convite para você fazer brilhar a luz do amor de Deus! Em que locais você pode fazer brilhar o amor de Deus hoje? E como você pode fazer isso?

BEBA DA FONTE ETERNA!

12 MAR

Você já parou para pensar nos diferentes tipos de poço que existem? Existem poços artesianos, cavados cuidadosamente pelo homem, e poços naturais, formados pela natureza. Da mesma maneira que eles atraem pela beleza, a profundidade também pode trazer perigos para os incautos que querem explorá-los. Assim é a nossa vida. A profundidade de nossos relacionamentos e experiências pode ser maravilhosa, mas também dolorosa, se não estivermos preparados para nos envolver emocionalmente. Quando nos atiramos em um relacionamento de maneira imprudente ou sem direção divina, podemos nos afogar em frustrações e tristezas, especialmente se não estivermos preparados por Deus para mergulhar tão fundo. O amor de Jesus é a fonte eterna que limpa e purifica os poços entulhados de nossa alma e nos dá acesso a uma fonte que jorra vida eterna e esperança. Hoje, reflita sobre os poços emocionais e relacionais em sua vida. Convide Jesus para purificar e renovar essas áreas, para que Ele seja sua fonte de direção e segurança em cada mergulho.

Pai, remova do meu coração as dores e amarguras que me impedem de viver a Tua plenitude. Amém.

"Jesus lhe respondeu: 'Se você conhecesse o dom de Deus e quem está pedindo água, você lhe teria pedido e dele receberia água viva'."

João 4:10

ANOTAÇÕES

13 MAR

BUSQUE O CRESCIMENTO ESPIRITUAL

Pai, oro para que eu continue ouvindo Tuas palavras e limpando as estradas da minha vida. Amém.

"Desejai ardentemente, como crianças recém-nascidas, o genuíno leite espiritual, para que por ele vos seja dado crescimento para a salvação."

1 Pedro 2:2

ANOTAÇÕES

Roçar e limpar é parte da manutenção das vias de circulação, pois isso garante maior segurança ao motorista. Do mesmo modo, é preciso cuidar das vias de acesso ao nosso coração. Precisamos de pessoas que nos ajudem a retirar as ervas daninhas – como a ofensa, a amargura e a murmuração – de nosso coração e nutrir nosso interior com o que é bom e saudável. Para manter limpas as vias de acesso do nosso corpo, é preciso ter cuidado com a forma como nos alimentamos, nos exercitamos, com o ritmo de vida que levamos. Em nossa vida espiritual se dá o mesmo. Por isso, sempre precisamos nos perguntar: como está o nosso relacionamento com Deus? Não podemos jamais ignorar que a palavra de Deus é o alimento perfeito para o nosso crescimento espiritual. A Palavra de Deus é o alimento que limpa e sustenta. Permita que ela encha seu coração e o mantenha livre para a paz e a presença de Deus. Hoje, faça uma autoavaliação: que "ervas daninhas" você precisa retirar de seu coração? Reserve um tempo para ler e meditar na Palavra de Deus, permitindo que ela purifique e renove seu interior. Peça a Ele para ajudá-lo a manter o coração limpo, acessível à Sua presença e cheio do que é bom e saudável.

Amanda Veras

CULTIVE BOAS AMIZADES, REMOVA AS ERVAS DANINHAS DO CORAÇÃO

14 MAR

Amigos verdadeiros são como sementes que florescem em nosso interior, trazendo paz, empatia, amor e generosidade. São eles que nos fortalecem nos momentos difíceis e nos ajudam a crescer. Porém, é preciso reconhecer que nem todas as amizades nos fazem bem. Para viver uma vida plena, é preciso nos afastarmos das pessoas tóxicas, que, em vez de nutrir nosso crescimento, sugam nossas forças. Deus deseja que sejamos rodeados por pessoas que nos incentivem em nossa caminhada e que nos desafiem a crescer em amor e fé. Ele quer que nossa vida seja um jardim fértil. Para isso, é preciso remover o que nos impede de florescer. Hoje, faça uma reflexão. Quem são as pessoas que têm sugado suas forças e trazido desânimo? Ore a Deus pedindo sabedoria, coragem e discernimento para tomar as decisões necessárias e confiar que Ele tem o melhor para você. Afinal, amizades são sementes: cultive aquelas que trazem vida e amor ao seu coração, e confie que Deus sempre enviará as pessoas certas para caminhar ao seu lado. Hoje, faça uma reflexão sincera sobre as amizades em sua vida. Pergunte-se: quem são aqueles que me ajudam a florescer? E quem são aqueles que têm sugado minhas forças? Peça a Deus discernimento para reconhecer essas diferenças e coragem para agir. Confie que, ao fazer essa limpeza, Ele enviará amigos que serão fonte de amor e paz em sua vida.

Pai, concede-me sabedoria para lidar com as pessoas que têm me prejudicado. Que eu saiba o momento certo de afastá-las do meu convívio. Amém.

"Quem anda com os sábios será cada vez mais sábio, mas o companheiro dos tolos acabará mal."

Provérbios 13:20 (NVI)

ANOTAÇÕES

_____
_____
_____
_____
_____
_____
_____

Conversa com Deus Pai

15 MAR

VIVA UM AMOR FIEL, FIRME E INFINITO

Pai, hoje escolho olhar para o meu interior e me alegrar com a esperança que encontro em Tua presença. Amém.

"Para sempre, eu entoo esta canção do manso amor de Deus! Jovens e velhos ouvirão falar do teu amor fiel e firme que nunca falha!"

Salmos 89:1 (NPT)

ANOTAÇÕES

Muitas vezes nos encontramos diante de situações que parecem muralhas intransponíveis. Mas o que podemos fazer quando a única coisa que vemos à nossa frente é a imensidão de uma parede fria e solitária? O salmista nos mostra o caminho: ele decidiu cantar para Deus canções de esperança, mesmo antes de ver qualquer mudança visível. Pela fé, ele contemplava a transformação que Deus poderia realizar, e assim, mesmo em meio à dor, ele se firmava na verdade de que a glória de Deus era muito maior do que a parede que parecia não ter fim. Então, lembre-se: a verdadeira mudança começa em nosso interior. Quando escolhemos adorar a Deus, independentemente das circunstâncias, algo extraordinário acontece em nós. Assim, cante diante dos muros que querem te limitar e paralisar. Adore ao Senhor, porque Ele é fiel, firme e infinito em Seu amor por você. Acredite que, à medida que você louva, as muralhas ruirão e os obstáculos se dissiparão. Hoje, diante dos obstáculos que você enfrenta, escolha louvar a Deus. Cante, ore e declare a fidelidade e o poder Dele sobre cada situação. Confie que, ao adorar, você encontrará forças e verá as muralhas caírem.

Amanda Veras

16 MAR

SEJA PACIENTE

Todos nós já experimentamos momentos de esperança adiada, aqueles momentos em que algo que desejamos profundamente parece nunca chegar. Seja uma resposta de oração, seja um sonho aguardado ou uma mudança que esperamos em nossa vida, quando a espera se prolonga nosso coração pode começar a sentir o peso do adiamento. O desânimo se instala, e muitas vezes sentimos que a espera é insuportável. Mas a palavra de Deus também nos diz que o "desejo cumprido é árvore de vida". Isso nos lembra que há uma promessa de vida e alegria que nos espera quando o desejo se realiza, quando as orações são respondidas e quando a espera finalmente acaba. Deus conhece o nosso coração, sabe das nossas esperanças e dos nossos anseios mais profundos. Ele também conhece o tempo certo para todas as coisas. Embora nossa esperança possa ser adiada, o cumprimento dela, no tempo de Deus, é algo que traz verdadeira renovação e alegria à nossa alma. Portanto, durante os períodos de espera, confie em Deus. Ele é fiel para cumprir Suas promessas e transformar a esperança adiada em um fruto de vida abundante.

Pai, ajuda-me a confiar em Ti enquanto espero pelo cumprimento das promessas que o Senhor tem para mim. Amém.

"Descanse no Senhor; (…) não se aborreça com o sucesso dos outros nem com aqueles que maquinam o mal."

Salmos 37:7

ANOTAÇÕES

17 MAR

MERGULHE PROFUNDAMENTE

Pai, hoje peço que segure a minha mão e me leve a esse lugar profundo onde posso Te encontrar. Amém.

"Governas os oceanos e os mares extensos. Quando tuas ondas tempestuosas se levantam, tu falas, e eles ficam quietos."

Salmos 89:9 (NVP)

ANOTAÇÕES

Você já pensou no poder que existe nas palavras de Deus? Como uma palavra Sua pode atravessar os séculos, trazer esperança e transformar realidades? Muitas vezes nos encontramos em meio a tempestades na vida. Ondas de problemas, medos e incertezas se levantam diante de nós, e nosso instinto natural é fugir, correr para longe do perigo. Mas talvez Deus esteja nos chamando a fazer algo diferente. Talvez Ele esteja nos convidando a *mergulhar profundamente*. Mergulhar, em vez de correr. Ir mais fundo, até que, no oceano profundo da alma, possamos encontrar a paz que só Deus pode nos dar. No fundo do mar, as ondas da tempestade que rugem na superfície não têm o mesmo impacto. O ambiente muda. Assim é em nossa vida espiritual: quando decidimos mergulhar profundamente em Deus, nos escondemos em Sua presença, e, debaixo da proteção divina, as tempestades perdem a força sobre nós. Lembre-se: não estamos sozinhos em nossas tempestades. Deus está conosco, nos chamando para encontrarmos abrigo seguro. A cada vez que você sentir que as ondas são grandes demais, lembre-se de que o Senhor governa os oceanos e fala às tempestades. Ele está convidando você a confiar, a descansar em Sua autoridade, a saber que Ele está no controle de tudo, inclusive das ondas da sua vida.

Amanda Veras

18 MAR

CONFIE NO CAMINHO VERDADEIRO

Em João 15, Jesus nos revela um segredo poderoso e profundo: Ele é a videira verdadeira, e nós somos os ramos. Essa metáfora simples, mas cheia de significado, nos ensina sobre o relacionamento que Jesus deseja ter conosco: um relacionamento de amor, dependência e crescimento. Assim como um ramo só pode dar frutos se estiver conectado à videira, nossa vida só é verdadeiramente frutífera quando permanecemos ligados a Cristo. Jesus nos convida a permanecer Nele, a confiar em Seu amor e em Seu cuidado. Ele é o caminho verdadeiro, aquele que nos conduz ao Pai. Às vezes, em nossa jornada, acabamos nos conectando a "outras videiras". Buscamos segurança, felicidade e sentido em coisas que não podem realmente nos satisfazer. Mas Jesus, com Sua voz cheia de amor, nos chama a voltarmos para Ele, a nos reconectarmos à única videira verdadeira, que nos nutre e nos faz frutificar. Permaneça em Jesus. Permita que Ele seja o centro da sua vida, entregue a Ele seus sonhos e seus medos em cada passo, porque Ele é a nossa fonte de vida.

Pai, agradeço por ser a videira verdadeira e por me convidar a permanecer em Ti. Amém.

"Eu sou a videira verdadeira, e meu Pai é o agricultor. Todo ramo que, estando em mim, não dá fruto, ele corta; e todo que dá fruto ele poda, para que dê mais fruto ainda."

João 15:1-2

ANOTAÇÕES

19 MAR

ESCOLHA GENTILEZA EM VEZ DE RAIVA

Pai, que minhas atitudes possam refletir o Teu amor e a Tua graça. Amém.

"Seja a vossa moderação conhecida de todos os homens."

Filipenses 4:5

ANOTAÇÕES

Cada um de nós é conhecido por alguma característica. Uns são conhecidos por sua paciência, outros por sua alegria contagiante, enquanto outros são lembrados por seu temperamento explosivo ou sua sinceridade cortante. Nossas atitudes e comportamentos revelam muito sobre quem somos por dentro, e, muitas vezes, refletem as feridas que carregamos na alma. No entanto, quando expressamos nossos sentimentos de maneira impulsiva e descontrolada, podemos acabar ferindo as pessoas ao nosso redor. Ao escrever à igreja de Filipos, o apóstolo Paulo nos encoraja a adotar uma nova perspectiva sobre nossas atitudes. Ele nos ensina sobre a importância de viver com moderação, sobre a necessidade de abandonarmos comportamentos impulsivos que não edificam e que nos afastam do propósito que Deus tem para nossa vida. É preciso reforçar que uma vida moderada não é uma vida sem emoções, mas uma vida em que somos capazes de controlar nossas reações e viver de forma que nossas atitudes edifiquem os outros e honrem a Deus.

DE QUE MODO VOCÊ ESTÁ VIVENDO?

20 MAR

Quantas vezes nos deixamos levar pela correria do dia a dia e esquecemos de viver de forma significativa? Vivemos ocupados, preocupados com tarefas e problemas, enquanto a verdadeira beleza da vida passa despercebida. Deus quer que vivamos com sabedoria e propósito, para que possamos usar nossos dias amando, servindo, sendo gratos e buscando a presença do Senhor em todas as coisas. Deus nos chama para valorizar os pequenos momentos, dedicar tempo ao que é eterno, buscar o Reino de Deus e nos aproximar Dele. Viver com sabedoria significa priorizar o que realmente tem valor. Não são os bens materiais ou os sucessos terrenos que trazem a verdadeira satisfação, mas, sim, a comunhão com Deus e os relacionamentos que cultivamos de acordo com Seu amor. Aproveite o dia de hoje para estar presente, para amar, para perdoar, para agradecer e para buscar a Deus de todo o coração.

Pai, oro para que o Senhor ajude-me a ajustar minha visão sobre a forma como compreendo e enxergo a vida. Amém.

"Ensina-nos a contar os nossos dias, para que alcancemos coração sábio."

Salmos 90:12

ANOTAÇÕES

Conversa com Deus Pai

21 MAR

FOQUE NO FUTURO

Pai, que eu possa olhar adiante com fé e esperança no avanço de tudo que tens preparado para mim. Amém.

"Jesus respondeu-lhe: Ninguém que lança mão do arado e olha para trás é apto para o reino de Deus."

Lucas 9:62

ANOTAÇÕES

Existem situações que vivemos que precisam ser abandonadas, e, se assim não procedermos, em algum momento nossa vida se estagnará. Eventos da nossa história que causaram dor intensa deixam marcas na alma, mas, se desejamos avançar, é preciso olhar para Jesus e aprender com Ele: as marcas não pararam sua vida. Creia, não há nada que seja impossível para Deus, ainda que você carregue marcas profundas do passado. Deus é poderoso. Ele é suficiente para te nutrir com amor, restaurar sua alma e curar as feridas abertas. Mas para isso é preciso foco no que está fazendo no momento, atenção total, pois não devemos olhar para trás com saudade ou apego ao passado pecaminoso ou às velhas formas de viver que não agradam a Deus. Precisamos seguir em frente, confiando no caminho que Ele tem para nós. Em nossa caminhada, devemos buscar o equilíbrio: abandonar aquilo que nos afasta de Deus e, ao mesmo tempo, lembrar e celebrar Suas obras e fidelidade. Dessa forma, seguimos em direção ao futuro que Ele preparou para nós, cheios de esperança e fé.

Amanda Veras

MEMÓRIAS QUE TRAZEM ESPERANÇA

22 MAR

Em nossa caminhada enfrentamos momentos em que as tempestades da vida surgem. Nessas horas podemos ser tentados a acreditar que tudo está perdido, que não há saída. Mas o profeta Jeremias nos ensina o poder de trazer à memória aquilo que pode nos dar esperança. A esperança, muitas vezes, está escondida nas lembranças do que Deus já fez por nós. Ela está nos momentos em que fomos sustentados em tempos de fraqueza, nas ocasiões em que fomos surpreendidos por uma bênção inesperada. Lembre-se das vitórias que já conquistou, das portas que se abriram quando tudo parecia fechado, dos abraços que te confortaram quando você mais precisou. Cada uma dessas lembranças é uma prova de que Deus nunca nos abandona. Hoje, escolha trazer à memória aquilo que pode te dar esperança. Não permita que os problemas do presente apaguem as lembranças das bênçãos do passado. Olhe para trás e veja quantas vezes Deus esteve ao seu lado, quantas vezes Ele foi o seu socorro, a sua força. E creia que Ele continua trabalhando em sua vida, mesmo que você ainda não consiga ver os resultados.

Pai, que eu nunca me esqueça das bênçãos que recebi e das vezes que o Senhor esteve ao meu lado, me guiando. Amém.

"Quero trazer à memória o que me pode dar esperança."

Lamentações 3:21

ANOTAÇÕES

_____
_____
_____
_____
_____
_____
_____
_____
_____

23 MAR

VOCÊ NUNCA ESTÁ SÓ!

Pai, agradeço por me lembrar que com o Senhor a vida tem mais propósito. Amém.

"Ensinando-as a guardar todas as coisas que eu vos tenho mandado; e eis que eu estou convosco todos os dias, até a consumação dos séculos. Amém!"

Mateus 28:20 (ARC)

ANOTAÇÕES

Uma das estratégias do inimigo da nossa alma é nos fazer pensar que estamos sozinhos. Sabe aquele pensamento que aparentemente surge "do nada"? Esses pensamentos produzem sentimentos, e, se eles não forem submetidos a Deus, podemos tomar decisões, ter comportamentos instáveis e atitudes danosas. Jesus nos ensina a guardar Seus mandamentos, Seus ensinamentos. Ele é testemunha de que não há um dia sequer em sua vida, nenhum segundo, nenhum suspirar da sua existência na terra em que o Pai não esteja com você! A questão é que muitas vezes, diante da aflição, diante de situações em que somos prensados pelas adversidades, não clamamos a Ele, não dizemos "Jesus, me ajuda, se possível afasta essa dor, e que não seja feita a minha, mas a sua vontade". E embora a resposta talvez não seja a que você esperava, não significa dizer que Ele não estava ao seu lado. Acredite, até nos momentos em que você se sentir esmagado pelas circunstâncias, Jesus estará com você. Convide-o a adentrar na sua vida hoje, e lembre-se sempre: Ele prometeu estar com você todos os dias, até a consumação dos séculos. Para isso você precisa conceder espaço em seu coração e em sua vida para Ele!

Amanda Veras

DESPEDIDAS NECESSÁRIAS

24 MAR

Existem momentos em nossa vida em que a despedida é necessária, tanto para o nosso crescimento quanto para abrir a porta para a nova estação de Deus em nossa vida. E, por mais que saibamos e venhamos a entender isso, algumas despedidas são dolorosas e desafiadoras, porém inevitáveis. Quais despedidas você precisa realizar? O que você precisa mudar para que sua vida também mude, para que você tenha dias leves, cheios de amor e de paz? Existem promessas de Deus sobre nossa vida que só serão reveladas quando agirmos em obediência, nos movendo de acordo com a instrução divina. Ore, seja grato e com atitude honrosa se despeça e seja livre para viver a nova estação que Deus deixou preparada para sua vida. Lembre-se: toda despedida abre a porta para uma nova fase. Confie em Deus e permita-se caminhar em direção ao novo com fé e gratidão. Hoje, reflita sobre o que você precisa se despedir para crescer e avançar. Ore, agradeça a Deus pelas experiências e lições que ficaram, e peça sabedoria para dar cada passo. Permita-se viver a nova estação que Ele preparou, com um coração livre e pronto para as novas promessas.

Pai, conduza meus passos para que eu encerre esta estação com honra. Amém.

"Para tudo há uma ocasião certa; há um tempo certo para cada propósito debaixo do céu."

Eclesiastes 3:1

ANOTAÇÕES

25 MAR

SEJA AMÁVEL CONSIGO MESMO E COM OS OUTROS

Pai, que eu viva a vida com integridade e desfrute do que o Senhor reserva para mim. Amém.

"Ele mostrou a você, ó homem, o que é bom e o que o Senhor exige: que pratique a justiça, ame a misericórdia e ande humildemente com o seu Deus."

Miqueias 6:8 (NVI)

ANOTAÇÕES

Muitas vezes os altos padrões estabelecidos por meio de metas rigorosas para si podem adoecer pessoas com nível de exigência muito elevado. Ao visar a excelência, não se pode perder de vista a beleza da simplicidade, o contentamento nas pequenas conquistas e a satisfação pelo que se alcançou. Não confunda exigência saudável com perfeccionismo. O perfeccionismo pode nos tornar pessoas duras, rudes, intolerantes em relação a nós mesmos e aos outros. Podemos nos tornar excessivamente exigentes, intolerantes com o erro, fadados a viver uma vida de estresse e ansiedade. Seja amável consigo mesmo e com os outros. Não somos bons em tudo nem fazemos tudo com perfeição. Aceitar essa realidade nos faz mais humanos e mais tolerantes com as pessoas de nosso convívio. Juntos, podemos sempre nos aprimorar. Ouvir, ensinar, trocar ideias… Não se punir, não se lamentar, não se justificar. Aceitar! Avalie se suas exigências o aproximam ou o afastam da construção de uma vida íntegra que agrade ao coração de Deus, pois Ele é a perfeição.

GUIANDO COM EMPATIA E SABEDORIA DIVINA

26 MAR

Imagine a vastidão do horizonte, a linha onde o céu e a terra parecem se encontrar. Imagine a profundidade do oceano, com seus mistérios e riquezas escondidas, onde a vida é abundante e o conhecimento parece inesgotável. Assim é o entendimento de um bom líder: profundo, vasto e cheio de sabedoria. O chamado à liderança é uma jornada que exige visão, empatia e disposição para explorar as profundezas da alma humana. Ser um bom líder não é exercer autoridade de maneira impositiva, mas guiar, inspirar e servir com humildade. Hoje, Deus está te chamando a ser um líder que reflete Sua luz, um líder que enxerga longe e que se importa profundamente. Deixe Deus ser a sua fonte de sabedoria, para que, por intermédio Dele, você possa conduzir os outros a viver uma vida cheia de propósito e esperança. Liderar com Deus ao nosso lado é liderar com profundidade, compaixão e propósito. Que Ele seja sempre a fonte de nossa força e visão para que possamos inspirar os outros a viver uma vida plena e significativa.

Pai, aceito com gratidão os ajustes necessários para que eu lidere com bom entendimento. Amém.

"Assim como é vasta a amplitude do horizonte e a profundidade do oceano, também é amplo e profundo o entendimento do bom líder."

Provérbios 25:3

ANOTAÇÕES

Conversa com Deus Pai

27 MAR

ESTEJA PREPARADO

Pai, que eu possa me alegrar ao Te ver sorrir diante da minha perseverança e das provas que a vida me apresenta. Amém.

"Procura apresentar-te a Deus aprovado, como obreiro que não tem de que se envergonhar, que maneja bem a palavra da verdade."

2 Timóteo 2:15

ANOTAÇÕES

Desde que nascemos, enfrentamos muitas provas na vida. Mas como avaliamos nossa promoção? Os frutos colhidos revelam a promoção. A qualidade das relações revela o que temos cultivado no dia a dia. Deus está sempre conosco, nos acompanhando em nossas provas, observando o nosso comportamento. Muitas vezes podemos nos frustrar profundamente quando confiamos a avaliação de nossa vida na mão do homem, mas, quando nos frustramos diante da avaliação da palavra de Deus, nos constrangemos a permanecer com o coração ensinável, moldável, pois a frustração é simplesmente uma evidência de que um propósito maior que você ainda está para ser cumprido. Permita que Deus seja o seu guia e confie que, em cada prova, Ele está moldando você para o propósito que só Ele conhece.

Hoje, reflita sobre os frutos que você está colhendo e onde tem colocado sua confiança. Ao enfrentar desafios, busque a avaliação de Deus e permita que Ele guie suas decisões. Mantenha o coração humilde, sabendo que as frustrações são apenas passos no caminho para o propósito que Ele preparou.

NÃO TENHA MEDO, DEUS ESTÁ NO CONTROLE

No meio da tempestade, quando tudo parecia perdido, Paulo recebeu uma mensagem do Senhor: "Não tenha medo". A situação era desesperadora: Paulo e seus companheiros enfrentavam uma violenta tempestade no mar. A embarcação era sacudida pelas ondas, e a esperança parecia se perder entre os ventos fortes e a escuridão. No entanto, no momento mais crítico, Deus enviou Sua palavra para confortar e trazer esperança. Quantas vezes nos encontramos em situações semelhantes? As tempestades da vida vêm de repente – problemas, desafios, dúvidas, medos –, e nos sentimos como se estivéssemos em um barco prestes a naufragar. Mas, assim como Paulo, precisamos acreditar que nossa jornada não termina no meio da tempestade. Deus tem planos para nós, e nada pode frustrar Seus propósitos. Talvez hoje você esteja enfrentando uma tempestade. Talvez sinta que o barco da sua vida está prestes a naufragar. Ouça a voz de Deus: "Não tenha medo". Confie que Ele tem um propósito maior, que Sua graça é suficiente e que Ele está no controle. E lembre--se: sua confiança em Deus pode trazer esperança e conforto àqueles que navegam ao seu lado.

Pai, ajuda-me a confiar em Teu plano, mesmo quando estou em meio às tempestades da vida. Amém.

"Paulo, não tenha medo. É preciso que você compareça perante César; Deus, por sua graça, deu-lhe a vida de todos os que estão navegando com você."

Atos 27:24

ANOTAÇÕES

29 MAR

INSISTA NA ESPERANÇA

Pai, permita-me ser conduzido em Tua direção. Amém.

"Enganoso é o coração, mais do que todas as coisas, e perverso; quem o conhecerá? Eu, o Senhor, esquadrinho o coração, eu provo os pensamentos; e isso para dar a cada um segundo os seus caminhos e segundo o fruto das suas ações."

Jeremias 17:9-10

ANOTAÇÕES

Nem tudo é realmente o que aparenta ser. Uma bela árvore frondosa e frutífera pode carregar um veneno mortal. Assim, são muitas pessoas que agem de forma aparentemente educada, gentil, mas seu coração é um poço repleto de sujeira. O que pode nos afetar é o fato de ver esse tipo de pessoa "prosperar". Muitas vezes olhamos para elas e comparamos a nossa vida com a delas. Ele prospera, tem resultados. Nossos sonhos e planos estão ainda muito distantes da realização. E nos perguntamos: isso é justo? Pare, pense e reflita. Não deixe que seu coração adoeça por isso. Todos passamos por provações, e em última e mais sensata análise os justos, os que confiam em Deus, jamais serão decepcionados. Ainda que seu coração se encontre em um momento de maior fragilidade, insista na esperança e continue se movendo em direção a Deus, olhando fixamente para Ele, sem se desesperar com as circunstâncias, porque os que insistem na esperança avançam rumo à satisfação de todos os seus desejos na presença eterna de Deus.

Amanda Veras

O BOM PASTOR QUE NOS CONHECE

30 MAR

Jesus conhece nossas fraquezas, nossas dores, nossos medos e nossas alegrias. Ele nos conhece mais do que qualquer outra pessoa jamais poderia, e, ainda assim, nos ama incondicionalmente. Não somos apenas parte de uma multidão; somos vistos, ouvidos e entendidos. Ele conhece nossas falhas e imperfeições, mas também enxerga o potencial e o propósito que plantou em cada um de nós. Assim como um pastor cuida de suas ovelhas, Jesus cuida de nós. Hoje, lembre-se de que você tem um bom pastor que o conhece completamente e que, em Seu amor infinito, deu a vida por você. Ele deseja guiá-lo, protegê-lo e proporcionar uma vida cheia de significado e paz. Confie em Jesus, conheça-O mais profundamente e siga Sua voz. Quando nos deixamos guiar por Ele, encontramos a verdadeira segurança, a verdadeira paz e a verdadeira vida.

Pai, ensina-me a ouvir Tua voz, a seguir Teu caminho e a confiar que, nas Tuas mãos, estou seguro. Amém.

"Eu sou o bom pastor; conheço as minhas ovelhas, e elas me conhecem (…)"

João 10:14

ANOTAÇÕES

31 MAR

PERMITA-SE CRESCER

Pai, ajuda-me a crescer na Tua graça, crendo em Teu amor por mim e vivendo de forma que Lhe agrade. Amém.

"Antes, crescei na graça e no conhecimento de nosso Senhor e Salvador Jesus Cristo. A ele seja a glória, tanto agora como no dia eterno."

2 Pedro 3:18

ANOTAÇÕES

A jornada espiritual é um caminho de crescimento contínuo, um processo que dura toda a vida, à medida que nos aprofundamos na relação com Deus e aprendemos a viver de acordo com Seus ensinamentos. Muitas vezes esse crescimento vem por meio de desafios e provações, que nos levam a confiar mais Nele e a amadurecer na fé. Assim como uma planta precisa de água, luz e nutrientes para crescer, precisamos nos alimentar espiritualmente da Palavra de Deus. Crescemos na graça quando mostramos compaixão, paciência, misericórdia e bondade para com os outros. Hoje, faça um compromisso consigo mesmo e com Deus de crescer na graça e no conhecimento Dele. À medida que crescer espiritualmente, verá como Deus o guiará em novos caminhos e como a Sua presença transformará cada área da sua vida. Afinal, a jornada espiritual é um caminho de crescimento contínuo. Permita que Deus guie seu coração e sua vida, e veja como, ao buscar a graça e o conhecimento Dele, cada passo o levará mais perto do propósito que Ele tem para você.Hoje, reserve um momento para refletir sobre como você pode nutrir seu crescimento espiritual. Leia um trecho da Bíblia, ore e peça a Deus para ajudar você a viver conforme Seus ensinamentos, praticando compaixão, paciência e bondade com as pessoas ao seu redor.

Amanda Veras

ABRIL

01 ABR

CELEBRE COM ALEGRIA

Pai, hoje quero me alegrar na Tua presença, reconhecendo todas as bênçãos que o Senhor tem me dado. Amém.

"No primeiro dia vocês apanharão os melhores frutos das árvores (...) e se alegrarão perante o Senhor, o Deus de vocês, durante sete dias."

Levítico 23:40

ANOTAÇÕES

Deus deseja que celebremos a vida com alegria. Muitas vezes estamos tão focados nos desafios, nas responsabilidades e nas preocupações diárias que nos esquecemos de celebrar o que Deus tem feito por nós. Ele nos convida a apanhar os "melhores frutos" da nossa vida e a oferecer-Lhe ações de graças e alegria. Os melhores frutos são tudo o que temos de bom: são os momentos de alegria, as pequenas vitórias, as respostas às orações, o amor das pessoas ao nosso redor. Deus quer que nos lembremos dessas bênçãos e celebremos diante Dele, reconhecendo que tudo o que temos vem de Suas mãos generosas. Não importa o que esteja acontecendo em nossa vida, há sempre algo a que podemos agradecer e que nos alegre. Hoje, reserve um tempo para se alegrar perante o Senhor. Reflita sobre as bênçãos que Ele tem dado a você. Apanhe os melhores frutos da sua vida e ofereça-os como louvor a Deus. Deixe a alegria e a gratidão tomarem conta do seu coração, porque o Senhor é bom e Sua fidelidade dura para sempre.

Amanda Veras

CUMPRA SUA MISSÃO ATÉ O FIM

02
ABR

Deus nos deu uma missão a fazer no lugar em que estamos, na cidade em que moramos, na família que constituímos, no trabalho que fazemos: tudo isso não é fruto do acaso, mas integra o plano de Deus para sua vida e para que você possa cumprir a missão que Ele te confiou. Ninguém pode fazer aquilo que você foi convocado de forma exclusiva para fazer. Muitas vezes podemos pensar que não escolhemos a missão, porém não podemos nos esquecer de que somos servos obedientes, e que tudo que fazemos é para Jesus. Nossa missão pode ser muitas vezes uma missão leve e legal de se realizar, porém em outros momentos pode ser difícil e até mesmo bastante desafiador. Lembre-se sempre: sua missão gera crescimento de vida, multiplicação de oportunidades, difusão de alegria e domínio sobre toda criação na terra. Nos momentos de adversidade, lembre-se de sua missão, aprenda a escutar a voz de Deus e a refutar a voz do inimigo da sua alma, pois aquilo em que cremos alimenta as nossas emoções.

Pai, capacita-me para vencer as adversidades e cumprir com alegria a missão que a mim confiaste. Amém.

"Crescei e multiplicai-vos, enchei e dominai a terra."

Gênesis 1:28

ANOTAÇÕES

Conversa com Deus Pai

03 ABR

NENHUMA LÁGRIMA É IGNORADA POR DEUS

Pai, agradeço sua companhia e a força que me dá para seguir adiante. Amém.

"Ele enxugará dos seus olhos toda lágrima. Não haverá mais morte, nem tristeza, nem choro, nem dor, pois a antiga ordem já passou."

Apocalipse 21:4

ANOTAÇÕES

Você já imaginou Deus recolhendo suas lágrimas e as enxugando? Na verdade, a tradução da palavra enxugar, do grego *exaleipho,* significa ungir, limpar várias partes, apagar, remover. Deus removerá as lágrimas, e por isso podemos compreender que o motivo pelo qual elas nascem já não existirá, pois as dores que vivemos na terra inexistem na vida eterna. Não haverá choro, pois não há dor, não há pranto, não há morte. Há alegria e amor eternos. Em nossa vida terrena, existem alguns tipos de lágrimas que derramamos. As lágrimas que Deus enxuga remetem às coisas que poderiam acontecer, mas não aconteceram. São as lágrimas de livramento: antes mesmo que viessem ao nosso rosto, Deus as enxugou de dentro do nosso ser. Muitas vezes nossa atitude obediente nos coloca debaixo das lágrimas que Deus enxuga, porém outras vezes nada fizemos e talvez nem saberemos, mas Deus as secou. Existem também as lágrimas que Deus recolhe; essas nascem de situações de dor. Essas lágrimas podem ser orações apresentadas a Ele, quando não temos mais forças para nem sequer falar. Seja qual for a lágrima que você derrama hoje, lembre-se: Ele está com você.

SUPERE A COMPARAÇÃO

04
ABR

A comparação é um componente para o adoecimento emocional, e para vencê-la é preciso encontrar sua autenticidade. Cada ser humano foi criado de forma única e singular, e de modo especial recebeu características que se assemelham às pinceladas de um artista, que pode pintar diversos quadros e até reproduzir seu método de pintar, de segurar o pincel e de depositar a tinta na tela, porém uma pincelada jamais será igual a outra. Assim somos nós, carregados da tinta do céu, e nas mãos do Criador, o maior de todos os artistas, fomos reproduzidos em telas únicas para enfeitar, comunicar, expressar a natureza divina. Portanto, o mundo se faz de uma exposição chamada vida, com obras únicas, do mesmo artista, mas autênticas e impossíveis de ser comparadas, porque o autor da vida pinta e cria obras perfeitas! Todas as vezes que você pensar em se comparar com alguém, lembre-se disto: você é uma obra-prima única e perfeita! Hoje, agradeça a Deus por Sua criação em sua vida. Reflita sobre as qualidades que Ele colocou em você e busque viver com autenticidade.

Pai, agradeço por pintar em mim características únicas e singulares para ser quem sou. Amém.

"Pois não ousamos contar-nos, ou comparar-nos com alguns, que se louvam a si mesmos (...)"

2 Coríntios 10:12

ANOTAÇÕES

05 ABR

DISCERNINDO TEMPOS E ESTAÇÕES

Pai, ensine-me a encerrar ciclos com honra e dar espaço ao novo ciclo em minha vida. Amém.

> *"É ele quem muda o tempo e as estações, remove reis e estabelece reis; ele dá sabedoria aos sábios e entendimento aos inteligentes."*
>
> **Daniel 2:21-22 (NAA)**

ANOTAÇÕES

Ciclos são uma série de fenômenos que ocorrem em uma ordem predeterminada, que se renovam de forma constante. Neste momento você pode estar se perguntando: "Como podemos medir o ciclo de nossa vida? Como saber se estamos diante de um novo ciclo?". Pois bem, um novo ciclo na vida do ser humano pode ser anunciado quando temos uma nova postura e perspectiva sobre determinada situação. Às vezes nossa decisão de sair da zona de conforto, deixar o velho e viver o novo já é uma mudança de ciclo. Compreender o ciclo da vida é ter paz com tudo que se vai; um ciclo se encerra quando o processo foi concluído. Não mudamos nem modificamos as estações do ano, mas precisamos aprender a encerrar os ciclos da vida, nos desconectar mentalmente e permitir formas de se adaptar a uma nova realidade. Para viver novos ciclos, é preciso aprender a priorizar aquilo que nos mantém vivos, aquilo que nos traz vida! Quais ciclos da sua vida precisam ser encerrados para que um novo comece?

SEJA O LÍDER!

06
ABR

Pode parecer mais fácil apenas obedecer e ter alguém para decidir por nós. Mas não é simples assim. Deus escolhe e capacita pessoas para cumprir Seu propósito. Ele nos chama para cumprir propósitos maiores do que podemos imaginar, nos orientando a cada passo do caminho. Confie que Ele está trabalhando a seu favor e que, assim como Moisés, você pode ser um instrumento de libertação e bênção na vida de outras pessoas. Não permita que o medo ou as dúvidas o impeçam de seguir em frente no propósito que Deus tem para você. Se Ele está contigo, não há limites para o que pode ser feito. Lembre-se: para Ele não há limite para o que pode ser feito. Caminhe em fé, confiando que Ele o guia e o sustenta em cada passo do propósito que preparou para sua vida.Hoje, reflita sobre o propósito que Deus tem para você. Pergunte a si mesmo: "O que Ele está me chamando para fazer? Como posso ser uma bênção na vida de outras pessoas?" Dê um passo de fé, entregando suas dúvidas e medos a Deus, e confie que Ele está guiando o seu caminho.

Pai, agradeço por me escolher, mesmo com minhas falhas e limitações. Amém.

"(...) Ele foi enviado por Deus como líder e libertador, por meio do anjo que lhe tinha aparecido na sarça."

Atos 7:35 (NVI)

ANOTAÇÕES

Conversa com Deus Pai

07 ABR

VOCÊ NÃO É UMA OBRA INACABADA

Pai, eu confio em Ti, mesmo quando não vejo o progresso que gostaria. Amém.

"Estou convencido de que aquele que começou a boa obra em vocês há de completá-la até o dia de Cristo Jesus."

Filipenses 1:6

ANOTAÇÕES

Às vezes, nos sentimos inseguros e duvidamos de que seremos capazes de concluir o que começamos. Podemos nos sentir sobrecarregados pelas nossas falhas e limitações. Mas o apóstolo Paulo, ao escrever aos filipenses, nos lembra de algo extraordinário: Deus é aquele que começou uma boa obra em nós, e Ele é fiel para completá-la. Essa jornada de transformação não é algo que acontece de um dia para o outro; é um processo contínuo, que envolve desafios, aprendizados, erros e acertos. Muitas vezes podemos sentir que não estamos progredindo, mas é exatamente nesses momentos que devemos nos lembrar de que Deus não desiste de nós, pois Ele vê o que somos hoje e o que seremos no futuro e sabe exatamente do que precisamos para crescer e nos aperfeiçoar. Assim como um artista que molda pacientemente uma obra de arte, Deus está nos moldando com amor e cuidado. E Ele não desistirá de nós. Hoje, se você se sente desanimado ou inseguro, lembre-se: Deus começou uma boa obra em você, e Ele vai terminá-la. Não desista, pois Deus não desiste de você.

CUIDAR É IGUAL A OLHAR, VER, ENXERGAR

08 ABR

Quando Jesus esteve na terra, passou grande parte de Seu tempo com os marginalizados, os doentes, os necessitados. Ele não olhou para eles com pena, mas com amor e compaixão genuínos. Ele nos mostrou que o Reino de Deus não é sobre riquezas materiais, mas sobre servir e amar aqueles que mais precisam. Quando olhamos para os pobres, não devemos ver apenas a necessidade material, mas a dignidade e o valor de cada ser humano que Deus criou à Sua imagem. Às vezes, podemos nos sentir sobrecarregados ou impotentes diante das necessidades ao nosso redor. Olhar para os pobres não é apenas um chamado para sermos generosos financeiramente, mas também para estarmos presentes em espírito e compaixão. É um chamado para abrir nossos olhos e corações para as lutas daqueles que muitas vezes são esquecidos. Deus nos chama a caminhar com eles, a escutar suas histórias e a demonstrar o amor de Cristo através de nossas ações. Hoje, reflita sobre como você pode ser as mãos e os pés de Jesus na vida de alguém que está em necessidade.

Pai, abra os meus olhos para ver os necessitados como o Senhor os vê. Amém.

"Quem trata bem os pobres empresta ao Senhor, e ele o recompensará."

Provérbios 19:17

ANOTAÇÕES

_____
_____
_____
_____
_____
_____
_____
_____
_____

Conversa com Deus Pai

09 ABR

A PRESENÇA DA ESPERANÇA

Pai, concede-me sabedoria e entendimento acerca das Escrituras; permita-me apreender os preciosos ensinamentos que lá estão. Amém.

> *"(…) porque a alegria do Senhor é a vossa força."*
>
> **Neemias 8:10**

À s vezes a vida parece desafiadora; cada dia é semelhante a uma batalha, e a esperança parece esvair-se. Mas a verdadeira alegria não se abala com as dificuldades ao redor, pois vem de algo muito mais profundo. É uma sensação que nasce do nosso interior, da certeza de que não estamos sozinhos e de que existe um propósito em cada desafio enfrentado. A alegria genuína não é a ausência de problemas, mas a presença de esperança. Ela é o combustível que nos move quando as forças parecem faltar, é a luz que brilha mesmo quando o caminho está obscuro. Essa alegria pode ser cultivada em nossas ações diárias: em um momento de gratidão, em um gesto de bondade, em um instante de conexão com algo maior do que nós mesmos. Hoje, faça da alegria uma escolha. Prefira enxergar o que há de belo ao seu redor, escolha sorrir mesmo diante das dificuldades, escolha acreditar que cada momento difícil é uma oportunidade de crescimento. Deixe a alegria ser a sua força, renovando sua alma e te lembrando que a vida é muito mais do que os desafios de hoje.

ANOTAÇÕES

10 ABR

VIVA NA PAZ DE DEUS

Dois pintores foram convidados a representar numa tela o significado da paz. O primeiro pintou no quadro uma linda campina verdejante com riachos cristalinos. O segundo pintou uma catarata que jorrava água em abundância sobre pedras pontiagudas. No meio da força da água, um pássaro protegia seus filhotes em seu ninho, construído sob o galho de uma árvore que ficava ao lado da queda-d'água. O segundo quadro ganhou o prêmio, pois a verdadeira paz não é a ausência de tensões. O sentido da paz que encontramos em Deus neste mundo é parecido com o segundo quadro retratado pelo artista. Podemos descansar em Deus apesar das correntezas e das adversidades da vida. Deus está no controle de tudo. O rei Davi experimentou e entendeu o significado dessa paz quando disse que, mesmo no vale da sombra da morte, não tinha nenhum temor, porque Deus estava consigo. O verdadeiro descanso e a verdadeira paz só podemos alcançar na presença de Deus. É Nele que o nosso coração é cheio de paz. Quando confiamos Nele, podemos descansar, porque Ele tem cuidado de nós. Por isso não se entregue ao desespero, à desesperança, à inquietação. Aquiete sua alma na presença de Deus. Confie Nele em todas as circunstâncias da vida. Ele é a nossa paz.

Pai, agradeço por podermos descansar em paz na Tua presença e por nos trazer paz nos momentos mais difíceis da nossa vida. Amém.

"Porque Ele é a nossa paz (…)"

Efésios 2:14

ANOTAÇÕES

11 ABR

RECONHEÇA SUAS FRAQUEZAS

Pai, reveste-me com o Teu amor e ajuda-me a confiar na Tua força, não na minha. Amém.

"Abriram-se, então, os olhos de ambos; e, percebendo que estavam nus, coseram folhas de figueira e fizeram cintas para si."

Gênesis 3:7

ANOTAÇÕES

Este versículo nos lembra do momento em que Adão e Eva, ao desobedecerem a Deus, perceberam suas fraquezas e vulnerabilidades. Ao se verem nus, ficaram envergonhados e tentaram esconder essa condição usando folhas de figueira para cobrir-se. Esse ato de cobrir a própria vergonha com recursos frágeis e temporários reflete algo bastante comum em nossa vida: a tentativa de lidar com nossas fraquezas por conta própria, em vez de confiar em Deus, escondendo nossas vulnerabilidades atrás de máscaras. Buscamos aparentar que tudo está bem, mesmo quando por dentro nos sentimos inseguros, e usamos desculpas e justificativas para esconder nossas fraquezas. Mas Deus não quer que escondamos Dele nossas falhas. Ele nos chama a trazer nossas vulnerabilidades à Sua presença, pois somente quando reconhecemos nossas limitações diante de Dele experimentamos Seu amor incondicional e Sua capacidade de nos restaurar. Deus quer nos vestir com Sua graça, amor e perdão. Reconheça sua vulnerabilidade, confie na graça de Deus e aceite o amor Dele.

NÃO TENHA VERGONHA DE SE ARREPENDER

12 ABR

Muitas vezes enfrentamos situações que nos despedaçam, circunstâncias que parecem nos quebrar física, emocional ou espiritualmente. Mas precisamos sempre nos lembrar de uma verdade poderosa: o mesmo Deus que nos permite passar por dificuldades também é Aquele que nos cura. Deus, em Seu amor, às vezes nos permite enfrentar desafios que expõem nossas fraquezas ou nos fazem perceber quanto nos afastamos Dele. Esses momentos podem parecer dolorosos, mas a intenção de Deus nunca é apenas nos ferir, mas nos curar, restaurar e nos aproximar mais de Seu amor e de Seu propósito. Quando nos voltamos para Deus, encontramos um Pai que está pronto para nos restaurar. A dor que sentimos não é o fim da história; é o começo de uma nova jornada de cura, crescimento e transformação. Reconheça em seu interior quais feridas precisam da intervenção divina para serem tratadas e curadas. Apresente diante Dele cada uma delas, faça uma oração especial, entregando-as a Deus, e clame por sua intervenção curativa, salvadora e restauradora.

Pai, oro para que, mesmo diante das dores da minha jornada, eu seja resgatado e tenha as feridas curadas por amor de Teu nome. Amém.

"Vinde, e tornemos para o Senhor, porque ele nos despedaçou e nos sarará; fez a ferida e a ligará."

Oseias 6:1

ANOTAÇÕES

13 ABR

FOQUE NO QUE MAIS IMPORTA

Pai, eu Te agradeço por nunca me abandonar. Amém.

"Fixemos os olhos em Jesus, autor e consumador da nossa fé."

Hebreus 12:2

ANOTAÇÕES

Em um mundo repleto de distrações e desafios, manter o foco pode parecer uma tarefa impossível. É fácil nos perdermos em preocupações com o futuro, em comparações com os outros, ou até em problemas que parecem não ter solução. No entanto, Hebreus 12:2 nos convida a direcionar nossos olhos para Aquele que é o autor e consumador da nossa fé: Jesus. Manter o foco em Jesus é uma escolha diária. Cada vez que desviamos o olhar, afundamos nas preocupações e nos medos. Quando focamos Nele, no entanto, encontramos fé para continuar. Mesmo quando não vemos a saída, precisamos acreditar que, por maior que seja o desafio, Deus está no controle. Manter o foco Nele nos ajuda a não ser abalados pelas dificuldades da vida, pois sabemos que nossa esperança não está em soluções temporárias, mas em um Deus eterno que nunca falha. Hoje, escolha colocar seu foco em Cristo. Entregue a Ele suas preocupações e desafios, sabendo que Ele é o único capaz de transformar qualquer situação. A fé verdadeira não se apoia na ausência de problemas, mas na presença constante de Deus.

HÁ PODER EM SER VOCÊ!

Quando olhamos no espelho, muitas vezes somos rápidos em apontar nossas falhas e imperfeições e nos comparar com os outros, sempre nos vendo como menores ou menos valiosos. Este versículo nos traz uma verdade que transforma a maneira como nos enxergamos: fomos feitos à imagem e semelhança de Deus. O Criador de todas as coisas decidiu nos criar refletindo Sua própria imagem, mostrando que nosso valor está na essência do próprio Deus, que nos criou com amor, propósito e dignidade. A autoestima verdadeira não é construída em padrões externos ou opiniões alheias, mas no amor de Deus. Quando você se sentir desencorajado ou duvidar do seu valor, lembre-se de que o próprio Deus decidiu fazer você à imagem Dele. Hoje, escolha se ver da maneira como Deus o vê. Ele não vê imperfeições; vê potencial. Ele não vê fracassos; vê alguém capaz de grandes coisas através do Seu poder. Sempre que sentir que não é bom o suficiente, lembre-se do valor que Deus lhe deu, pois esse valor não vem das imperfeições que vemos, mas da perfeição do Deus que nos criou. Enxergue-se como Ele o vê: amado, digno e cheio de propósito.

Pai, ajuda-me a enxergar meu valor através dos Teus olhos e a rejeitar as mentiras que dizem o contrário. Amém.

"E disse Deus: 'Façamos o homem à nossa imagem, conforme a nossa semelhança'."

Gênesis 1:26

ANOTAÇÕES

15 ABR

ELIMINE A ANSIEDADE DE SUA VIDA

Pai, hoje declaro que os Teus pensamentos sobre mim são as verdades que trago em meu coração. Amém.

> *"Antes de formá-lo no ventre eu o escolhi; antes de você nascer, eu o separei e o designei profeta às nações."*

Jeremias 1:5

ANOTAÇÕES

Na maioria das vezes é tão desafiador manter pensamentos de vitória que logo podemos nos perder em nossos sentimentos e dar espaço de forma danosa à ansiedade. As preocupações ganham um tamanho cada vez maior, e como um gigante de pedra vão se amontando em nosso interior. Deus conhece essa aflição, porque não existe nenhuma parte de seu ser da qual Ele não tenha conhecimento. Cada detalhe de sua história importa para Deus. Assim como Jeremias foi capacitado por Deus para cumprir seu propósito, Deus também nos capacita de forma única para a missão que Ele nos confia. Às vezes podemos nos sentir incapazes, mas Deus só deseja o seu sim para realizar, por seu intermédio, Seu plano divino. Ele te conhece antes mesmo de você nascer, e, ainda que o ambiente, as circunstâncias e os desafios da vida queiram roubar sua esperança, escolha agarrar-se às verdades de Deus. Palavras de vitória geram um ambiente de vitória, e Deus espera que você olhe para Ele e troque seus pensamentos de tormento pelos pensamentos de amor que Ele nos ensinou.

VIVA UM MILAGRE

16
ABR

O primeiro passo para uma vida de milagres acontece em nosso interior. Precisamos crer inteiramente e intensamente que o que tanto desejamos pode acontecer. O segundo passo para viver um milagre é alimentar a esperança no coração. O terceiro passo é o seu posicionamento. Diante do milagre e da oportunidade que se abre à nossa frente, precisamos acessar a porta do milagre com ousadia e sem desistir. O quarto passo exige movimento. MOVA-SE! Há momentos em que as impossibilidades serão obstáculos à nossa frente, e o que você precisa fazer é se mover. Em João, podemos ler a história de um homem que por trinta e oito anos se achava enfermo, e mesmo diante de um ambiente de milagres não conseguia acessar o seu milagre, até que Jesus lhe dá uma ordem: "Levanta, toma teu leito e anda". Bastou uma palavra de Jesus, e ele foi milagrosamente curado, porque, quando cremos em nosso coração, abrimos a porta para o milagre em nossa vida. Se você precisa de um milagre, retire o olhar das impossibilidades e acesse o ambiente de milagre com fé, paciência, direção e movimento. Jesus virá até você.

Pai, agradeço o milagre que sei que viverei, ainda que o tempo pareça ser escasso. Amém.

"Porquanto um anjo descia em certo tempo ao tanque, e agitava a água; e o primeiro que ali descia, depois do movimento da água, sarava de qualquer enfermidade que tivesse."

João 5:4

ANOTAÇÕES

17 ABR

O AMOR COMO FRUTIFICAÇÃO

Pai, que minha vida seja uma expressão do Teu cuidado e graça. Amém.

"Não me escolhestes vós a mim, mas eu vos escolhi (…) a fim de que tudo quanto em meu nome pedirdes ao Pai ele vos conceda."

João 15:16-17 (ARC)

ANOTAÇÕES

Em João 15, Jesus nos lembra de algo poderoso: nós não o escolhemos, Ele nos escolheu. Fomos escolhidos com um propósito claro – dar frutos que permaneçam. Esses frutos são as marcas do Seu amor e graça em nossas vidas, revelados através de nossas ações e relacionamentos. O amor que Jesus nos pede para espalhar é o fruto duradouro que Ele quer ver em nós. É um amor que vai além das palavras, que se manifesta em atitudes de cuidado, gentileza e sacrifício pelos outros. Jesus nos chama para sermos portadores desse amor, refletindo a natureza de Deus em tudo o que fazemos. À medida que obedecemos ao Seu mandamento de amar, nossas vidas se tornam uma evidência da presença de Cristo no mundo. Ele nos lembra que, ao amarmos uns aos outros, permanecemos Nele, e Ele permanece em nós, tornando-nos verdadeiros instrumentos de Sua paz e bondade. O fruto que produzimos em amor tem o poder de tocar corações e transformar vidas, deixando uma marca que não desaparece. Quando você vive em amor, deixa uma marca eterna na vida das pessoas. Lembre-se: você foi escolhido para frutificar e compartilhar o amor que recebeu de Jesus. Hoje, reflita sobre como você pode viver esse amor que Jesus nos ordena.

Amanda Veras

LIVRE-SE DOS ÍDOLOS

18 ABR

Em nosso coração existe um trono de governo, um lugar preparado e separado para aquele que irá reinar em nós e através de nós. Cabe a cada um de nós escolher quem lá irá assentar. Temos a tendência de convidar pessoas que nos inspiram a assentar nesse lugar, porém pessoas são gente como a gente, e em algum momento poderão nos decepcionar. E o que fazemos? Banimos esse indivíduo que assentava no trono do nosso coração. Em outras situações podemos convidar alguém que nos preencha e supra nossas necessidades sentimentais, e além de entregar o trono do nosso coração a alguém que irá usurpar e manipular esse lugar, criamos um altar e passamos a idolatrar pessoas por carência afetiva, tornando-nos dependentes emocionais. A base da idolatria é a ingratidão. É como seu eu dissesse a Deus que Ele não é suficiente para mim, e passasse a creditar a pessoas que seguidamente nos frustram o lugar de governo que é de Deus em nós. Mas podemos mudar essa situação e entregar o trono a quem de fato ele pertence. Jesus é rei do nosso coração. Convide Jesus para assentar no trono do seu coração para governar sua vida.

Pai, hoje renovo o Teu lugar de governo, justiça, paz e amor em mim! Amém.

"Ora, Raquel havia tomado os ídolos do lar, e os pusera na sela de um camelo, e estava assentada sobre eles; apalpou Labão toda a tenda e não os achou."

Gênesis 31:34-35 (ARA)

ANOTAÇÕES

19 ABR

PRATIQUE A AUTOCONFIANÇA

Pai, retira do meu coração todo orgulho, vaidade e soberba, tudo aquilo que pode criar raízes danosas em minha alma. Amém.

"Tudo é possível ao que crê."

Marcos 9:23

ANOTAÇÕES

A autoconfiança é compreendida como o resultado de uma vida virtuosa. Pessoas autoconfiantes sabem acerca de sua identidade, têm convicção do seu chamado e são livres de pensamentos de mediocridade. Ser alguém autoconfiante não exime a confiança e a dependência que vêm do alto; ao contrário, por sabermos quem somos em Deus e quão dependentes somos de Sua graça e de Seu amor, podemos fluir autorizados por Ele na confiança de seu envio. Seja alguém confiante em si, naquilo a que você se dedica, nas atividades que realiza; afinal a autoconfiança promove aquilo que está dentro de você. Não meça sua confiança por seu trabalho, resultados ou performance. Existe uma base sólida no fundamento que é a palavra de Deus, e somente nela podemos desenvolver autoconfiança em ser quem Deus nos comissionou, filhos da luz, confiantes em Seu amor e autoconfiantes na capacitação que Ele nos tem depositado. Desse modo, não haverá coisas impossíveis, pois seremos os primeiros a crer na suficiência de Cristo em nós!

TRABALHOS QUE NÃO SÃO EM VÃO

20 ABR

Entre seus planos e a resposta certa que vem da boca de Deus é preciso existir compatibilidade entre os seus esforços e a direção de Deus. Este provérbio contém uma clara instrução divina aos seres humanos: sonhar! Imagine Deus te chamando pelo nome e dizendo: "Seu papel é sonhar!". Por isso a importância da palavra planejar: porque um sonho para se tornar realidade necessita de planejamento, ajustes, lapidações. E é exatamente nessa ação que é preciso cem por cento de compatibilidade entre o seu sonho e a direção de Deus, que é soberana ao desejo do nosso coração, pois Ele sabe o que é melhor para nós. Planeje, sonhe, use sua mente e toda criatividade que Deus lhe deu, mas saiba discernir os desejos do seu coração, e os esforços que você empenha para realizá-los, e a direção do Pai. Lembre-se de que, quando o povo de Deus foi retirado do Egito, a murmuração era tamanha que eles não conseguiam se alinhar na direção de Deus e vagavam em círculos no deserto. A murmuração impede os ouvidos de escutarem a direção de Deus. Dedicar-se em escutá-lo é confortador, pois sabemos que no Senhor nosso trabalho não é em vão!

Pai, conduza meus passos, e que os planos, sonhos e desejos do meu coração sejam compatíveis com Tua direção e instrução. Amém.

"Portanto, meus amados irmãos, sede firmes e constantes, sempre abundantes na obra do Senhor, sabendo que o vosso trabalho no é vão no Senhor."

1 Coríntios 15:58

ANOTAÇÕES

_____
_____
_____
_____
_____
_____

Conversa com Deus Pai

21 ABR

CONSTRUA SUA VIDA NA ROCHA

Pai, que as alianças firmadas em Ti sejam profundas e mais fortalecidas diante das tempestades. Amém.

"Todo aquele, pois, que escuta estas minhas palavras, e as pratica, assemelhá-lo-ei ao homem prudente, que edificou a sua casa sobre a rocha (...)"

Mateus 7: 24

ANOTAÇÕES

Para iniciar a construção de uma casa, é fundamental uma sólida fundação, porque a fundação de uma casa é sua base. Assim, ela precisa ser construída da forma correta, para que possa suportar o peso daquilo que será edificado e fixar a construção de forma segura. De igual modo, os relacionamentos e as alianças que firmamos necessitam de um sólido fundamento, pois é certo que crises, frustrações e decepções chegarão até nós. Como ondas de um tsunâmi elas podem varrer tudo ao nosso redor, mas, se o fundamento for sólido, o que foi firmado na rocha permanecerá! Ao escutarmos as palavras de Jesus, ao praticarmos e adotarmos um modo de vida que seja em submissão e obediência à edificação da nossa alma, prevaleceremos a despeito da força das ondas. Reflita sobre relacionamentos que foram edificados na rocha e as tempestades que eles suportaram. Envie uma mensagem agradecendo a essa pessoa com que você tem uma aliança.

DESCANSE NA PAZ DE DEUS

22 ABR

Você costuma dormir tranquilamente? Ou tem dificuldade para pegar no sono? A insônia faz parte da sua vida? Nossos problemas, muitas vezes, têm a sua origem na nossa mente, nas nossas preocupações, na nossa ansiedade. Da mesma forma como Davi encontrou conforto e consolo em Deus e em paz dormia e descansava, também somos convidados a repousar nele todas as nossas angústias, preocupações e ansiedades. O melhor alívio para a nossa mente e a nossa alma é a fé em Deus. Quando Ele é o nosso refúgio, a cama mais dura se torna um repouso doce e suave. Mesmo que tenhamos de reclinar nossa cabeça num travesseiro de pedra, podemos sonhar com as glórias do céu e ter certeza de que podemos descansar em paz com Deus no nosso coração. Lembre-se sempre que Deus é o refúgio que traz descanso. Quando repousamos Nele, até a noite mais longa se torna tranquila, e o sono se torna uma bênção restauradora.

Pai, agradeço por me fazer repousar em pastos verdejantes, porque Tu és a nossa paz. Amém.

"Em paz me deito e logo pego no sono, porque, Senhor, só tu me fazes repousar seguro."

Salmos 4:8

ANOTAÇÕES

_____
_____
_____
_____
_____
_____
_____
_____
_____

23 ABR

ESCALE AS MURALHAS DA MENTE E SEJA UM VENCEDOR

Pai, agradeço por tê-Lo ao meu lado, e por isso já me sinto mais que vencedor! Amém.

> *"(...) O caminho de Deus é perfeito; a palavra do Senhor é provada; é um escudo para todos os que nele confiam."*

Salmos 18:30

ANOTAÇÕES

Você já participou de alguma competição? Na corrida você precisa ser mais veloz que a pessoa ao seu lado; na natação você precisa nadar de forma mais veloz que o colega da raia ao lado. A competição esportiva usa referências e parâmetros de desempenho para traçar metas e objetivos, quebrar recordes e alcançar o pódio e o registro na história. Mas aqueles que conseguem exercer a gratidão de forma antecipada ao resultado almejado já largam na frente. O Salmo 18 é um hino de louvor a Deus por suas bênçãos; nele o salmista ousadamente declara que, se Deus está ao seu lado, Ele corre tão rapidamente que até consegue saltar muralhas. E, acredite, não são muralhas somente físicas, são as muralhas da mente. Conseguimos pular e vencer pensamentos que são como muros paralisantes, que declaram ser o fim, que acabou, mas com Deus temos a força para destruir e transpor os pensamentos maus, porque com Ele somos mais que vencedores!

ENCARE AS DIFICULDADES NA COMPANHIA DE DEUS

24 ABR

O deserto, muitas vezes, é visto como um lugar de dificuldade e solidão. É um ambiente árido, onde parece não haver conforto ou segurança. No entanto, em Oseias 2:14, Deus fala de atrair Seu povo ao deserto para falar ao coração deles. Essa imagem nos mostra que Deus usa momentos de isolamento e desafio em nossa vida para um propósito maior: nos atrair para perto Dele e nos falar ao coração de uma forma que talvez não ouviríamos em meio à agitação e às distrações do dia a dia. Quando enfrentamos nossos próprios desertos – momentos de perda, incerteza ou dificuldades –, é natural sentir medo e desconforto. Mas é importante lembrar que o deserto não é um lugar onde Deus nos abandona, mas, sim, aonde Ele nos leva para nos transformar. É onde podemos experimentar a Sua presença de forma mais profunda e onde Ele revela Suas promessas e amor para nós. Se você se encontra em um deserto hoje, veja-o como um convite de Deus para se aproximar mais Dele. É no silêncio e na solidão que a voz de Deus se torna mais clara. Confie que Ele está usando essa fase para moldar seu coração e sua fé.

> **Pai, que eu possa aprender a confiar mais em Ti e entender que, mesmo no deserto, estou seguro em Teus braços. Amém.**

> *"Portanto, eis que a atrairei, e a levarei para o deserto, e lhe falarei ao coração."*
>
> **Oseias 2:14**

ANOTAÇÕES

Conversa com Deus Pai

25 ABR

DO QUE VOCÊ PRECISA HOJE?

Pai, tudo de que eu preciso já está em Tuas mãos. Amém.

> *"E o meu Deus, segundo a sua riqueza em glória, há de suprir, em Cristo Jesus, cada uma de vossas necessidades."*
>
> **Filipenses 4:19**

ANOTAÇÕES

A promessa de Deus em Filipenses 4:19 é como um abraço em nossos momentos de necessidade. Ele nos garante que, independentemente do que estivermos passando, Sua provisão estará sempre presente, suprindo cada uma de nossas necessidades. Às vezes, a vida nos coloca em situações desafiadoras e sentimos o peso de preocupações financeiras, emocionais ou espirituais. Nesses momentos, pode parecer que estamos sozinhos, mas Deus nos assegura que não estamos. Ele conhece cada preocupação, cada lágrima, cada desejo silencioso do nosso coração, e nos pede que confiemos Nele. Saber que Deus está ao nosso lado, cuidando de cada detalhe, traz paz e consolo. Ele não apenas vê nossas necessidades, mas nos sustenta com amor e ternura, sempre no momento certo. Quando escolhemos entregar nossos fardos a Ele, encontramos um alívio profundo, pois sabemos que Suas gloriosas riquezas em Cristo estão disponíveis para nós. Ele é o Pai que nos cuida de maneira única e pessoal, dando-nos o que precisamos para que nossa fé e nossa paz se renovem. Deus vê você e conhece o que está no seu coração. Ele cuida de você com carinho e está sempre pronto a suprir cada uma de suas necessidades com o Seu amor. Hoje, confie todas as suas necessidades a Deus.

Amanda Veras

ENCONTRANDO SEGURANÇA EM DEUS

26 ABR

odos nós, em algum ponto, ansiamos por um lugar de segurança, por algo que nos dê estabilidade e paz, especialmente quando tudo ao nosso redor parece fora de controle. O salmista, em Salmos 71:1, nos lembra de onde vem nossa verdadeira segurança: ela vem do Senhor. Ele é nossa âncora em tempos de tempestade e nosso refúgio quando não sabemos para onde ir. Deus é um lugar seguro em que podemos nos abrigar, onde não precisamos temer, pois sabemos que estamos em Suas mãos. A segurança que encontramos em Deus não é baseada nas circunstâncias ao nosso redor, mas na Sua natureza imutável e fiel. Quando fazemos do Senhor a nossa segurança, encontramos paz, mesmo no meio das dificuldades. Ele nos conhece melhor do que ninguém, entende nossas fraquezas e nos acolhe com amor incondicional. Deus é nossa fortaleza, e Nele podemos descansar, sabendo que nada foge ao Seu controle.

Pai, entrego a Ti minhas inseguranças. Sei que podes todas as coisas, e hoje decido seguir guardado por Ti. Amém.

"Guarda-me, ó Deus, porque em ti confio."

Salmos 16:1

ANOTAÇÕES

Conversa com Deus Pai

27 ABR

NÃO TEMA AS MUDANÇAS

Pai, mesmo em meio às dúvidas, que eu caminhe na direção que tens para mim. Amém.

"Assim que, se alguém está em Cristo, nova criatura é: as coisas velhas já passaram; eis que tudo se fez novo."

2 Coríntios 5:17

ANOTAÇÕES

Existem transições que vivemos e que são marcos em nossa vida. Transição se refere a um processo que ocorre dentro de nós, internamente, e que as pessoas vivenciam em mudanças substanciais ao longo de sua vida. Transição significa passagem – a passagem do velho para o novo. Muitas vezes não entendemos que uma estação terminou, e podemos insistir em ali permanecer. A transição é um convite para o novo momento, e é preciso aprender a lidar com o desconforto do conhecido e embarcar na mudança. Deus sempre abre um caminho para que sigamos com fé e força. Ele é o Criador, e somos encorajados por Ele a perseverar, crer e avançar, livres de todo medo, pois com Ele venceremos todos os perigos e desafios da jornada que se apresenta. Você tem vivido como alguém que está em Cristo, abraçando a nova vida que Ele te oferece? Ou há coisas antigas que ainda prendem seu coração e impedem você de experimentar a verdadeira liberdade que Cristo deseja te dar? Hoje, você é convidado a deixar para trás tudo o que te limita e abraçar a nova identidade que Jesus te deu. Ele faz tudo novo e está pronto para transformar cada parte do seu ser, para que você viva uma vida plena e renovada.

VIVA O SEU PROPÓSITO

28 ABR

Três anos de seca, o solo seco e rachado, pessoas e animais sofrendo pela falta de água. Em meio a esse cenário de desespero, Elias fala a Acabe para se preparar, pois ele já ouve o barulho da chuva. Essa declaração de Elias é um poderoso exemplo de fé e confiança nas promessas de Deus. Antes que qualquer sinal de nuvem aparecesse, antes que uma gota de água caísse, Elias já conseguia ouvir o som da chuva que estava por vir. Às vezes, em nossa vida, também enfrentamos períodos de "seca" – momentos de escassez, dificuldade ou silêncio. Pode parecer que as respostas de Deus estão demorando ou que as promessas Dele parecem distantes. Mas a história de Elias nos ensina a importância de acreditar antes de ver. Fé não é apenas esperar que algo aconteça, mas ter a confiança de que Deus já está agindo, mesmo quando ainda não vemos sinais visíveis. Hoje talvez você esteja em um momento em que tudo parece seco e sem vida. A chuva de Deus não falha. Ela chega no momento certo e traz a vida e a abundância de que precisamos.

Pai, que eu possa sempre lembrar que Tu és fiel e que cumpre Tua palavra no momento certo. Amém.

"Então Elias disse a Acabe: 'Vá comer e beber, pois já ouço o barulho da chuva'."

1 Reis 18:41

ANOTAÇÕES

29 ABR

A CADA MANHÃ UM NOVO DIA

Pai, em tudo Te vejo e Te encontro misericordioso, bondoso e fiel. Minha fé e minha esperança sempre estarão em Ti. Amém.

"As misericórdias do Senhor são a causa de não sermos consumidos, porque as suas misericórdias não têm fim; (…) Grande é a tua fidelidade."

Lamentações 3:22-23 (ARA)

ANOTAÇÕES

Você já se sentiu emocionalmente exausto diante de uma situação em que tudo pareceu ter chegado ao fim? Jeremias se sentiu assim. O livro da Bíblia que relata suas lamentações registra um importante momento da história de Jerusalém: a invasão pelos babilônios e o cativeiro do povo. Sim, Jeremias tinha muitos motivos para se lamentar, contudo ele nos ensina que diante de momentos desafiadores e de aparente fim podemos confiar na misericórdia de Deus, pois Sua misericórdia é uma fonte inesgotável, que jorra bondade, benignidade, fidelidade e compaixão. Existem momentos em nossa vida que de forma única vamos precisar nos agarrar inteiramente à fé e pensar na bondade do Pai, confiando em sua misericórdia. Lembre-se sempre disso: não importam quais sejam as circunstâncias, os desafios, o desamparo, a rejeição, o gigante a sua frente, quero te encorajar a se lamentar, mas de forma ainda mais veemente se levantar e confiar na bondade de Deus, porque Ele é contigo todos os dias, todos os momentos e em todos os lugares!

VISTA A SUA ARMADURA

30 ABR

Muitas vezes estamos tão cansados que começamos a fazer muitas coisas ao mesmo tempo e não concluímos nenhuma delas. Então, pensamentos ansiosos passam a tomar conta de nós. Nessa hora, ainda que não venhamos a enxergar, existe uma guerra acontecendo: o mundo espiritual é tão real quanto tudo que vemos em nosso entorno. A sobrecarga física e mental pode desencadear uma desordem mental, afetando nosso comportamento e nos fazendo tomar atitudes impensadas e imprudentes. Por isso Deus nos presenteou com uma armadura de seis partes: o escudo da fé (para apagar as setas inflamadas do maligno), os calçados do evangelho (andar na palavra de Deus), a espada do espírito (não é para ferir pessoas, é para penetrar na sua alma e separar o que não pode habitar dentro de você), o cinto da verdade (um cristão só pode viver na verdade), a couraça da justiça (protege o coração) e o capacete da salvação (preserva a nossa sanidade mental). Lembre-se: Deus já venceu todas as batalhas por nós; precisamos apenas nos apropriar de nossa armadura!

Pai, em Ti venço as ciladas do inimigo e permaneço inabalável na fé. Amém.

"Pois a nossa luta não é contra seres humanos, mas contra os poderes e autoridades, contra os dominadores deste mundo de trevas, contra as forças espirituais do mal nas regiões celestiais."

Efésios 6:12

ANOTAÇÕES

Conversa com Deus Pai

MAIO

UM LUGAR DE RECOMEÇO

01 MAI

Davi, o jovem ungido por Deus para ser rei, se encontra em um momento de profunda angústia e fuga. Perseguido por Saul, ele se retira para a caverna de Adulão – um lugar de solidão e desespero. No entanto, é ali, naquela caverna, que Deus começa a transformar o curso da vida de Davi e daqueles ao seu redor. O lugar que inicialmente parecia ser de fuga se tornou um local de renovação e de propósito. Quantas vezes nós nos encontramos em nossas próprias "cavernas de Adulão"? Lugares de refúgio que, aos nossos olhos, representam medo, derrota e solidão. No entanto, a história de Davi nos ensina que, mesmo em momentos de fuga e no isolamento das "cavernas" da vida, Deus não nos abandona. É nesse lugar de aparente fracasso que Ele nos molda, nos ensina e nos prepara para o que está por vir. Isso nos ensina que, muitas vezes, o que percebemos como fracasso ou como uma pausa forçada Deus vê como oportunidade para um novo começo, um tempo de transformação e fortalecimento. A caverna não é o fim da história, mas o lugar onde Deus começa a fazer algo novo. Se você está enfrentando um momento difícil, um "tempo de caverna", lembre-se de que esse não é o fim. Deus pode transformar esse lugar de refúgio em um lugar de renovação.

Pai, sei que a caverna não é o meu fim, mas o começo de algo novo que Tu estás fazendo em mim. Amém.

"Então, Davi se retirou dali e escapou para a caverna de Adulão; e ouviram-no seus irmãos e toda a casa de seu pai e desceram ali para ele."

1 Samuel 22:1

ANOTAÇÕES

_____
_____
_____
_____
_____
_____
_____
_____
_____

Conversa com Deus Pai

02 MAI

LIBERTE-SE DAS PREOCUPAÇÕES

Pai, que eu possa verdadeiramente descansar de forma confiante em Tuas decisões. Amém.

> *"Portanto, não se preocupem com o amanhã, pois o amanhã trará as suas próprias preocupações. Basta a cada dia o seu próprio mal."*
>
> **Mateus 6:34**

ANOTAÇÕES

Para o excesso de preocupações, uma dose de descanso e confiança em Deus. Por que nos afligir, sabendo que não temos o controle de nada nem de ninguém, senão de nós mesmos? Podemos controlar a intensidade das preocupações que escolhemos alimentar. Nossas atitudes são nutridas pelo que pensamos, pela forma como desfrutamos o presente diário que recebemos de Deus chamado vida, e pela gratidão que abastece a alma com a consciência das experiências positivas que somamos ao longo da vida. Os problemas do amanhã serão os resultados das suas escolhas e decisões hoje. Então, para a alma aflita e cheia de preocupações, viva com gratidão o dia de hoje, pois amanhã será o resultado do que você viveu neste dia. Reflita a respeito da sobrecarga desnecessária de preocupações e reorganize-as em ordem de prioridade e realidade. Sempre com Deus te guiando, te orientando e você sempre procurando seguir os ensinamentos Dele.

AME E PERDOE OS SEUS INIMIGOS

03 MAI

Como você lida com o desrespeito? Como você conduz os relacionamentos com pessoas que não agem de forma cordial com você? Jesus nos ensina que a resposta está no amor. O amor nos guia a responder ao desrespeito com compaixão e perdão. Deus nos capacita a amar nossos inimigos, nos capacita a abençoar os que nos maldizem e nos capacita a fazer o bem aos que nos odeiam e a orar pelos que nos maltratam e perseguem. Nós amamos porque Deus nos amou primeiro. Nós perdoamos porque Deus nos perdoou primeiro. Jesus nos ensina a perdoar, e perdoar é uma decisão corajosa que tomamos e que nos liberta. Assim como amar os inimigos e aqueles que nos maltratam também é uma decisão corajosa e poderosa que demonstra o governo de Deus em nossa vida. Não pague o mal com o mal, mas corrija, exorte, se proteja e cuide de fazer o bem. Que o amor seja a semente que plantamos em todos os nossos relacionamentos, gerando frutos de paz, de reconciliação e de transformação. Hoje, escolha responder com amor e perdão a qualquer desrespeito que enfrente. Ore por aqueles que têm dificuldade em tratar você com respeito, pedindo a Deus que guie sua resposta e traga paz ao seu coração.

Pai, que eu seja sábio para perceber as atitudes que tenho tido e recebido. Amém.

"(…) Amai a vossos inimigos, bendizei os que vos maldizem, fazei bem aos que vos odeiam, e orai pelos que vos maltratam e vos perseguem; para que sejais filhos do vosso Pai que está nos céus."

Mateus 5:44

ANOTAÇÕES

04 MAI

CONFIE

Pai, eu confio em Teu auxílio, sabendo que em Tuas mãos encontro a paz e a força de que preciso. Amém.

"Se dispuseres o coração e estenderes as mãos para Deus."

Jó 11:13

ANOTAÇÕES

Este versículo de Jó nos convida a fazer duas coisas simples, mas poderosas: dispor o coração e estender as mãos para Deus. Em meio às lutas e aos desafios da vida, essas ações simbolizam uma rendição e uma confiança profunda no Senhor. Muitas vezes carregamos nossos problemas, dúvidas e medos, tentando lidar com tudo por conta própria. No entanto, Deus deseja que coloquemos nosso coração diante Dele, que nos entreguemos de verdade, com sinceridade e que estendamos as mãos, tanto fisicamente quanto espiritualmente, como um símbolo de sua confiança Nele. Dispor o coração é estar disposto a ouvir a Sua voz, a permitir que Ele nos guie, nos molde e nos transforme. Reserve um tempo para orar e abrir seu coração para Deus. Fale com Ele sobre suas preocupações, ansiedades e desejos. Deixe-O guiar e renovar você. Viva de maneira a refletir essa confiança. Em vez de se preocupar ou tentar controlar tudo, permita que Ele esteja no controle.

05 MAI

SEJA PERSEVERANTE

Quando passamos por dificuldades, a primeira reação muitas vezes é querer que elas acabem o mais rápido possível. Porém, Tiago nos lembra de uma verdade poderosa: as provas que enfrentamos não são em vão. Elas têm um propósito: produzem perseverança, virtude essencial na vida cristã. Essa perseverança é resultado de uma fé que foi testada e provada nas dificuldades. As lutas que enfrentamos fortalecem nossa fé e nos fazem confiar ainda mais em Deus. Cada prova é uma oportunidade de crescimento, um convite para nos aproximarmos mais de Deus e confiarmos no Seu plano, mesmo quando não entendemos. Portanto, em vez de temer as provações, devemos abraçá-las como parte do processo de Deus em nossa vida. Ele está nos moldando e nos preparando para algo maior. Ao ter nossa fé fortalecida, somos capazes de permanecer firmes, não importa o que aconteça.

Pai, que eu seja persistente na minha vida em Lhe servir e perseverante no Teu amor por mim. Amém.

"Pois vocês sabem que a prova da sua fé produz perseverança."

Tiago 1:3

ANOTAÇÕES

A FÉ É O MOTOR DA VIDA

Pai, oro a Ti por permanecer comigo quando portas se fecharam. Amém.

"Porque aquele que pede recebe; e o que busca encontra; e ao que bate abrir-se-lhe-á."

Mateus 7:8

ANOTAÇÕES

Você crê que seus pedidos podem ser atendidos? Crê poder encontrar o que se perdeu? Crê ser possível as portas se abrirem e você acessar pessoas e lugares nunca imaginados? Existem alguns desafios vividos e súplicas apresentadas diante de Deus os quais muitas vezes não temos confiança de resolver, porém essa não é a verdade Dele. Passar pelo desafio de não ter a resposta no tempo esperado e mesmo assim permanecer crendo é um ato de fé madura. Deus tem um tempo perfeito para todas as coisas. Para isso é preciso permanecer e não desistir. Continue crendo que seu clamor é acolhido por Deus, e que, se você ainda não recebeu a resposta a sua oração, se não encontrou a direção para os próximos passos, se a porta tão desejada não se abriu, nada disso modifica a Deus, mas fortalece e forja o nosso caráter a sua imagem e semelhança. Lembre-se das portas fechadas ao longo de sua vida e reconheça em cada negativa o favor de Deus, concedendo livramento e cuidando de você. Receber um não também é ser cuidado pelo Pai.

Amanda Veras

07 MAI

FUJA DO DESÂNIMO

Diante dos momentos de adversidade, nossos sentimentos e emoções podem nos abater. Nessa hora, desistir pode parecer uma opção. Porém, precisamos sempre nos lembrar de que *passamos* por tribulações, e não *vivemos* em tribulação, pois somos filhos da luz. Jesus é a luz do mundo, então é comum que os momentos de adversidade cheguem, porém a luz ilumina as trevas, e é certo que não viveremos só de luta. Talvez a resposta às adversidades precise ser ajustada à luz da Palavra: ao enfrentarmos atribulações, é importante nos entregarmos ao cuidado e ao amor de Deus. Afinal, a luta, ainda que nos deixe angustiados, não define nosso ânimo, porque em Cristo somos novas criaturas. As provações podem nos marcar, mas é em Deus que encontramos alegria e paz restauradas. Como filhos da luz, caminhamos com a certeza de que, em Cristo, nossa jornada é guiada pelo Seu amor e cuidado. Reflita sobre isso e realinhe seu coração. Hoje, entregue suas angústias e desafios a Deus em oração. Peça a Ele para iluminar seu coração com Sua paz e renovar sua esperança. Lembre-se de que você é filho da luz e que as tribulações não definem sua jornada em Cristo.

Pai, que meu coração esteja alinhado com Tua Palavra, e que eu desfrute de Tua proteção e de Teu cuidado. Amém.

"Em tudo somos atribulados, mas não angustiados; perplexos, mas não desanimados."

2 Coríntios 4:8

ANOTAÇÕES

08 MAI

MEDITE COM O CORAÇÃO

Pai, que eu tenha um coração disposto a refletir sobre Tua bondade e Tuas promessas. Amém.

> *"Maria, porém, guardava todas estas palavras, meditando-as no coração."*
>
> **Lucas 2:19**

ANOTAÇÕES

Neste versículo vemos Maria, a mãe de Jesus, em um momento profundo de reflexão. Ela havia acabado de testemunhar eventos extraordinários: o nascimento de seu Filho, os anjos proclamando boas-novas aos pastores e o reconhecimento de que aquele bebê seria o Salvador. No entanto, em meio a todo esse alvoroço, Maria não reagiu com pressa ou agitação. Em vez disso, ela guardou essas palavras e acontecimentos em seu coração, meditando sobre eles. Da mesma forma, devemos aprender a guardar as palavras e os momentos que Deus nos dá. Em vez de permitir que as bênçãos ou os desafios passem despercebidos, devemos meditar em nosso coração, procurando o que Deus está ensinando em cada situação. A meditação profunda naquilo que Deus fala traz sabedoria, paz e direção para nossa vida. Confie que Deus está trabalhando em cada detalhe da sua vida e que, no tempo certo, Ele revelará o propósito.

Amanda Veras

CONFIE NO QUE AINDA NÃO ENTENDE

09 MAI

Há momentos na vida em que não conseguimos entender o que Deus está fazendo. Passamos por situações desafiadoras, portas se fecham, pessoas se afastam ou mudanças inesperadas ocorrem, e nos perguntamos: "Por que isso está acontecendo?". Nesse versículo Jesus fala com Pedro durante a Última Ceia, quando estava lavando os pés dos discípulos – um gesto que Pedro não conseguia compreender naquele momento. Porém, Jesus assegura que, mais tarde, Pedro entenderia. Assim como Pedro, muitas vezes nos encontramos em situações em que o plano de Deus parece misterioso ou até confuso. No entanto, esse versículo nos lembra que não precisamos ter todas as respostas agora. Jesus nos convida a confiar Nele mesmo quando não entendemos o que Ele está fazendo. A promessa de Jesus é que, mais tarde, compreenderemos. Esse versículo nos desafia a confiar na sabedoria e no amor de Deus. É um lembrete de que, em tempos de incerteza, Ele está operando algo que, no tempo certo, será revelado e fará sentido. Nossa tarefa é descansar na certeza de que Deus está trabalhando por nós e em nós, e que um dia veremos claramente o que Ele está realizando.

Pai, ajuda-me a ter fé e paciência quando os Teus caminhos são difíceis de compreender. Amém.

> *"Respondeu Jesus: 'Você não compreende agora o que estou fazendo a você; mais tarde, porém, entenderá'."*
>
> **João 13:7**

ANOTAÇÕES

Conversa com Deus Pai

10 MAI

SOMOS MAIS QUE VENCEDORES

Pai, hoje eu libero meu coração de toda dor que vivi e fico livre para deixar habitar em mim apenas o que venha de Ti. Amém.

"Mas em todas estas coisas somos mais que vencedores, por meio daquele que nos amou."

Romanos 8:37

ANOTAÇÕES

As situações da vida podem apresentar-se muitas vezes como gigantes a nossa frente. Podemos agir impulsionados pelo medo, provocados pela vingança e pela raiva. Nesses casos, é preciso aprender a deixar ir e entender que diante de crises e injustiças humanas somos mais do que vencedores aos olhos daquele que primeiro nos amou. A força do nosso braço não será suficiente para fazer a justiça divina na terra, porém Jesus já venceu a morte e o pecado e em breve voltará para executar o juízo final. Enquanto isso, precisamos agir a partir dos seus ensinamentos acerca do perdão e do amor e tirar de dentro de nós tudo aquilo que causa o mal, que traz desajuste à alma, desequilibra o coração e empobrece a alma humana. Diante de situações e pessoas que te feriram, exale o perdão e a misericórdia e deixe ir do seu coração qualquer sentimento que te faça agir por raiva ou vingança. Lembre-se: Cristo é quem nos justifica, e Nele somos mais que vencedores. Ore por quem o feriu. Libere perdão em seu coração.

11 MAI

APROXIME-SE DE DEUS

Muitas vezes podemos nos sentir distantes de Deus, seja por causa das circunstâncias da vida, seja em razão das preocupações diárias ou até mesmo dos nossos erros. Aproximar-se de Deus significa buscá-Lo em oração, na leitura de Sua Palavra, na adoração e na entrega de nossas preocupações e desejos. Não importa quão longe possamos nos sentir, a promessa de Deus é clara: ao darmos um passo em Sua direção, Ele está ali para nos acolher e nos abraçar. Esse movimento em direção a Deus nos transforma, nos dá forças para enfrentar os desafios e nos ajuda a enxergar o propósito Dele em nossa vida. Hoje Deus está chamando você para se aproximar. Ele quer compartilhar Sua presença com você, guiá-lo e enchê-lo de paz. Ele não se afasta de nós; está sempre à espera, pronto para estar mais perto de cada um de nós. Quanto estamos dispostos a nos aproximar Dele?

Pai, que nossa aproximação seja sempre especial, e que eu permaneça até a eternidade com esse vínculo que nos une. Amém.

"Aproximem-se de Deus, e Ele se aproximará de vós."

Tiago 4:8

ANOTAÇÕES

12 MAI

A FORÇA DA FÉ MÚTUA

Pai, ajuda-me a ter a humildade de receber o consolo e o apoio que possam me oferecer. Amém.

"Isto é, para que juntamente convosco eu seja consolado pela fé mútua, tanto vossa como minha."

Romanos 1:12

ANOTAÇÕES

Deus nos chama a viver em comunidade não apenas para adorar juntos, mas para ser um apoio constante uns para os outros. A fé mútua nos lembra que não estamos sozinhos em nossa jornada com Deus. Há outros ao nosso redor que podem nos ajudar a ver as promessas de Deus, mesmo quando estamos cansados, e nós também somos chamados a ser uma luz para aqueles que precisam de encorajamento. Se você tem caminhado sozinho na sua fé, envolva-se com pessoas que compartilham da mesma fé. Pense em alguém que possa estar precisando de uma palavra de encorajamento. Tire um tempo para orar com essa pessoa, compartilhar sua própria fé e fortalecê-la. Deixe que Deus use você como um canal de Seu amor, acolhendo e confortando como Ele faria. Deus usa as pessoas ao nosso redor para nos consolar e encorajar. O amor de Dele se manifesta em cada abraço, palavra e presença daqueles que caminham ao nosso lado. Acolha e seja acolhido, pois, juntos, somos mais fortes e mais amados.

13 MAI

NA DÚVIDA, BUSQUE A DEUS

Quantas vezes nos encontramos em situações em que não sabemos qual caminho seguir? As decisões da vida podem ser desafiadoras, e é fácil ficarmos paralisados pela indecisão ou pela dúvida. Mas Tiago 1:5 nos traz uma promessa incrível: quando precisamos de sabedoria, podemos pedir diretamente a Deus. Ele não apenas está disposto a nos dar sabedoria, mas o faz de maneira generosa e sem reprovação. Deus entende nossas limitações e conhece os desafios que enfrentamos. Quando buscamos Sua sabedoria, não estamos apenas pedindo por respostas rápidas, mas pedindo para ver as coisas do ponto de vista Dele, com clareza, discernimento e propósito. Pedir sabedoria é um ato de humildade, reconhecendo que nossas próprias forças e entendimentos são limitados, mas que Deus é infinitamente sábio e amoroso. Portanto, sempre que estiver diante de uma decisão difícil ou precisar de clareza, pare e ore pedindo sabedoria a Deus. Confie que Ele te ouvirá e responderá.

Pai, ajuda-me a enxergar as situações da vida com clareza e discernimento, conforme a Tua vontade. Amém.

"Se algum de vocês tem falta de sabedoria, peça-a a Deus, que a todos dá livremente, de boa vontade; e lhe será concedida."

Tiago 1:5

ANOTAÇÕES

_____
_____
_____
_____
_____
_____
_____
_____
_____

Conversa com Deus Pai

14 MAI

APRENDA A PERDOAR

Pai, ajuda-me a perdoar quem me decepcionou, me feriu, me traiu. Amém.

"Não julguem, e vocês não serão julgados. Não condenem, e não serão condenados. Perdoem, e serão perdoados."

Lucas 6:37

ANOTAÇÕES

Perdoar repetidamente pode ser uma das coisas mais difíceis que Deus nos pede para fazer. Mas Jesus nos chama a um padrão de amor e perdão que vai além do que é humano. Ele nos chama a imitar o perdão que Ele mesmo nos oferece: um perdão sem limites, que é renovado continuamente. Quando perdoamos, não estamos apenas liberando a outra pessoa; estamos liberando a nós mesmos. O perdão nos liberta do peso da amargura, da raiva e do ressentimento. Ao perdoar, escolhemos viver na graça que recebemos de Deus, uma graça que nos perdoa mesmo quando falhamos. Esse tipo de perdão é uma escolha consciente, um ato de obediência a Deus, que nos fortalece e nos transforma. Não significa que esquecemos a ofensa ou que ignoramos a dor, mas, sim, que entregamos a situação nas mãos de Deus, confiando que Ele é justo e bom.

ENTREGUE SUAS CARGAS A JESUS

15 MAI

Jesus usou a metáfora do jugo, que era um equipamento colocado sobre os bois para que pudessem arar a terra em conjunto de forma harmoniosa. Quando Ele nos convida a tomar o Seu jugo, está dizendo para caminharmos ao Seu lado, em um ritmo guiado por Ele, em submissão e cooperação. Isso significa entregar o controle e as pressões da vida a Jesus, permitindo que Ele conduza nosso caminho. Jesus nos diz que é manso e humilde de coração. Ao contrário das expectativas de força e poder mundanas, Ele nos mostra que a verdadeira força está na humildade e na mansidão. Ele não nos lidera com severidade ou imposição, mas com graça, amor e paciência. Quando seguimos Seu exemplo, aprendemos a tratar os outros e a nós mesmos com a mesma graça e compaixão. O resultado? Descanso para nossa alma. Esse descanso não significa ausência de dificuldades, mas uma paz interior que vem de saber que não estamos sozinhos, que estamos caminhando com Jesus, e que Ele está no controle. Ao abrir mão do fardo pesado de tentar fazer tudo por nossa conta, encontramos descanso no fato de que Jesus está sempre conosco, nos guiando com amor. Se você se sente sobrecarregado ou cansado, talvez esteja tentando carregar tudo sozinho. Jesus te convida hoje a tomar Seu jugo, a aprender com Ele e a descansar na certeza de que, quando seguimos Seu caminho, Ele nos dá forças e paz para continuar.

Pai, guia-me em misericórdia, mansidão e amor. Amém.

> *"Tomai sobre vós o meu jugo e aprendei de mim, porque sou manso e humilde de coração, e encontrareis descanso para as vossas almas."*
>
> **Mateus 11:29**

ANOTAÇÕES

16 MAI

EXAMINE SEU CORAÇÃO

Pai, ajuda-me a não buscar a aprovação dos outros, mas a agradar a Ti em tudo o que faço. Amém.

"O homem vê o que está diante dos olhos, porém o Senhor olha para o coração."

1 Samuel 16:7

ANOTAÇÕES

Em um mundo que valoriza tanto a aparência, o sucesso exterior e as conquistas visíveis, este versículo de 1 Samuel 16:7 nos traz uma perspectiva muito mais profunda sobre o que realmente importa para Deus. Quando o profeta Samuel foi enviado por Deus para ungir o próximo rei de Israel, ele naturalmente olhou para a aparência e a estatura dos filhos de Jessé. Mas Deus o lembrou de uma verdade essencial: enquanto os seres humanos olham o exterior, Deus está focado no coração. Isso nos ensina que, para Deus, o que conta não é o que vemos por fora – nossas conquistas, nossa aparência ou nossa posição –, mas o estado do nosso coração. Deus não se impressiona com aquilo que impressiona o mundo. Ele está interessado em quem realmente somos por dentro, nos nossos motivos, na nossa integridade e no nosso amor por Ele. Essa verdade pode nos trazer tanto conforto quanto desafio. Conforto porque, quando sentimos que não somos "bons o suficiente" aos olhos do mundo, Deus já conhece o nosso coração e nos ama profundamente. Ele sabe das nossas intenções, das nossas lutas e da sinceridade do nosso amor por Ele. Desafio porque somos chamados a manter nosso coração puro, buscando agradar a Deus com nossas atitudes e intenções, mesmo que ninguém mais veja. Hoje, Deus te convida a refletir sobre o estado do seu coração.

VIVA A SUA REAL IDENTIDADE

17 MAI

Em dias de tantos compromissos, agenda apertada e muitas obrigações, o dia parece não ter a quantidade de horas suficiente. Mas… e se tudo que você faz desaparecesse, quanto tempo você teria? Quem você seria? Muitas pessoas pensam ser o que fazem e acabam se esquecendo de sua real identidade. É por essa razão que muitas crises acometem sua alma. Se penso ser o que faço, o que faço vai definir quem penso que sou. Hoje o convido a uma profunda reflexão: conhecer a si mesmo. Para isso, é preciso acessar a fonte de todo conhecimento: Deus! Ele é a fonte que jorra a verdade, que nos concede acessar o conhecimento de quem somos, como agimos, o modo como nos comportamos. Acessar a Deus é acessar o conhecimento que nos protege e nos ajuda a tomar as decisões mais prudentes e equilibradas, é conhecer e enxergar em sua alma como realmente somos, e nos permite sair do campo da suposição, do eu acho… e acessar como o Pai nos vê. Grande parte dos problemas que as pessoas enfrentam nasce dos erros que cometem, pela impossibilidade de se enxergar com a visão do Pai. As pessoas enxergam a própria alma a partir das distorções do mundo, e isso se dá também pela falta de contato com o Pai, com o conhecimento Dele. Portanto, se esse é o seu caso, volte-se para a Deus, para a Bíblia, para que você adquiria o conhecimento do Senhor.

Pai, derrama em minha mente a consciência de tudo aquilo que preciso transformar em mim para agir de forma prudente e equilibrada. Amém.

"Porque, como imagina em sua alma, assim ele é."

Provérbios 23:7

ANOTAÇÕES

18 MAI

O MELHOR GUIA

Pai, guia-me em cada passo, para que minha vida seja uma torre construída sobre a Tua sabedoria e a Tua graça. Amém.

"Vamos fazer construir uma cidade, com uma torre que alcance os céus."

Gênesis 11:4

ANOTAÇÕES

Muitas vezes agimos como os construtores da Torre de Babel. Sem perceber, tentamos construir "torres" para provar nosso valor, nossa força ou nossa independência. Colocamos nossa confiança em nossos próprios esforços, habilidades ou planos, tentando "alcançar o céu" com o que fazemos ou conquistamos. Buscamos reconhecimento e segurança por meio de conquistas humanas, em vez de confiar em Deus e depender Dele. Mas o que acontece quando tentamos viver assim? Perdemos de vista nossa verdadeira dependência de Deus. Deus deseja que construamos nossa vida Nele, e não em nossas próprias capacidades. A história da Torre de Babel nos lembra que, quando buscamos fazer tudo por nossa conta e para a nossa própria glória, isso nos leva à confusão e ao fracasso, assim como aconteceu com a torre. Deus não quer que construamos nossa vida com base no orgulho ou na autossuficiência. Em vez disso, Ele nos convida a entregar nossos sonhos, planos e projetos a Ele, reconhecendo que nossa verdadeira força vem de depender totalmente Dele. Quando confiamos em Deus e buscamos fazer Sua vontade, Ele nos guia e nos dá sucesso da maneira certa – de uma forma que glorifica Seu nome, e não o nosso. Confie nos planos de Deus, reconheça sua necessidade Dele em cada área da sua vida, pois Ele é a fonte de sabedoria e força de que você precisa.

VENÇA O INIMIGO COM A ADORAÇÃO

19 MAI

Às vezes podemos pensar que não temos inimigos; sabe aquela pessoa que é tão gente boa e agradável e de quem todo mundo gosta? Talvez você até possa pensar assim: "Ah!, é impossível que essa pessoa tenha um inimigo!". Porém ela tem, e você também, e o maior de todos os inimigos vocês têm em comum: o inimigo da nossa alma, Lúcifer, um anjo que deixou de brilhar no céu e passou a dissipar contendas, brigas e guerras na terra por meio da alma das pessoas. No dicionário, a palavra que define inimigo refere-se àquele que se encontra em oposição, que se mostra hostil. Diante disso, há uma excelente notícia: não precisamos nos desesperar e paralisar diante do medo e pavor do nosso adversário, porque a batalha contra ele já foi vencida. Sim, Jesus venceu a morte, nos deu a vitória, por isso podemos celebrar, não precisamos temer. Deus não precisa dos nossos instrumentos, força ou até mesmo daquilo que pensamos que devemos fazer para obter a vitória. Nosso trabalho é descansar Nele, viver os princípios de Sua Palavra, e certamente desfrutaremos da vitória que Jesus conquistou na cruz por cada um de nós. A flecha foi lançada, o inimigo foi derrotado, é hora de celebrar com gratidão!

Pai, agradeço por ir à minha frente em cada batalha, por vencer e me livrar de tantas coisas que eu não posso ver nem compreender. Amém.

"Atirou suas flechas e dispersou meus inimigos, com seus raios os derrotou."

Salmos 18:14

ANOTAÇÕES

_____
_____
_____
_____
_____
_____
_____
_____
_____

Conversa com Deus Pai

20 MAI

UMA VIDA DE PAZ

Pai, concede-me sabedoria para poder desfrutar com gratidão tudo que tens a mim entregado. Amém.

> *"Então, a paz de Deus, que excede todo o entendimento, guardará o coração e os pensamentos de vocês em Cristo Jesus."*
>
> **Filipenses 4:7**

ANOTAÇÕES

Você tem dificuldade de descansar? Podemos estar de férias em um lugar lindo, e mesmo assim não descansar; a mente fica atribulada e pode não conseguir relaxar. O verdadeiro cristão olha para dentro de si e se indigna com seus sentimentos, com aquilo que não venceu ainda, mas se recusa a permanecer como está, pois a mudança e o crescimento espiritual fazem parte da nossa caminhada de fé. Deus está vendo cada detalhe do nosso interior, os desafios com os quais ainda não aprendemos a lidar. A indignação dentro de nós acaba por nos levar ao arrependimento e à dependência Dele para crescermos e nos desenvolver como filhos de Deus maduros. Em Jesus, podemos encontrar paz, porque ele é a fonte de toda paz! Paz que vai além da nossa compreensão humana, mas que é nossa fonte de vida. Confie que, ao entregarmos nossas lutas internas a Ele, encontramos a serenidade e o descanso que nosso coração necessita.

Amanda Veras

DECIDA ESCUTAR O MESTRE

21 MAI

O som de uma orquestra é lindo de se ouvir; porém, em meio à apresentação, somente os ouvidos apurados e treinados dos músicos podem detectar pequenos desajustes na execução da música que estão tocando. Nossa escuta não é profissional; ela é um ouvir e apreciar, ouvir e mergulhar nas notas da musicalização, no todo, não nos detalhes. Nossa vida também é uma grande orquestra, em que os detalhes do que produzimos precisam ser conduzidos pelo maestro Jesus. Nossos acordes devem seguir a regência do céu, e, assim, a mais linda melodia será ministrada em nós e por nosso intermédio. Acredite, sua vida é como uma música que pode inspirar muitas pessoas, mas qual é o mestre que você tem seguido? O mestre que te conduz nos acordes das suas atitudes e estilo de vida ou o mestre que te paralisa com críticas e comparações e aprisiona sua alma? Jesus te convida para uma vida de liberdade que Ele mesmo conquistou na cruz por seus filhos, a liberdade de os filhos tocarem uma linda orquestra de adoração com seu estilo de vida que honre a Deus e abençoe a vida das pessoas. Qual mestre tem conduzido sua vida? Reflita sobre suas escolhas e decida escutar o maestro Jesus para uma vida de alegria e plenitude Nele.

Pai, seja o maestro da minha vida. Que meu jeito de viver expresse a mais linda adoração que agrade a Teu coração. Amém.

> *"Foi para a liberdade que Cristo nos libertou."*
>
> **Gálatas 5:1**

ANOTAÇÕES

22 MAI

ACREDITE EM VOCÊ TODOS OS DIAS

Pai, hoje decido andar de forma segura em Tua presença. Amém.

"Em ti, Senhor, me refugio; nunca permitas que eu seja humilhado."

Salmos 71:1

ANOTAÇÕES

Qual o custo de ser uma pessoa insegura? A coragem e a ousadia apontam para Deus, mas a insegurança aponta para você! Nossa capacidade é limitada, mas, quando entregamos a Deus nossa vida e confiamos Nele, a fragilidade e as limitações da nossa alma são restauradas pelo amor de Jesus; então com Ele nos tornamos invencíveis e imparáveis. As inseguranças são crenças limitantes, como se fossem recados do inimigo querendo colocar o holofote de incapacidade nas áreas de nossa vida que em algum momento nos causaram dor e vergonha. Lembre-se sempre de que todos temos um passado, mas este é redimido e perdoado quando passamos a caminhar com Jesus, quando entregamos a Ele a condução de nossa vida, quando confiamos a Ele nosso coração. Jesus não expõe aquilo que nos trouxe vergonha; ao contrário, Ele levou embora nossa vergonha e suportou a humilhação em nosso lugar. Acredite: Jesus não precisa de holofotes, porque Ele é a própria fonte de toda luz. Ele deseja iluminar as áreas escuras de nossa história e trazer clareza para que possamos recomeçar. Se alguém apontou em você erros e falhas, Jesus ilumina dentro de você, e sua luz passa a brilhar para que você possa proclamar a bondade que vem Dele!

Amanda Veras

TENHA UM CORAÇÃO HUMILDE

23 MAI

A humildade faz parte do destino daqueles que vivem a honra, a gratidão, a lealdade e a vitória. Você já percebeu que grande parte dos problemas da humanidade reside na falta de humildade? O orgulho é a raiz de muitas guerras, desavenças, divórcios e falências. Muitas pessoas acabam por se esconder no que fazem, nos seus resultados e no que produzem, buscando ser reconhecidas. O coração humilde entende que tem espaço para aprender mais e que não sabe de tudo e se alegra ao servir pessoas, tem sua alma em equilíbrio, tem uma identidade curada e não se move pelo que sente. Humildade e honra: a dupla dose que recebemos da vida de Cristo e que precisamos injetar em nosso interior para tratar nosso caráter e as deficiências do nosso ser. Faça uma autoanálise de como você tem se comportado, veja se suas atitudes têm sido genuinamente humildes. Se sim, persevere nessa jornada; se ainda não, avance com pedido de ajuda divina, de amigos que podem te ajudar a viver em humildade.

Pai, faça de mim um ser com um coração cheio de amor a Ti. Amém.

"Nada façais por contenda ou por vanglória, mas que a humildade vos ensine a considerar os outros superiores a vós mesmos."

Filipenses 2:3

ANOTAÇÕES

24 MAI

FAÇA SEMPRE A MELHOR ESCOLHA

Pai, nenhuma tempestade será forte para me fazer desistir; eu decido hoje permanecer Contigo e vencer! Amém.

"O navio foi arrastado pela tempestade e não conseguiu resistir ao vento; assim, cessamos as manobras e deixamo-nos levar."

Atos 27:15 (NVI)

ANOTAÇÕES

Não é qualquer onda que um surfista pode pegar, bem como não é em toda parte do oceano que se pode velejar. Na vida podemos encontrar muitas circunstâncias que são como ondas inadequadas para ter uma vida equilibrada e saudável. Você já viu alguém que se entregou a uma onda, a um círculo de amizades inadequado e teve a sua vida arruinada? Ambientes inadequados, companhia inadequada e ondas inadequadas são prejudiciais para a nossa vida. Porém, se estivermos onde Deus deseja que estejamos, no ambiente e no tempo certo, ainda que venha uma forte onda, ainda que nos sobrevenham fortes tempestades, resistiremos. Foi isso que Paulo nos ensinou quando naufragou na forte tempestade em que estava; ele não desistiu! Ele sabia que Deus estava consigo, e ainda que o barco tivesse naufragado, a sua fé em Deus era inabalável! A força do vento não está contra você, mas a seu favor, te impulsionando para ressignificar os traumas, esperançar nas adversidades e te fazer permanecer ancorado na fé em Cristo. Acredite, a onda certa e o vento propício te farão navegar de forma tranquila mesmo que seja em uma estação de tempestades!

FLORESÇA NO DESERTO

25 MAI

A flor do deserto é conhecida por ser uma planta resistente, que floresce apesar das condições climáticas precárias. Ela simboliza resiliência e força diante das adversidades. Também remete à esperança, representando a promessa de vida e beleza mesmo em ambientes inóspitos. Porém, ao cultivar essa planta em um vaso, limitamos sua capacidade de crescimento, e chega uma hora em que ela para de crescer. Mas, quando passa a ser cultivada no solo, onde existe espaço para se expandir e ela pode captar mais e em quantidade maior os nutrientes de que precisa, ela cresce e consegue florescer ainda mais. Em qual ambiente você está semeando a sua vida? Será que em um ambiente de liberdade, de fé, que promova espaço para o seu crescimento? Ou em um ambiente que, de igual modo ao vaso, te limita e te impede de avançar? Reconhecer o ambiente é o primeiro passo para a mudança, e o segundo passo é agir, é sair do lugar. Deus não te remove nem te arranca do lugar de onde Ele já te deu graça para sair. O que você precisa fazer é mover-se em direção ao novo ambiente, é acreditar na suficiência de tudo que Deus já entregou em suas mãos para vencer o tempo de deserto, os ambientes de limitação, e romper para a nova estação, florescendo, ainda que no deserto. Lute com coragem, porque o braço forte do Senhor te sustenta!

Pai, conduz em sabedoria minhas decisões, para que eu floresça onde o Senhor me plantar! Amém.

"O deserto e a terra ressequida se regozijarão; o ermo exultará e florescerá como a tulipa, irromperá em flores, mostrará grande regozijo e cantará de alegria."

Isaías 35:1-2

ANOTAÇÕES

_____
_____
_____
_____
_____
_____
_____
_____
_____

Conversa com Deus Pai

26 MAI

PERMITA-SE DESCANSAR

Pai, que a partir de hoje eu me aproprie da chave da confiança dos Teus filhos e entregue a Ti o controle de tudo. Amém.

"Descanse no Senhor; (...) não se aborreça com o sucesso dos outros nem com aqueles que maquinam o mal."

Salmos 37:7

ANOTAÇÕES

O que o cansaço causa em você? Irritação? Impaciência? Constante murmuração? O cansaço tem vozes que sussurram frustrações em nossa alma e aumentam o volume da insatisfação. Muitas pessoas vivem cansadas, e mesmo que estejam de férias ou em um ambiente propício ao descanso, não desfrutam do ambiente que promove paz em seu interior. Enquanto acharmos que tudo depende exclusivamente da nossa capacidade de realização, e que tudo será conquistado através da força do nosso braço, jamais aprenderemos a confiar em Deus e a descansar. Deixe que Deus cuide de você, Te resgate, promova livramento em sua vida. Não compare sua vida e suas conquistas com as outras pessoas; Deus tem uma medida de sucesso única e exclusiva para você! Confie em Deus, e Ele te concederá um descanso sobrenatural em sua vida! Busque momentos de descanso no seu dia, faça algo prazeroso, sorria mais e desfrute desses momentos com confiança em Deus, pois, enquanto você descansa, Ele trabalha em seu favor.

SUPERE O TRAUMA

27 MAI

Um trauma é um evento único, uma experiência imprevisível de dor emocional que não conseguimos superar ou até mesmo processar. O trauma atinge nossas emoções, nossa vontade e nossa capacidade de pensar e tomar decisões; ele nos torna prisioneiros do que nos aconteceu. O apóstolo Paulo ensina, na sua carta à igreja de Corinto, como ser liberto de um trauma emocional e vencer os distúrbios causados por lembranças passadas. As nossas fraquezas, quando reconhecidas e submetidas a Deus, são a base da cura interior, são o adubo para o solo do coração florescer, e a esperança em Cristo sara as feridas do trauma. Uma mente transformada confia em Jesus e encontra Nele o poder de cura e de restauração. Isso não significa que não enfrentaremos dificuldades, que não viveremos mais momentos de dor, mas temos em Deus a fonte de toda esperança, de fé e coragem para superá-los! Uma mente transformada pelo amor de Deus encontra em sua fraqueza o poder Dele para vencer. Em vez de pensar no trauma, recorde suas superações e crie um mural com imagens de suas conquistas e vitórias diante das adversidades.

Pai, transborde minha mente de pensamentos que o Senhor tem a meu respeito, pois sei que são pensamentos de paz. Amém.

"(…) Pois, quando sou fraco é que sou forte."

2 Coríntios 12:10

ANOTAÇÕES

28 MAI

O PODER DO PERDÃO

Pai, ajude-me a perdoar quantas vezes forem necessárias, assim como o Senhor me perdoa. Amém.

"(…) 'quantas vezes deverei perdoar o meu irmão quando ele pecar contra mim? Até sete vezes?'. Jesus respondeu: 'Eu digo a você: não até sete, mas até setenta vezes sete'."

Mateus 18:21-22

ANOTAÇÕES

Perdoar uma vez já pode ser desafiador, mas o que dizer de perdoar repetidamente?

Quando Jesus respondeu a Pedro sobre a quantidade de vezes que deveríamos perdoar, Ele não estava apenas definindo um número alto, mas estava nos ensinando que o perdão deve ser sem limites, refletindo a graça infinita que Deus tem por nós.

Perdoar repetidas vezes é um ato de grandeza, não por ser fácil, mas porque nos chama a ir além do que é humano. Em nossa natureza, queremos justiça, vingança ou, ao menos, uma explicação para as ofensas que sofremos. Mas o perdão é um presente que oferecemos, mesmo quando o outro não o merece. Ele é uma expressão de amor, paciência e confiança no plano de Deus para nossas vidas. Cristo nos perdoa continuamente, apesar de nossas falhas e erros. Ao perdoarmos repetidas vezes, escolhemos viver na liberdade e na graça que Deus nos oferece diariamente. Ore por aqueles que te magoaram. Peça a Deus para abençoá-los e transformar o coração deles. A oração pode mudar tanto a sua perspectiva quanto o coração da pessoa.

AGRADEÇA, MESMO NA DIFICULDADE

29 MAI

Há momentos na vida em que o nosso espírito se sente abatido, e nossa alma parece pesada com as preocupações, dúvidas ou tristezas. Esses momentos de desânimo podem ser intensos, e é fácil perder o foco do que realmente importa. Mas a Bíblia nos encoraja a levantar os olhos para além das circunstâncias e a confiar na bondade e fidelidade de Deus. Ele é o nosso Salvador, nosso Deus e a fonte de toda paz e renovação. Independentemente dos desafios que enfrentamos, nossa fé nos chama a não ficar presos ao desânimo, mas a nos voltar ao Senhor, que é o único capaz de restaurar nosso ânimo e renovar nossas forças. Quando sentimos o peso do mundo, podemos lembrar que Deus nos convida a descansar em Seus braços. Ele conhece nossas fraquezas e nos fortalece. Ele vê nosso coração quebrantado e nos cura. Ele transforma a nossa tristeza em alegria e nosso espírito abatido em louvor. Elevar o espírito não é fingir que tudo está bem, mas confiar que Deus está conosco, mesmo nas dificuldades. Ao colocarmos nossa esperança Nele, nos abrimos para experimentar Sua paz, que excede todo entendimento e restaura a nossa alegria.

Pai, renove a minha alegria, pois sei que o Senhor está no controle de todas as coisas. Amém.

"Por que você está assim tão triste, ó minha alma? Por que está tão perturbada dentro de mim? Ponha a sua esperança em Deus! Pois ainda o louvarei; ele é o meu Salvador e o meu Deus."

Salmos 42:11

ANOTAÇÕES

30 MAI

PERMITA-SE SENTIR

Pai, o Senhor é o meu consolo. Abraça-me com Teu amor e dá-me força para seguir adiante. Amém.

"Bem-aventurados os que choram, pois serão consolados."

Mateus 5:4

ANOTAÇÕES

O luto é uma das experiências mais profundas e difíceis que enfrentamos na vida. A perda de alguém que amamos pode nos deixar com um vazio imenso e uma dor que parece impossível de superar. Nesses momentos as palavras falham, e nosso coração se sente pesado. No entanto, Jesus nos dá uma promessa reconfortante: aqueles que choram serão consolados. Quando enfrentamos o luto, não estamos sozinhos. Deus vê cada lágrima e conhece a profundidade de nossa dor. Ele não nos pede para esconder nosso sofrimento ou agir como se tudo estivesse bem. Pelo contrário, nos convida a trazer nosso luto a Ele. Jesus entende o nosso sofrimento, pois também já experimentou tristeza e perda, e está ao nosso lado, pronto para nos consolar. Embora o luto seja uma jornada difícil, também é uma oportunidade de experimentar o cuidado amoroso de Deus de forma única. Ele caminha conosco nesse vale de lágrimas, trazendo cura para nosso coração ferido e renovando nossa esperança. Ele nos dá força para continuar, para nos lembrar das bênçãos e para confiar que, em Seu tempo, o consolo e a paz preencherão o vazio que sentimos.

VENCENDO A INVEJA COM CONTENTAMENTO

31 MAI

A inveja é um sentimento sutil, sorrateiro, que pode surgir de maneira inesperada em nosso coração. Ela se manifesta quando olhamos para a vida, as conquistas ou os dons de outras pessoas e, em vez de nos alegrarmos com elas, sentimos um desejo de ter o que elas têm. A inveja nos leva a comparações e nos faz perder de vista as bênçãos e o propósito que Deus tem para nós. Ela rouba nossa alegria e pode causar amargura, prejudicando nossos relacionamentos e nossa paz interior. Tiago 3:16 nos adverte sobre o perigo da inveja, revelando que onde ela existe também há confusão e males. Mas há uma maneira de vencer a inveja: o contentamento. Quando aprendemos a confiar em Deus e a reconhecer que Ele nos dá exatamente o que precisamos, no momento certo, somos libertos da necessidade de comparações. O contentamento nasce de um coração que entende que cada pessoa tem seu próprio caminho, e que Deus tem um plano perfeito para cada um de nós. Ele nos abençoa de maneira única, e o que Ele tem reservado para a nossa vida é mais do que suficiente. Para vencer a inveja, devemos aprender a agradecer o que temos e confiar que Deus está no controle de nossa vida. Quando focamos em Suas bênçãos e planos para nós, a inveja perde o poder sobre nosso coração.

Pai, que eu possa ver os outros com olhos de amor e alegria, e não com comparação ou ciúme. Amém.

> *"Pois onde há inveja e ambição egoísta, aí há confusão e toda espécie de males."*
>
> **Tiago 3:16**

ANOTAÇÕES

Conversa com Deus Pai

JUNHO

VOCÊ TEM UMA MISSÃO

Este versículo faz parte da Grande Comissão, em que Jesus instrui Seus discípulos a irem pelo mundo, fazendo novos discípulos de todas as nações e ensinando-os a obedecer aos mandamentos que Ele deixou. Mas o que torna essa tarefa ainda mais significativa é a promessa que Jesus faz: "Eu estarei sempre com vocês, até o fim dos tempos". A missão que Jesus nos dá pode parecer desafiadora e até assustadora às vezes, mas Sua promessa de estar conosco é o que nos dá coragem e força. Não importa onde estejamos ou o que enfrentemos, Jesus garante que nunca estaremos sozinhos. Sua presença constante é uma fonte de paz e confiança, mesmo nas situações mais difíceis. Seja nas pequenas decisões do dia a dia, seja nas grandes missões da vida, podemos nos lembrar de que Jesus está sempre ao nosso lado, guiando-nos e fortalecendo-nos. Ele não nos abandona, mesmo quando as circunstâncias parecem incertas. Essa é uma promessa que não muda, e nela podemos descansar com total confiança. Confie na presença de Jesus. Em momentos de dificuldade ou incerteza, lembre-se de que Jesus está sempre pronto para guiar e consolar.

Pai, que eu esteja em Tua companhia, para me fortalecer e descansar em confiança na Tua paz. Amém.

"Portanto, ide, fazei discípulos de todas as nações, batizando-os em nome do Pai, e do Filho, e do Espírito Santo."

Mateus 28:19

ANOTAÇÕES

02 JUN

VENÇA A TENTAÇÃO

Pai, fortaleça meu coração e minha mente, para que eu busque a Tua vontade. Amém.

"(...) Mas, quando forem tentados, ele mesmo providenciará um escape, para que o possam suportar."

1 Coríntios 10:13 (NVI)

ANOTAÇÕES

Deus conhece nossas limitações, e em Sua fidelidade não permitirá que sejamos tentados além do que podemos suportar. Mais do que isso, Ele sempre providencia uma maneira de resistir e vencer a tentação. Deus está com você, e Ele já preparou o caminho para que você possa vencer. Isso nos encoraja a confiar Nele e a buscar Sua ajuda em momentos de fraqueza, sabendo que nunca estamos sozinhos na luta contra a tentação. Deus não nos disse que não teríamos problemas na vida, mas prometeu estar conosco durante todo o tempo. Acredite, todos seremos tentados, e para vencer as tentações precisamos parar de acreditar nos pensamentos mentirosos que podem chegar até a nossa mente a nosso respeito. O grande problema não são as mentiras que acometem a nossa mente, mas é a nossa decisão em acreditar nelas. Jesus também foi tentado, e durante quarenta dias escolheu não acreditar nas mentiras que o inimigo da alma apresentava a Ele. Pense sempre que, quando o inimigo da alma vier tentar você, ele vai te tentar sobre situações reais. Mostre a ele a realidade mais verdadeira daqueles que confiam em Deus: "Eu sou um filho amado, e meu Pai celestial prometeu que estaria comigo todos os dias". Então, diante das tentações, você jamais estará sozinho.

Amanda Veras

SEJA CONSTANTE EM SUA VIDA

03 JUN

Tão importante quanto a energia, o impulso para começar um projeto é a energia para dar continuidade a esse projeto até que ele seja concluído. Para isso é fundamental agir de forma constante. Pessoas constantes conseguem começar projetos, vencer os desafios e alcançar o objetivo final. Agir de forma constante é uma habilidade treinável, à medida que vamos organizando o nosso interior. Para lançar fora tudo aquilo que rouba a nossa atenção, que tira o nosso foco, que impede a nossa produtividade, vamos retirando a inconstância da nossa vida. Você sabia que o número de pessoas inconstantes ainda é bem maior que o de pessoas constantes? Faça uma breve pesquisa: observe quantos amigos seus já iniciaram projetos que não chegaram à execução ou que não passaram da primeira etapa. Isso porque, para executar projetos, é preciso acima de tudo constância e foco no objetivo. Grandes líderes se destacam não apenas por ter a energia e o impulso de iniciar grandes projetos ou grandes transformações, mas também por se manter constantes até a conclusão desse projeto. Confie, você é capaz de treinar essa habilidade e ser alguém constante na vida. Quais foram os resultados que as suas atitudes constantes trouxeram a você? Analise os benefícios que você viveu por ter decidido ser constante e depois liste o que você precisa lançar fora que te impede de exercer a constância em sua vida.

Pai, ajuda-me a ser constante em todas as etapas da minha vida, honrando Tua confiança. Amém.

"Portanto, meus amados irmãos, sede firmes e constantes, sempre abundantes na obra do Senhor, sabendo que o vosso trabalho não é vão no Senhor."

1 Coríntios 15:58

ANOTAÇÕES

Conversa com Deus Pai

04 JUN

VENÇA O MEDO E VIVA SUAS MAIORES RECOMPENSAS

Pai, hoje celebro as vitórias diante dos meus temores e a coragem que recebo de Ti. Amém.

"Deus não nos deu o espírito de medo, mas de poder, e de amor, e de uma mente sã."

2 Timóteo 1:7

ANOTAÇÕES

Por trás dos nossos maiores medos estão as nossas maiores recompensas. Você pode visualizar a sua recompensa diante daquilo que mais te traz medo hoje? O desejo do nosso coração precisa estar entregue em viver as promessas de Deus para nós, porque Ele nos torna fortes o suficiente para sermos maiores que os nossos medos. Você pode até se sentir desqualificado, ou sem as credenciais necessárias para viver e vencer as promessas de Deus, mas uma coisa pode mudar sua história: a mudança da sua mentalidade. Não adianta mudar o ambiente se não mudamos a nossa mentalidade. Então, diante da mentalidade de medo, decida hoje se posicionar com ações e atitudes corajosas que pertencem aos filhos de Deus. O tamanho do gigante não importa, quando sei quão grande é aquilo que Deus quer fazer por minha vida. Hoje, ao se deparar com um desafio ou medo, lembre-se das promessas de Deus para você. Dê um passo de fé, mesmo que pequeno, e decida se mover com coragem, confiando que Ele está ao seu lado.

Amanda Veras

RESTAURE RELACIONAMENTOS POR MEIO DO AMOR

05 JUN

hegou o tempo de restauração, de colocar em bom estado aquilo que foi destruído. Porém, a restauração só acontece quando a gente permanece. Ao fugir de situações desconfortáveis, não conseguimos reparar as brechas, não conseguimos falar o que precisa ser dito, curar, perdoar e restaurar. Existem formas de permanecer nos relacionamentos que desejamos restaurar. Aja com fidelidade aos seus valores e princípios, suporte o tempo da espera e não desista quando se sentir pressionado – o desconforto faz parte do processo de restauração. Mantenha seu coração em humildade. Lembre-se de Jó, que permaneceu quando tudo o que ele amava se perdeu. Aprenda com o pai do filho pródigo, que permaneceu mesmo quando viu o seu filho ir embora depois de pedir de forma antecipada sua herança. Aja como Jesus, que permaneceu fiel quando todos que caminhavam com Ele o abandonaram. Para restaurar relacionamentos, permaneça no amor. Seja aquele que permanece, restaurando relacionamentos, reparando brechas, construindo pontes, e não muros. Veja se em sua vida existem relacionamentos que precisam ser restaurados; diante de cada situação aplique as ações compartilhadas no devocional: aja com fidelidade, suporte a espera, não desista, tolere desconforto, mantenha seu coração humilde. E reconheça os frutos das suas ações.

Pai, que eu permaneça em fidelidade naquilo que o Senhor me confia. Amém.

> *"Vocês reconstruirão as antigas ruínas, levantarão os fundamentos de muitas gerações e serão chamados de 'Reparadores de brechas' e 'Restauradores de veredas', para que o país se torne habitável."*
>
> **Isaías 58:12 (NAA)**

ANOTAÇÕES

_____
_____
_____
_____
_____
_____
_____
_____
_____

Conversa com Deus Pai

06 JUN

QUEM É DEUS PARA VOCÊ?

Pai, que eu encontre somente em Ti a força e a paz de que necessito para viver. Amém.

"Disse-lhes ele: E vós, quem dizeis que eu sou? E Simão Pedro, respondendo, disse: Tu és o Cristo, o Filho do Deus vivo."

Mateus 16:15-16

ANOTAÇÕES

Deus quer transformar o mundo e tem uma intenção original para mudá-lo. Ele conta com você, e para isso você precisa saber não somente quem Ele é, mas quem Ele é para você! Jesus fez essa pergunta aos discípulos que caminhavam com Ele: "Quem dizes que eu sou?". Então eu te pergunto: quem Deus é para você? Pois Deus é a cura quando estamos feridos, Deus é a paz quando estamos aflitos, Deus é força quando nos sentimos fracos. Deus é, e essa condição não muda, independentemente de como estamos, de como nos sentimos, porque o nosso estado físico e emocional dura um momento, e a dor não pode nos definir. O problema é que nas aflições da vida algumas vezes podemos nos sentir enfraquecidos. Nesses momentos, aja de forma persistente em oração, declarando quem Deus é e como ele age em sua vida. Confie; Deus cuida de você de uma forma que você nem imagina. Cada vez que se sentir confuso em relação aos seus sentimentos, declare quem Deus é em sua vida: Ele é a sua paz. Quando o seu corpo estiver cansado e desencorajado, Deus é sua força e vigor. Remova seu olhar dos problemas e fixe seu coração em quem Deus é!

07 JUN

CONTINUE SENDO LUZ

Quando a luz chega, as trevas vão embora. Em um ambiente onde conseguimos enxergar tudo com clareza, não há espaço para dúvida. Assim precisa ser o nosso interior, cheio da luz que ilumina não somente a nossa vida, mas a de todos aqueles que convivem conosco. A luz pode trazer incômodo àqueles que vivem nas sombras, mas não deixe de brilhar por isso; supere as críticas, as palavras e atitudes ofensivas e continue sendo luz, iluminando os lugares por onde você andar. A luz revela aquilo que é oculto, a escuridão, então não permita que ninguém faça parar de brilhar a luz divina que habita em ti. Você foi criado para ser luz, irradiar paz e trilhar o caminho que vence as trevas. Reflita sobre os lugares que você já iluminou, recorde a alegria que sentiu. Veja como é bom se sentir assim, então decida hoje continuar a ser luz e permita que sua luz brilhe sem hesitação. Busque oportunidades de mostrar o amor de Deus em suas palavras, ações e atitudes. Reflita sobre os momentos em que já foi luz para alguém e como isso encheu seu coração de paz e alegria.

Pai, que a Tua luz habite em mim, e que eu possa iluminar ao meu redor. Amém.

"Para que sejais irrepreensíveis e sinceros, filhos de Deus inculpáveis no meio de uma geração corrompida e perversa, entre a qual resplandeceis como astros no mundo."

Filipenses 2:15

ANOTAÇÕES

08 JUN

ENCONTRANDO VALOR EM DEUS

Pai, renove minha mente com a Tua verdade, para que eu possa caminhar com confiança. Amém.

> *"Eu te louvo porque me fizeste de modo especial e admirável. Tuas obras são maravilhosas! Digo isso com convicção."*
>
> **Salmos 139:14**

ANOTAÇÕES

Em algum momento da vida, todos nós já lutamos com a baixa autoestima. Sentimos que não somos bons o suficiente, que não alcançamos as expectativas ou que não temos valor. Esses pensamentos podem nos prender em um ciclo de insegurança e comparação, fazendo com que duvidemos de quem realmente somos. Mas a verdade é que, enquanto olhamos para nós mesmos com críticas e dúvidas, Deus nos vê de forma totalmente diferente. O Salmo 139:14 nos lembra que fomos criados de maneira especial e admirável. Deus, em Sua perfeição, moldou cada um de nós com um propósito. Ele não comete erros, e você é uma das Suas criações maravilhosas. Quando Deus te olha, Ele vê valor, propósito e beleza. Sua identidade não está baseada no que o mundo diz sobre você, nem no que você sente sobre si mesmo nos momentos de fraqueza, mas no que Deus declara sobre você: que você é amado, escolhido e importante para Ele. A chave para superar a baixa autoestima é aprender a ver a nós mesmos como Deus nos vê. Isso significa reconhecer que, mesmo em meio às nossas imperfeições, somos amados e valiosos aos olhos Dele. Quando colocamos nossa confiança na visão que Deus tem de nós, começamos a encontrar cura para os sentimentos de inadequação e insegurança.

Amanda Veras

09 JUN

RECEBA BEM A TODOS

Você já se sentiu constrangido em amor pela forma como foi recebido em um ambiente? Ver alguém se dedicar de forma tão atenciosa e generosa para que você se sinta bem é um verdadeiro presente. Num mundo corrido, a hospitalidade muitas vezes é negligenciada em nossa vida cotidiana. Todos os dias somos desafiados a olhar para o próximo e a abrir nossas portas não apenas fisicamente, mas também emocional e espiritualmente. Ao receber bem aqueles que vêm até nós, podemos estar, na verdade, recebendo anjos. Isso nos leva a considerar a profundidade de cada encontro que temos. Cada pessoa com que cruzamos em nosso caminho carrega uma história, uma necessidade, e muitas vezes uma mensagem que pode transformar nossa vida. Por isso o desafio de hoje é: valorize cada encontro, abra o seu coração e a sua casa para o outro. Acolha o outro com o coração aberto. Esteja atento a cada encontro, pois um encontro comum pode se transformar em um momento sagrado.

Pai, que eu possa ver além das aparências e reconhecer a Tua presença em cada encontro. Amém.

"Não deixem de receber bem aqueles que vêm à casa de vocês; pois alguns que foram hospitaleiros receberam anjos, sem saber."

Hebreus 13:2

ANOTAÇÕES

_____
_____
_____
_____
_____
_____
_____
_____
_____
_____

Conversa com Deus Pai

10 JUN

O CONFORTO DA PROMESSA ETERNA

Pai, que eu tenha esperança de um dia estar em um lugar de paz e alegria eternas. Amém.

> *"(…) Vocês creem em Deus; creiam também em mim. (…) E se eu for e lhes preparar lugar, voltarei e os levarei para mim, para que vocês estejam onde eu estiver."*
>
> **João 14:1-3**

ANOTAÇÕES

Quantas vezes nos encontramos com o coração perturbado, seja pela incerteza do futuro, seja pelas perdas que sofremos ou pelos desafios que nos cercam? Jesus nos convida a descansar Nele. Ele nos chama a confiar em Deus e a confiar na Sua palavra, pois Ele está no controle, mesmo quando nossas emoções e as circunstâncias parecem querer nos desestabilizar. Jesus continua: "Na casa de meu Pai há muitos aposentos". Esta é uma das promessas mais reconfortantes da Bíblia. Não importa o que enfrentemos aqui na terra, Jesus está preparando um lugar para nós. Ele nos assegura que nossa morada final é na presença de Deus, onde não haverá mais dor, tristeza nem separação. A vida pode ser cheia de desafios e perdas, mas nossa esperança não está limitada a este mundo. Temos uma promessa de vida eterna, de um lar que nunca será abalado. Se o seu coração está perturbado, leve suas preocupações a Jesus. Confie Nele, que prometeu estar com você em cada passo e que está preparando um lugar onde o sofrimento não terá mais lugar. Que essa promessa encha sua alma de paz e esperança, sabendo que, em Cristo, temos uma casa eterna.

Amanda Veras

CUIDE-SE E AJUDE O PRÓXIMO

11 JUN

A turbulência não derruba um avião, mas pode trazer grandes desconfortos e ferimentos aos passageiros. De igual modo, as turbulências da vida também podem nos ferir profundamente. Existem situações na vida que são como fortes turbulências, nos tiram da rota, nos fazem balançar, trazem dúvida, insegurança e dor. Porém precisamos afivelar os cintos com paz, segurar a máscara de oxigênio e respirar profundamente para trazer à memória segurança e esperança. Você já viveu alguma situação de turbulência na vida? Quem estava com você? No avião sempre somos instruídos a colocar primeiro a máscara em nós e somente depois apoiar quem está ao nosso lado; essa é uma prática que precisa ser adotada em nosso dia a dia. Se não estamos bem, se nossas emoções não estão equilibradas, se nosso corpo não está sendo cuidado devidamente e se não desenvolvemos uma espiritualidade saudável, jamais teremos forças para colocar a máscara em alguém. Então, decida hoje começar por você. Afivele e cintos, esteja em segurança, coloque sua máscara, cuide-se, e então estará apto a ajudar quem está ao seu lado. As turbulências acometem a todos, mas aqueles que estão preparados da forma devida certamente serão menos acometidos pelos danos causados. Qual foi a última vez que você teve uma atitude de autocuidado? Escreva cinco coisas que você decide fazer a partir de hoje para cuidar melhor de si mesmo!

Pai, ajuda-me a cuidar de mim e me capacite para eu cuidar dos necessitados. Amém.

"Cuide de você mesmo e da doutrina. Continue nestes deveres, porque, fazendo assim, você salvará tanto a si mesmo como aos que o ouvem."

1 Timóteo 4:16 (NAA)

ANOTAÇÕES

Conversa com Deus Pai

12 JUN

CULTIVE A PRÁTICA DO DESCANSO

Pai, agradeço o Teu zelo para comigo e para com minha vida e descanso em Tuas palavras. Amém.

"Retorne ao seu descanso, ó minha alma, porque o senhor tem sido bom para você."

Salmos 116:7

ANOTAÇÕES

Se o descanso não fosse algo tão importante para a nossa saúde, desde a criação do mundo Deus não teria falado a respeito disso. Quando temos a consciência da necessidade do descanso e da nossa incapacidade de resolver tudo, podemos de forma leve, consciente e libertadora erguer nossas mãos aos céus e em rendição a Deus confiar no descanso de que aquilo que eu não posso fazer ele é capaz de fazer infinitamente mais e melhor; aliás, de modo perfeito. O sentido da palavra descanso vem do hebraico *shabat* e do grego *katapauses*. Ela expressa uma celebração, um convite ao repouso, a se afastar, deixar de lado. O *shabat*, na cultura judaica, permanece até os dias atuais, e, ainda que muitos homens e mulheres dediquem um dia ao descanso, a verdadeira essência do descanso é aprender a repousar o coração diante de toda e qualquer circunstância. Quando vamos até Jesus entregando a Ele os nossos sentimentos de desassossego, angústia e inquietação, encontramos o convite ao descanso. Escolha hoje cultivar o descanso em tudo que você fizer. Lembre-se de que na vida não se resolve tudo na força do braço, mas, sim, no descanso e na força que encontramos Naquele que nos guia, protege e conforta. Separe um dia da semana para o descanso; busque desfrutar desse tempo de qualidade.

Amanda Veras

13 JUN

FAÇA O QUE É CERTO

Fazer o que é certo implica ter algumas atitudes que muitas vezes serão o oposto do nosso desejo. Por isso precisamos estar sempre atentos e refletir sobre o resultado das nossas escolhas. Se você estiver em dúvida entre aquilo que é certo ser feito e aquilo que você deseja fazer, pergunte a si mesmo: em meus passos o que Jesus faria? Certamente você vai refletir e buscar tomar decisões prudentes, que queiram te proteger e guardar sua caminhada em integridade e paz. Lembre-se sempre de que algumas decisões e escolhas precisarão de bons conselheiros, mas sem ajuda de Cristo teremos maiores desafios para saber escolher o que é certo. Muitas vezes podemos nos sentir incapazes de nos defender contra os ataques que sofremos em nossa mente, em nosso trabalho, e por isso é preciso sempre lembrar que Jesus venceu o pecado de uma vez por todas, e que somos vitoriosos ao lado Dele. Assim, não precisamos ceder àquilo que é errado, mas podemos livremente escolher o que é certo. Diante de uma importante decisão, lembre-se sempre de perguntar a Jesus como ele agiria em seu lugar. Talvez você não tenha uma resposta clara, mas seu coração mostrará a paz da sua escolha.

Pai, conduza meu caminho, direcione minhas escolhas, ajude-me a escutar com clareza a sua voz. Amém.

"(…) se faço o que não quero, já não sou eu quem faz isso, mas o pecado que vive em mim é que faz."

Romanos 7:20

ANOTAÇÕES

_____
_____
_____
_____
_____
_____
_____
_____
_____
_____

14 JUN

ASSUMA SUA IDENTIDADE

Pai, que eu possa sempre saber quem sou em Ti, e que as pessoas, ao olharem para mim, também vejam a Ti. Amém.

"Este é o meu filho amado, em quem me agrado."

Mateus 3:17

ANOTAÇÕES

Diga-me quem você é, sem me dizer o que você faz. Quando concentramos a definição de quem somos a partir daquilo que fazemos, do que temos ou do nosso desempenho, o foco está em como estamos, e não em quem somos. A sua identidade te convida a ser igual ao Criador: Deus. Por isso, ao ser questionado sobre quem você é, a resposta é mais simples do que imagina: "Sou filho amado de Deus e estou nesta terra por um propósito, agradar ao meu Pai celestial". Ainda que você tenha tido o modelo de pai e de mãe, e de família disfuncional, acredite, seu Pai celestial estava com você. E ao se tornar seu filho você passa a desfrutar de uma nova relação, com um Pai amoroso, perfeito e que se importa com quem você é, independentemente daquilo que você tem. Acredite: agradar ao coração do Pai trará maior satisfação ao coração do filho. Pense em todas as vezes que você se apresentou a alguém por meio daquilo que você fazia; essa talvez tenha sido a forma como você agiu a vida toda. Porém te convido a partir de agora a se apresentar de uma nova maneira, dizendo seu nome e quem você é: filho amado de Deus.

ESPERANÇA E RENOVAÇÃO

15 JUN

Em um mundo cheio de desafios, lutas e dor, Deus nos lembra que Ele está sempre trabalhando para fazer novas todas as coisas. Essa promessa não é apenas para o futuro, mas é algo que Ele está realizando continuamente em nossa vida. Quantas vezes nos sentimos presos em situações que parecem não ter solução ou em padrões de vida que não conseguimos mudar? Às vezes as feridas do passado, os erros que cometemos ou as dificuldades que enfrentamos podem nos fazer acreditar que as coisas não vão melhorar. No entanto, Deus nos dá uma promessa de renovação. Ele nos diz: "Estou fazendo novas todas as coisas". Não importa quão desgastado ou quebrado algo pareça, Deus tem o poder de restaurar, curar e trazer vida nova. Quando Deus diz que está fazendo novas todas as coisas, Ele está nos convidando a confiar em Sua capacidade de transformar o que está quebrado em algo belo e cheio de propósito. Sua obra de renovação começa dentro de nós. Ele renova nosso coração, nossa mente e nossa vida à medida que nos aproximamos Dele e nos rendemos ao Seu poder transformador. Em Cristo somos feitos novas criaturas, e nosso passado não define quem somos. Deus está escrevendo uma nova história em nossa vida.

Pai, renove o meu coração e as áreas em que preciso de cura e restauração. Amém.

"Estou fazendo novas todas as coisas! Escreva isto, pois estas palavras são verdadeiras e dignas de confiança."

Apocalipse 21:5

ANOTAÇÕES

16 JUN

O VERDADEIRO CAMINHO

Pai, eu confio em Ti para me guiar, para me mostrar o que é verdadeiro. Amém.

"E em nenhum outro há salvação, porque também debaixo do céu nenhum outro nome há, dado entre os homens, pelo qual devamos ser salvos."

Atos 4:12

ANOTAÇÕES

No mundo em que vivemos, com tantas crenças, ideias e filosofias, pode ser tentador acreditar que existem muitos caminhos para a verdade ou muitas maneiras de encontrar paz e satisfação. Mas Jesus nos chama a uma fé clara e direta: somente por intermédio Dele temos acesso ao Pai. Ele é a ponte que nos conecta a Deus, o único mediador que nos leva à vida eterna. Quando Jesus se declara o Caminho, Ele nos convida a segui-Lo. Isso significa que em todas as áreas de nossa vida Ele deve ser a nossa direção. Suas palavras, Seu exemplo e Seu amor nos guiam em nossas decisões, em nossas atitudes e na forma como vivemos. Ele é a Verdade, o padrão pelo qual medimos tudo o que é certo e verdadeiro. E Ele é a Vida, a fonte de vida plena, abundante e eterna, tanto agora quanto na eternidade. Se você está procurando direção, sentido ou propósito, lembre-se de que Jesus é o caminho que você precisa seguir. Se está buscando respostas, Ele é a verdade que nunca muda. E se está procurando satisfação e vida verdadeira, Ele é a vida que traz paz e plenitude.

Amanda Veras

17 JUN

MESMO SE QUISER DESISTIR, SIGA!

Quando esperamos no Senhor, encontramos uma força que vai além da nossa capacidade humana. A palavra "esperar" aqui não se refere a uma espera passiva, mas a uma confiança ativa e paciente em Deus, sabendo que Ele é fiel para renovar nossas forças. Quando confiamos no Senhor, Ele nos eleva como águias que voam acima das tempestades. A águia, uma das aves mais majestosas, não luta contra o vento, mas aproveita as correntes de ar para subir cada vez mais alto. Da mesma forma, quando depositamos nossa esperança em Deus, Ele nos dá força para enfrentar os desafios e nos erguer acima das dificuldades, em vez de sermos derrubados por elas. Além disso, Isaías nos diz que aqueles que esperam no Senhor "correm e não ficam exaustos; andam e não se cansam". Isso não significa que nunca enfrentaremos dificuldades ou momentos de fraqueza, mas que, em Deus, encontramos renovação constante. Ele nos dá a força necessária para continuar a jornada, mesmo quando o caminho parece difícil. Se você está se sentindo cansado, exausto ou sobrecarregado, lembre-se desta promessa: ao esperar no Senhor, suas forças serão renovadas. Ele é a fonte inesgotável de poder e sustento. Não importa o tamanho da sua batalha, Ele está ao seu lado, pronto para te fortalecer e guiar. Coloque sua esperança Nele e permita que Ele renove suas forças hoje.

Pai, que eu possa correr a corrida da vida sem me exaurir, confiando sempre na Tua presença ao meu lado. Amém.

"Bom é o Senhor para os que esperam por ele, para a alma que o busca."

Lamentações 3:25

ANOTAÇÕES

18 JUN

DEIXE A ANSIEDADE NAS MÃOS DE DEUS

Pai, ajuda-me a confiar que o Senhor está no controle de cada detalhe de minha vida. Amém.

"Não andem ansiosos por coisa alguma, mas em tudo, pela oração e súplicas, e com ação de graças, apresentem seus pedidos a Deus."

Filipenses 4:6

ANOTAÇÕES

A ansiedade é algo que todos nós enfrentamos em algum momento da vida. Preocupações com o futuro, com a saúde, com as finanças, com relacionamentos – esses fardos podem facilmente pesar em nosso coração. No entanto, em Filipenses 4:6, Paulo nos oferece um convite libertador: em vez de sermos consumidos pela ansiedade, podemos entregar tudo a Deus em oração. Ao orar, não apenas expressamos nossas necessidades, mas também reconhecemos que Ele está no controle de tudo. Esse versículo nos ensina que não devemos andar ansiosos por coisa alguma; independentemente da situação, Deus quer que confiemos Nele a ponto de não sermos dominados pela ansiedade. Quando estamos ansiosos, o primeiro passo deve ser orar. Leve a Deus suas preocupações, seus medos e suas dúvidas. Ele ouve cada oração com amor e cuidado. Mesmo antes de ver a resposta, agradeça a Deus. O ato de agradecer nos ajuda a lembrar da fidelidade de Deus e nos encoraja a confiar que Ele está agindo, mesmo quando não vemos os resultados imediatos. Ao entregarmos nossa ansiedade a Deus em oração, experimentamos a paz que excede todo entendimento, pois a oração nos conecta à presença de Deus, e então podemos descansar sabendo que Ele está cuidando de cada detalhe.

GUARDANDO O CORAÇÃO

19 JUN

O coração, na Bíblia, é frequentemente visto como o centro das emoções, dos pensamentos e das decisões. É o lugar de onde fluem nossas atitudes, desejos e vontades. Portanto, o que permitimos entrar em nosso coração pode influenciar diretamente nossa maneira de viver. Se permitirmos que amargura, inveja, orgulho ou desejos egoístas tomem conta, isso moldará negativamente nossas ações e relacionamentos. Por outro lado, se enchermos nosso coração com o amor de Deus, com Sua Palavra e com coisas boas, nossa vida será guiada por paz, sabedoria e retidão. Esse versículo nos lembra que toda a nossa vida depende do estado do nosso coração. Nossas escolhas, reações e atitudes são reflexo do que carregamos dentro de nós. Por isso é tão essencial protegê-lo. Guardar o coração envolve ter discernimento sobre o que permitimos que entre em nossos pensamentos, o que cultivamos emocionalmente e como escolhemos reagir às situações ao nosso redor. Este é um convite para refletir sobre o que temos deixado entrar em nosso coração ultimamente. Temos permitido que preocupações, medos e ressentimentos tomem espaço, ou temos enchido nosso coração com a presença de Deus, com Sua verdade e com Suas promessas?

Pai, que eu seja guiado pela Tua Palavra e pela Tua verdade. Amém.

"Acima de tudo, guarda o teu coração, pois dele depende toda a tua vida."

Provérbios 4:23

ANOTAÇÕES

_____

_____

_____

_____

_____

_____

_____

_____

20 JUN

REVISTA-SE DA FORÇA DE DEUS

Pai, confio em Ti e coloco meu futuro em Tuas mãos. Amém.

"Reveste-se de força e dignidade; sorri diante do futuro. Fala com sabedoria e ensina com amor."

Provérbios 31:25-26

ANOTAÇÕES

Deus nos aconselha a nos revestirmos de força e dignidade, a falar com sabedoria, a ensinar com amor e a sorrir diante do futuro. A força espiritual de Deus nos permite enfrentar os desafios da vida com coragem e confiança. A dignidade, por sua vez, está ligada ao valor que Deus nos dá. Quando entendemos nosso valor em Deus, andamos com a cabeça erguida, sabendo que somos amados e criados à Sua imagem. Podemos olhar para o futuro sem medo, porque sabemos que Deus caminha conosco. Ele nos chama a ser sábios em nossas palavras, falando de maneira que edifique e traga luz para os outros. Falar com sabedoria e ensinar com amor é viver como um reflexo do caráter de Deus em nossas interações diárias. Peça a Deus por força espiritual para enfrentar os desafios que surgirem, lembrando-se de que a verdadeira força vem Dele. Em suas conversas diárias, peça que Ele te dê palavras sábias e um coração cheio de amor. Que suas palavras sejam sempre usadas para edificar e trazer paz.

AS PALAVRAS TÊM PODER

21 JUN

As palavras que usamos têm um poder imenso. Muitas vezes, não percebemos o impacto que nossas palavras têm, mas elas carregam um peso significativo. As palavras de vida são aquelas que trazem esperança, consolo e sabedoria. Quando escolhemos falar de maneira positiva, edificante e amorosa, estamos refletindo o caráter de Deus e espalhando Sua luz no mundo. Elas podem ser um bálsamo para quem está passando por momentos difíceis, uma motivação para quem está cansado ou uma verdade que aponta o caminho para quem está perdido. Por outro lado, palavras de morte podem ser críticas destrutivas, fofocas, mentiras ou palavras ditas com raiva. Elas têm o poder de ferir profundamente e deixar cicatrizes que podem demorar muito para curar. Às vezes, em um momento de frustração ou raiva, podemos dizer coisas que não são verdadeiras ou que não queríamos dizer, mas o impacto pode ser duradouro. Portanto, se semearmos palavras de vida, colheremos frutos de paz, harmonia e alegria. Se semearmos palavras de morte, enfrentaremos os frutos da discórdia, da amargura e da separação. Hoje, Deus nos convida a ser intencionais com o uso da nossa língua. Ele nos chama para falar palavras que encorajam, que levantam e que refletem o amor Dele. Escolha suas palavras com sabedoria.

Pai, que as palavras que saem da minha boca sejam cheias de sabedoria e amor, refletindo o Teu caráter. Amém.

> *"A língua tem poder sobre a vida e sobre a morte; os que gostam de usá-la comerão do seu fruto."*
>
> **Provérbios 18:21**

ANOTAÇÕES

Conversa com Deus Pai

22 JUN

RENOVE-SE

Pai, que eu possa reconhecer os novos caminhos que Tu estás abrindo e confiar em Ti, mesmo nos desertos. Amém.

"E dar-vos-ei um coração novo, e porei dentro de vós um espírito novo; e tirarei da vossa carne o coração de pedra, e vos darei um coração de carne."

Ezequiel 36:26

ANOTAÇÕES

Muitas vezes, estamos tão focados no que é familiar ou no que aconteceu no passado que não conseguimos enxergar as novas oportunidades que Deus coloca diante de nós. No entanto, Ele nos lembra: "Estou fazendo uma coisa nova!". Deus é um Deus de renovação. Mesmo em tempos de dificuldades ou em meio a desertos, Ele está agindo, abrindo caminhos onde parece não haver solução, trazendo vida onde antes havia estagnação. Ele não apenas faz algo novo, mas o faz em lugares improváveis, e isso nos mostra que Deus pode transformar até os momentos mais áridos de nossa vida em oportunidades de crescimento, renovo e esperança. A pergunta que Deus faz por meio de Isaías é crucial: "Vocês não a reconhecem?". Muitas vezes Deus já está trabalhando em nossa vida, mas, com os olhos voltados para dentro de nós mesmos, não conseguimos reconhecer o que Ele está fazendo de novo. Precisamos abrir nossos olhos espirituais e pedir a Deus que nos ajude a ver os novos caminhos que Ele está traçando e os riachos de bênçãos que Ele está trazendo.

Amanda Veras

A LÂMPADA QUE ILUMINA NOSSO CAMINHO

23 JUN

A vida é cheia de caminhos desconhecidos e, muitas vezes, nos encontramos diante de decisões difíceis ou de períodos de escuridão. Nesses momentos, é comum sentirmos incerteza sobre qual direção tomar. No entanto, a Palavra de Deus nos oferece uma promessa poderosa: ela é a luz que ilumina o nosso caminho. Quando pedimos a Deus para iluminar nosso caminho, estamos reconhecendo nossa dependência Dele para nos guiar. Sabemos que Ele vê o que não podemos ver e entende o que nós não compreendemos. A luz de Deus nos traz clareza, sabedoria e direção. Assim como uma lâmpada ilumina o próximo passo em uma jornada escura, a Palavra de Deus ilumina nossas escolhas e decisões diárias, nos mostrando o caminho certo a seguir. A luz de Deus também revela o que está oculto. Ela nos ajuda a ver armadilhas espirituais, pecados que precisamos confessar, e nos mantém no caminho da verdade. Ao buscar a orientação de Deus, nossa visão é alinhada com a vontade Dele, permitindo-nos caminhar com confiança, mesmo em tempos de incerteza. Você tem permitido que a Palavra de Deus ilumine seu caminho? Ou está tentando andar por conta própria, sem a luz que só Ele pode oferecer? Deus deseja guiar seus passos, trazendo luz às áreas escuras da sua vida. Confie Nele para te mostrar o caminho certo, um passo de cada vez.

Pai, que a Tua luz brilhe no meu caminho e me conduza por onde Tu queres que eu ande. Amém.

> *"Lâmpada para os meus pés é a tua palavra, e luz para o meu caminho."*
>
> **Salmos 119:105**

ANOTAÇÕES

24 JUN

VOCÊ NUNCA É ESQUECIDO

Pai, agradeço por jamais me abandonar, quando muitos se esqueceram de mim. Amém.

> *"(…) Embora ela possa se esquecer, eu não me esquecerei de você."*
>
> **Isaías 49: 15**

ANOTAÇÕES

Há um ditado que diz que é lembrado quem é visto, porém essa não é uma realidade na dinâmica de Deus. Olhe para a história de Gideão: escondido no lagar, foi lembrado por Deus. Lembra a história de José? Esquecido na prisão, foi lembrado por Deus. Deus nunca deixa de te ver, seja qual for o lugar em que você estiver. Talvez hoje você esteja sofrendo por ter sido esquecido por pessoas que muito lhe importam, porém lembre-se de que, ainda que o coração do homem se esqueça das boas sementes que você semeou, nenhum registro escapa da lembrança de Deus. Confie Nele, porque é Ele quem te eleva, é Ele quem te esconde, é Ele quem te protege e é Ele quem te expõe. Cada uma dessas etapas contribui para que a mensagem de amor e de paz do Reino de Deus alcance muitas vidas. Lembre-se das situações em que você se sentiu esquecido e perceba: você nunca esteve só!

Amanda Veras

25 JUN

A ESSÊNCIA DO AMOR

Em um mundo tão egoísta, em uma época em que o olhar do homem apenas se volta para o próprio umbigo e suas necessidades, Deus nos ensina sobre o amor que não se acaba, sobre o amor que independe das circunstâncias, sobre o amor que deseja levar filhos e filhas a receber o presente da vida eterna. Romanos 12:10 nos chama a viver um amor genuíno, fraternal e respeitoso com aqueles ao nosso redor. Paulo nos encoraja a ir além de um simples amor superficial; ele fala sobre um amor que envolve carinho, cuidado e, acima de tudo, honra. Amar com amor fraternal significa tratar os outros como irmãos e irmãs, com o mesmo afeto e cuidado que gostaríamos de receber. É um convite para praticarmos a empatia, colocando-nos no lugar do outro e demonstrando um amor sincero e acolhedor. Quando Paulo nos instrui a "preferir em honra uns aos outros", ele está nos desafiando a sermos humildes e generosos em nossos relacionamentos. Isso significa valorizar os outros, reconhecer suas qualidades e ações, e colocá-los em primeiro lugar. Em um mundo onde é comum buscar reconhecimento e exaltar a si mesmo, o amor verdadeiro é aquele que honra e exalta o próximo, mostrando respeito e admiração genuína. Portanto, não se esqueça, o amor é uma decisão. Deus decidiu nos amar. Hoje, convido você a desfrutar desse amor.

Pai, eu acredito em Ti, que é quem me guia e me eleva. Amém.

"Amai-vos cordialmente uns aos outros com amor fraternal, preferindo-vos em honra uns aos outros."

Romanos 12:10

ANOTAÇÕES

26 JUN

SEJA FILHO DE DEUS

Pai, eu Te agradeço o incrível privilégio de ser chamado Teu filho. Ajuda-me a viver de acordo com essa identidade. Amém.

"Mas a todos quantos o receberam, deu-lhes o direito de se tornarem filhos de Deus, ou seja, aos que creem em seu nome."

João 1:12

ANOTAÇÕES

Ser filho de Deus não é algo que podemos conquistar com nossas próprias forças ou méritos. É um presente dado por Deus àqueles que O aceitam, que depositam sua confiança em Cristo e O reconhecem como Senhor e Salvador. Esse direito não se baseia em nosso passado, em nossas falhas ou em nossa capacidade de cumprir uma lista de exigências. Pelo contrário, ele é baseado na graça, no amor incondicional de Deus, que nos acolhe como Seus filhos quando cremos em Jesus. Ser filho de Deus não é um direito automático. Nem todos são filhos de Deus no sentido espiritual. Somente aqueles que recebem a Cristo e creem em Seu nome desfrutam dessa filiação. Isso nos lembra da importância de compartilhar o Evangelho com os outros, para que mais pessoas possam experimentar essa transformação e ter a certeza de que pertencem à família de Deus. Saber que temos um Pai Celestial que nos ama incondicionalmente e que nos deu o privilégio de sermos Seus filhos nos fortalece, nos dá esperança e nos leva a confiar mais profundamente em Suas promessas.

NÃO FUJA DAS AFLIÇÕES

27 JUN

Aflições são inevitáveis. Todos nós passamos por momentos difíceis, sejam lutas internas, problemas no trabalho, conflitos familiares ou preocupações com o futuro. Mas Jesus, sabendo o que enfrentaríamos, nos deixou essa poderosa mensagem de encorajamento. Ele venceu o mundo! Isso significa que, não importa quão grandes sejam os nossos problemas, Jesus já conquistou a vitória final. Ter "bom ânimo" não significa ignorar as dificuldades, mas, sim, enfrentar os desafios com a certeza de que Jesus está ao nosso lado. Ele nos lembra que, assim como Ele venceu, também podemos vencer. Sua vitória sobre o pecado, a morte e todas as forças do mal nos dão a capacidade de que precisamos para seguir em frente, mesmo nos momentos mais difíceis. Jesus venceu o mundo e, com Ele ao nosso lado, podemos enfrentar qualquer aflição com fé. Suas promessas são nossa força e segurança em meio às tempestades da vida, pois Deus caminha com você em cada passo, e Sua presença transforma as aflições em oportunidades de crescimento e fortalecimento da fé. Hoje, quando enfrentar uma dificuldade, lembre-se das palavras de Jesus e escolha ter bom ânimo. Lembre-se de que Ele está ao seu lado e que, com Sua força, você pode vencer qualquer desafio.

Pai, dai-me coragem para enfrentar meus problemas com fé, sabendo que não estou sozinho. Amém.

"No mundo tereis aflições, mas tende bom ânimo; eu venci o mundo."

João 16:33 (NVI)

ANOTAÇÕES

28 JUN

QUAL O TAMANHO DA SUA FÉ?

Pai, fortalece minha fé para que eu dependa inteiramente de Ti e da Tua Palavra. Amém.

"(…) Senhor, não sou digno de que entres em minha casa; mas apenas manda com uma palavra, e o meu servo será curado."

Mateus 8:8

ANOTAÇÕES

A fé do centurião em Mateus 8:8 é um exemplo poderoso de confiança em Deus. Ele era um homem de autoridade, acostumado a dar ordens e a ser obedecido, mas ao se aproximar de Jesus, ele demonstra uma humildade e fé que ultrapassam qualquer posição ou status. Ele não pede um toque ou uma visita, mas acredita que apenas uma palavra de Jesus seria suficiente para realizar a cura de seu servo. Essa confiança total na palavra de Jesus é um convite para que também coloquemos nossa fé Nele, mesmo quando não vemos ou entendemos como o milagre acontecerá. Jesus se admirou da fé do centurião, e isso nos mostra que nossa confiança em Deus pode tocá-Lo profundamente. Podemos entregar a Ele nossos medos, enfermidades e preocupações, sabendo que Ele é poderoso para agir com apenas uma palavra. Essa história nos desafia a olhar para nossas próprias situações com uma fé renovada, a confiar que Jesus não precisa estar fisicamente presente para nos curar ou transformar. Sua presença e poder vão além do que nossos olhos podem ver. Hoje, reflita sobre uma área de sua vida onde precisa do toque de Jesus. Assim como o centurião, apresente a Ele essa situação com fé e humildade, confiando que, com apenas uma palavra, Ele pode transformar e curar. Lembre-se de que Sua autoridade e amor são infinitos. Jesus se maravilhou com a fé do centurião.

29 JUN

VIVA EM EQUILÍBRIO

Uma pessoa equilibrada emocionalmente consegue viver de acordo com o que foi criado para ser: um filho de Deus que toma decisões e vive de forma saudável. Ao desenvolver controle emocional, somos habilitados para lidar com nossas emoções em momentos intensos, sejam eles positivos ou negativos, controlando os sentimentos e os expressando de maneira adequada em cada situação. Para sair da gestão de uma vida cuja mente é acelerada, é preciso organização interna em relação às emoções e aos sentimentos. É necessário também planejar os próximos passos a curto, médio e longo prazo e cumprir o estabelecido. Perceba como tem conduzido sua vida e aja em favor das mudanças necessárias para uma vida de maior equilíbrio e paz. Hoje, reserve um tempo para refletir sobre como tem administrado suas emoções. Pergunte-se: "Em que área preciso de mais equilíbrio e organização?" Apresente essas áreas a Deus, pedindo por sabedoria e força para dar os passos necessários rumo a uma vida de maior paz e controle emocional.

Pai, que eu aprenda a andar no passo que tens para mim, pois desejo viver de acordo com Tua direção. Amém.

"Os pensamentos do diligente tendem à abundância, mas os de todo apressado, tão somente à pobreza."

Provérbios 21:5

ANOTAÇÕES

Conversa com Deus Pai

30 JUN

A PALAVRA PODEROSA

Pai, peço que a Tua Palavra penetre no meu coração e revele o que precisa ser transformado conforme a Tua vontade. Amém.

> *"Porque a palavra de Deus é viva e eficaz, e mais cortante do que qualquer espada de dois gumes (...)"*
>
> **Hebreus 4:12**

ANOTAÇÕES

Este versículo de Hebreus nos lembra a incrível força e profundidade da Palavra de Deus. Ela é viva, poderosa e ativa, tem o poder de transformar corações, mudar vidas, corrigir e guiar. Enquanto muitas coisas podem tocar nossas emoções ou influenciar nossos pensamentos superficialmente, a Palavra de Deus vai além, revelando a verdadeira condição do nosso coração, discernindo nossas intenções, nossos pensamentos e nossos motivos. Ela nos confronta com a verdade e nos mostra o caminho da retidão. Ao reconhecermos esse poder, somos chamados a nos aproximar dela com reverência, buscando não apenas conhecimento, mas transformação. Quando permitimos que a Palavra de Deus opere em nossa vida, ela nos leva a uma caminhada mais profunda com o Senhor, revelando Sua vontade e nos capacitando a viver de acordo com Seus princípios. Hoje, reserve um momento para ler a Palavra de Deus com um coração disposto a ser transformado. Peça ao Senhor que fale ao seu coração e revele aquilo que Ele deseja ajustar e fortalecer em você.

JULHO

01 JUL

DEUS QUER CURAR SUAS FERIDAS

Pai, ensina-me a confiar em Ti no processo de cura, sabendo que cada ferida pode se tornar uma cicatriz de vitória. Amém.

"Estou quebrantado pela ferida da filha do meu povo; ando de luto; o espanto se apoderou de mim. (…)"

Jeremias 8:21-22

ANOTAÇÕES

Assim como uma ferida física precisa de tratamento adequado, nossas feridas emocionais e espirituais também precisam de cura. Deus nos oferece um bálsamo poderoso e eterno: Jesus Cristo. Ele é o verdadeiro médico da alma, capaz de sarar nossas dores mais profundas e cicatrizar as feridas que carregamos em nosso coração. Não importa o que causou a dor, Jesus é a cura. Ele pode transformar as feridas que parecem incuráveis em cicatrizes de vitória. Mas, assim como no tratamento físico, é necessário reconhecer a necessidade de cura e buscar o remédio certo. O primeiro passo para a cura é reconhecer que precisamos de ajuda. Muitos de nós tentamos esconder nossas feridas, mascarar nossa dor, mas isso apenas prolonga o sofrimento. Deus nos chama a abrir nosso coração, a reconhecer nossas falhas, a nos arrepender das escolhas que nos feriram e feriram os outros. Por meio do arrependimento e do perdão de Deus, Ele aplica Seu bálsamo em nossa vida, trazendo cura e restauração.

UMA PORTA SEMPRE ABERTA

02 JUL

A imagem da porta fechada em Lucas 13:25 pode, à primeira vista, parecer dura e preocupante. No entanto, há uma mensagem de esperança e amor nesse aviso. Jesus nos convida, em todo momento, a entrar pela porta que ainda está aberta. Essa porta simboliza o relacionamento pessoal e profundo com Ele, um convite para conhecê-Lo e ser conhecido por Ele de maneira íntima. Jesus nos chama gentilmente, com amor, para que possamos entrar em Sua presença e desfrutar da comunhão com Ele. Ele quer que sejamos parte de Sua família. A porta está aberta agora, e não importa qual seja sua situação ou seu passado, Jesus está esperando por você, pronto para recebê-lo. Há momentos na vida em que podemos nos sentir distantes de Deus, como se estivéssemos do lado de fora, mas é importante lembrar que o coração de Jesus está sempre aberto para nós. Ele deseja que venhamos a Ele com nossos medos, nossas falhas e nossas dores, porque Ele é o nosso refúgio. Não importa o que enfrentamos, não precisamos bater à porta com desespero, pois o Senhor nos ouve e está disposto a nos acolher a qualquer momento.

Pai, que eu esteja sempre pronto a ouvi-Lo. Amém.

"Quando o dono da casa se levantar e fechar a porta, vocês ficarão do lado de fora, batendo e dizendo: 'Senhor, nos deixe entrar!'. E ele responderá: 'Não sei de onde são vocês'."

Lucas 13:25

ANOTAÇÕES

03 JUL

ACREDITE, ELE ESTÁ COM VOCÊ

Pai, eu Te agradeço a promessa de nunca me abandonar. Amém.

"Contentem-se com as coisas que vocês têm, porque Deus disse: 'De maneira alguma deixarei você, nunca jamais o abandonarei.' (...)".

Hebreus 13:5 (NAA)

ANOTAÇÕES

Este trecho de Hebreus nos traz uma mensagem profundamente confortante: Deus está sempre conosco e nunca nos abandonará. Em um mundo cheio de incertezas, onde muitas coisas podem mudar e muitas vezes nos sentimos desamparados, essa promessa é uma âncora para nossa alma. Deus nos chama a encontrar contentamento, não em posses materiais ou nas circunstâncias, mas em Sua presença constante. Quando a Palavra de Deus nos diz para nos contentarmos com o que temos, não é uma chamada para resignação ou para deixar de desejar melhores condições de vida, mas sim uma exortação para confiarmos que, independentemente das nossas posses ou da nossa situação, Deus é mais do que suficiente. A promessa de que Deus nunca nos abandonará nos dá segurança e paz em meio às dificuldades. Podemos enfrentar perdas, mudanças e desafios, mas com a certeza de que o Senhor está conosco. Esse conhecimento nos ajuda a não temer o futuro.

Amanda Veras

SEJA DEPENDENTE DE DEUS

04
JUL

Muitas vezes, buscamos segurança em coisas externas – seja no trabalho, nos relacionamentos ou nas finanças. Dependemos dessas áreas para nos dar a estabilidade que tanto procuramos, mas, na realidade, são elementos temporários, sujeitos a falhas e mudanças. O trabalho pode nos decepcionar, os relacionamentos podem passar por crises, e as finanças podem ser instáveis. Em meio a todas essas incertezas, Jesus é o único que nunca falha. Ele é constante, imutável e fiel. Sua presença em nossa vida é uma promessa de que, mesmo em tempos difíceis e nas adversidades, jamais estaremos sozinhos. Além disso, é importante lembrar de olhar ao redor e buscar inspiração nos exemplos de fé. Aqueles que viveram confiando em Deus, mesmo diante dos maiores desafios, mostram como a confiança em Deus transforma e fortalece. Esses exemplos podem nos inspirar a manter nossa própria confiança Nele, sabendo que Deus sempre cumpre Suas promessas. Quando enfrentamos incertezas, podemos nos apoiar nessa verdade: Jesus não muda, Ele é a âncora segura que sustenta nossa vida, e Seu amor e fidelidade por nós permanecem imutáveis e inabaláveis. O que Deus nos oferece é uma segurança inabalável. Ele nos sustenta com amor e fidelidade imutáveis, mesmo nas tempestades da vida.

Pai, ajuda-me a viver com confiança, sabendo que Tu nunca me deixarás. Amém.

"Lança o teu cuidado sobre o Senhor, e ele te susterá; nunca permitirá que o justo seja abalado."

Salmos 55:22

ANOTAÇÕES

Conversa com Deus Pai

05 JUL

PROMESSAS QUE SE CUMPREM

Pai, celebro com gratidão as bênçãos que o Senhor a mim declarou. Amém.

> *"O Senhor me disse: Você viu bem, pois estou vigiando para que a minha palavra se cumpra."*
>
> **Jeremias 1:12**

ANOTAÇÕES

Deus nos confia grandes projetos, mas a confiança do Pai nessa entrega não se baseia na capacidade do filho em realizar, mas em seu compromisso e fidelidade em cumprir aquilo que o Pai lhe confiou sabendo do privilégio e da responsabilidade na execução desse projeto. Mas então por que muitas vezes grandes projetos não se tornam realidade? A resposta é simples: porque não agimos como Jeremias, um homem de Deus, que, diante do chamado divino, apresentou a Ele suas incapacidades. Deus nos confia lindos projetos, mas em vez de nos alegrarmos, muitas vezes expressamos atitudes de medo e renúncia àquilo que seria uma grande bênção. Então, ainda que em um primeiro instante você não acredite, porque está focado em si mesmo, levante a cabeça e olhe adiante. Deus te protege, te capacita e te faz mais do que vencedor! A Palavra Dele vai se cumprir!

Amanda Veras

VOCÊ NASCEU PARA VENCER

06 JUL

Quando Deus criou o jardim do Éden, Adão e Eva tinham acesso a tudo de que precisavam para viver. Deus falava com eles, mas, após a queda, o pecado tomou conta de tudo e passamos a viver em um mundo que chamamos de caído, fruto da queda de Adão e Eva. O pecado traz suas consequencias, porém é possível vencê-lo através do sangue de Jesus derramado na cruz e de sua ressurreição. Ainda que vivamos em um mundo caído pelo pecado, somos graciosamente abençoados pela presença de Deus em nós, tornamo-nos habitação do Espírito Santo, isso quer dizer que todos que que confessam seus pecados, se arrependem e buscam uma nova vida em Deus podem vencer o mundo através da santidade, da bondade, da paz e do amor. A fé em Deus nos dá a vitória sobre as adversidades na terra, sobre as mentiras que o inimigo sussurra em nossa mente. A fé vence, e, à medida que podemos exercitá-la, rompemos com a mente prisioneira do pecado e passamos a agir enxergando pelos olhos da fé. Em Deus podemos desenvolver nossa fé e torná-la forte para vencer o mundo e o pecado!

Pai, ajuda-me a enxergar através de Ti aquilo que preciso vencer pela fé. Amém.

"Todo aquele que é nascido de Deus vence o mundo. E esta é a vitória que vence o mundo: a nossa fé."

1 João 5:4-5

ANOTAÇÕES

07 JUL

ACREDITE NO MILAGRE

Pai, fortalece minha fé para que eu ande confiante, sabendo que estás no controle. Amém.

"Sua mãe disse aos serviçais: 'Façam tudo o que ele lhes mandar.' (...)".

João 2:5 (NVI)

ANOTAÇÕES

A festa estava prestes a passar por um grande constrangimento: o vinho havia acabado. Maria, com sua sensibilidade, percebeu o problema e confiou que Jesus poderia fazer algo a respeito. Suas palavras aos serviçais foram diretas: "Façam tudo o que ele mandar". Essa simples frase é uma das mais profundas lições sobre fé e obediência. Maria sabia que o milagre dependia não só do poder de Jesus, mas também da obediência às Suas instruções. Os serviçais obedeceram sem questionar. Quantas vezes na vida nos encontramos em situações que parecem impossíveis de resolver? Podemos nos sentir como os serviçais, vendo apenas as talhas vazias, sem saber como Deus vai agir. Nesses momentos, as palavras de Maria ecoam para nós: "Façam tudo o que ele mandar". Às vezes Jesus nos chama a fazer coisas que não têm sentido imediato para nossa lógica ou visão limitada. Mas é na obediência simples e confiante que os milagres acontecem. Lembre-se: milagres acontecem quando obedecemos a Jesus. Ele sempre sabe o que é melhor, e Sua direção é o caminho para a transformação!

Amanda Veras

ADMINISTRE SEU TEMPO COM SABEDORIA

08 JUL

Tudo em nossa vida tem seu tempo determinado. Há um tempo para cada propósito, para cada estação, e cada momento que vivemos tem um significado. Deus, em Sua sabedoria infinita, ordenou as estações da nossa vida e nos deu a responsabilidade de administrar com sabedoria o tempo que temos. Vivemos em uma era em que parece não haver tempo suficiente para tudo. As demandas da vida moderna podem ser esmagadoras: trabalho, estudos, família, compromissos e responsabilidades. Muitas vezes ficamos sobrecarregados e sentimos que estamos sempre correndo contra o tempo. No entanto, o que Eclesiastes nos ensina é que não precisamos nos desesperar, porque Deus tem um tempo perfeito para todas as coisas. Isso não significa ser eficiente ou produtivo. Significa também reconhecer que Deus nos deu cada dia como um presente e que devemos usá-lo de forma que honre a Ele e traga equilíbrio para nossa vida. Isso inclui saber quando trabalhar, quando descansar, quando amar, quando orar e quando parar e apreciar as bênçãos que Ele nos dá. Se Ele nos deu uma tarefa ou um propósito, também nos dará o tempo necessário para cumpri-lo.

Pai, dá-me discernimento para priorizar o que importa e sabedoria para viver de acordo com a Tua vontade. Amém.

"Para tudo há uma ocasião certa; há um tempo certo para cada propósito debaixo do céu."

Eclesiastes 3:1

ANOTAÇÕES

_____
_____
_____
_____
_____
_____
_____
_____

Conversa com Deus Pai

09 JUL

SAIBA USAR AS PALAVRAS

Pai, coloque anjos em minha boca que me ajudem a me calar em situações em que eu não deva falar. Amém.

"Quem guarda a sua boca guarda a sua vida, mas quem fala demais acaba se arruinando."

Provérbios 13:11

ANOTAÇÕES

As palavras são chaves que abrem portas no mundo espiritual; elas têm a capacidade de gerar vida ou morte e de determinar o seu destino. Deus criou todas as coisas através de sua palavra. Precisamos então nos responsabilizar pelas palavras que proferimos, pelo ambiente que criamos, e mais ainda pelas palavras que ouvimos e nas quais decidimos acreditar. No jardim do Éden a palavra gerada pela serpente gerou a queda do homem, porque Adão e Eva decidiram acreditar na palavra de engano que a serpente lançou. Em nossos dias atuais, as palavras das pessoas também podem gerar verdades ou mentiras, e cabe a nós discernir em qual iremos acreditar. Além da palavra lançada a nós, também somos capazes de lançar palavras, porém o que você fala é de inteira reponsabilidade sua. Guardar a boca é ter prudência, é saber controlar suas emoções, é gerir suas atitudes. Essas são posturas de pessoas maduras, sábias e que constroem realidades abençoadas pelo poder que há na palavra que sai de sua boca e que procede da boca de Deus! Vigie as palavras que você tem dito: são de bênçãos ou de maldição? Geram vida ou geram morte? Guarde a sua boca e assim guardará a sua vida! Lembre-se: você tem o poder de criar um mundo melhor através das suas palavras cheias de amor. Use-as.

Amanda Veras

MANTENHA AS EMOÇÕES SOB CONTROLE

10 JUL

O que você faria se convivesse com pessoas instáveis emocionalmente? Como você agiria diante de situações e ambientes gerados por pessoas do seu convívio que são extremamente difíceis? E se essa pessoa for você? A resposta mais fácil e rápida é se afastar, mas ninguém se afasta de si, porém pode lançar fora seus comportamentos e optar por mudar. Diante disso, você pensa como Jesus agiria? O que ele faria em seu lugar? Jesus nos ensina que não precisamos suprimir o que sentimos; ao contrário, ele expressou suas emoções, mas em nenhuma das situações ele pecou. Diante das lágrimas pela morte de Lázaro, ele operou um milagre e trouxe à vida aquele que estava morto fazia mais de três dias. No jardim do Getsêmani, antes da sua morte na cruz, clamou ao Pai e seguiu em obediência para nosso resgate e salvação, e no mercado irou-se, mas não pecou, controlou suas palavras e teve atitudes comedidas de limites claros às ações pecaminosas dos mercadores. Deus nos criou com sentimentos e emoções; podemos e devemos senti-las, mas jamais permitir que elas nos governem.

Pai, que eu tenha, por meio de Ti, atitudes e comportamentos saudáveis e justos. Amém.

"Irai-vos, e não pequeis."

Efésios 4:26

ANOTAÇÕES

11 JUL

ESCUTE A VOZ DO PAI

Pai, estou pronto para vencer gigantes, cumprir a missão que tens a mim confiado, pois sei quem eu sou. Amém.

> *"E eis uma voz dos céus, que dizia: Este é o meu Filho amado, em quem me comprazo."*
>
> **Mateus 3:17**

ANOTAÇÕES

Quais são as palavras que você cultiva em sua alma a seu respeito? Seu interior precisa ser um lindo jardim, florido, frutífero e belo de se contemplar. Deus te criou como uma obra-prima, te fez à Sua imagem e semelhança e declara palavras de bênçãos a teu respeito, porém é preciso escutar a voz do Pai e aquilo que Ele declara sobre você! As palavras que Jesus ouviu foram palavras de identidade, afirmação e pertencimento: Filho, Amado, em quem eu me Alegro. Será que você pode repetir isso neste dia? Eu sou filho amado de Deus, minha identidade é curada! Eu sou amado por Deus; esta afirmação dissipa toda rejeição! Eu sou motivo de alegria para o meu pai, eu tenho senso de pertencimento, e isso me dá satisfação! Cultive boas sementes em seu jardim de crenças internas, e diante dos desafios da vida traga à sua memória quem você de fato é. Deus te fez gigante para realizar coisas grandiosas. Abrace a verdade a teu respeito e seja tudo aquilo que teu Pai te formou para ser.

ENXERGUE PELA PERSPECTIVA DE DEUS

12 JUL

Quantas vezes nos encontramos em situações em que não sabemos qual o melhor caminho a seguir? Tiago nos lembra de uma verdade poderosa: se nos falta sabedoria, Deus está pronto para nos conceder, de forma generosa e sem restrições. Ele não guarda Sua sabedoria para Si, mas a oferece livremente a todos os que a buscam com sinceridade. Sabedoria divina é muito mais do que apenas conhecimento ou experiência. É a capacidade de enxergar as circunstâncias sob a perspectiva de Deus, entender o que é justo e correto e agir de acordo com Sua vontade. Quando buscamos sabedoria, reconhecemos nossa dependência de Deus, admitindo que nem sempre temos as respostas certas, mas confiamos que Ele sabe o que é melhor para nós. Deus nos chama a pedir sabedoria em oração, com humildade. Ele não nos reprova por isso; pelo contrário, agrada-se em nos dar a sabedoria necessária para lidar com os desafios e com as decisões da vida. A sabedoria divina nos orienta a tomar decisões com discernimento e a agir com justiça, paciência e amor, refletindo o caráter de Cristo em todas as áreas da nossa vida. Em que áreas da sua vida você precisa da sabedoria de Deus hoje? Há decisões que você tem tentado resolver sozinho, sem buscar a orientação do Senhor? Lembre-se de que Deus está pronto para te conceder a sabedoria de que você precisa. Basta pedir com fé.

Pai, que eu possa agir de acordo com a Tua vontade. Amém.

"Pois o Senhor é quem dá sabedoria; de sua boca procedem o conhecimento e o discernimento."

Provérbios 2:6

ANOTAÇÕES

Conversa com Deus Pai

13 JUL

MULTIPLIQUE AS BOAS SEMENTES

Pai, que eu multiplique as sementes confiadas a mim. Amém.

"E Deus, que dá a semente para semear e o pão para comer, também dará a vocês todas as sementes que vocês precisam (…)."

2 Coríntios 9:10 (NTLH)

ANOTAÇÕES

Podemos contar quantas sementes existem dentro de uma maçã, mas é impossível contabilizar a quantidade de maçãs que frutificarão a partir de uma semente. Suas atitudes na vida também são assim: você pode não enxergar, não saber o impacto das suas sementes na vida das pessoas que passam em sua jornada. Uma atitude de gentileza, uma palavra de encorajamento, um ato de gratidão e de generosidade são sementes lançadas para o céu, que da terra não podemos ver, mas no solo celestial está germinando, está gerando frutos eternos. O foco não é o fruto, ele serve para saciar a fome, mas o que multiplica é a semente. A semente é dura e amarga, não é feita para comer, é feita para cair no chão, morrer e multiplicar. Semente consumida é semente devorada. Você não é devorador; é multiplicador de boas sementes que gerarão milhares de frutos eternos. Deus está te dando sementes que estão sob Seus cuidados, e elas são sementes de recomeços e novas oportunidades. Abrace hoje as sementes que Deus te confiou e em breve você cuidará de grandes florestas!

A GRANDEZA DA HUMILDADE

14 JUL

A humildade vai adiante da honra. Pessoas humildes são aquelas que conseguem enxergar a grandeza da alma do outro e não se intimidam, não se sentem diminuídas, não ficam competindo toda hora. Uma pessoa humilde tem largueza de alma, consegue ter espaço dentro de si para entender que exaltar o outro não a diminui. A humildade faz parte do destino daqueles que vivem a honra, a gratidão, a lealdade e a vitória. Você já percebeu que grande parte dos problemas da humanidade reside na falta de humildade? O orgulho é a raiz de muitas guerras, desavenças, divórcios e falências. Muitas pessoas acabam por se esconder no que fazem, nos seus resultados e no que produzem, buscando ser reconhecidas pelos outros. O coração que é humilde sempre entende que tem espaço para aprender mais, que não sabe de tudo, que se alegra ao servir pessoas, que tem sua alma em equilíbrio, que tem uma identidade curada e não se move pelo que sente. Humildade e honra, a dupla dose que recebemos da vida de Cristo e que precisamos injetar em nosso interior para tratar nosso caráter e deficiências do nosso ser. Faça uma autoanálise de como você tem se comportado: suas atitudes têm sido genuinamente humildes?

Pai, ajuda-me a percorrer os caminhos da humildade e da honra. Amém.

"Nada façais por espírito de partido ou de vanglória, mas que a humildade vos ensine a considerar os outros superiores a vós mesmos."

Filipenses 2:3

ANOTAÇÕES

15 JUL

DEUS FAZ INFINITAMENTE MAIS

Pai, eu Te agradeço porque Tu és capaz de fazer infinitamente mais do que tudo o que eu peço ou penso. Amém.

"Àquele que é capaz de fazer infinitamente mais do que tudo o que pedimos ou pensamos (…) a ele seja a glória na igreja e em Cristo Jesus (…)"

Efésios 3:20-21

ANOTAÇÕES

Deus atua em nossa vida com Seu poder transformador. Ele não está apenas interessado em nos conceder bênçãos materiais ou temporárias; Ele quer realizar obras profundas em nosso coração e transformar nossa vida de maneira que glorifique o Seu nome. O propósito de Deus ao fazer infinitamente mais do que pedimos é nos moldar à imagem de Cristo e nos levar a uma vida que reflete Sua glória. Muitas vezes, nossos pedidos a Deus são moldados pela nossa compreensão limitada das circunstâncias e pelo que acreditamos ser possível. Mas Efésios 3:20-21 nos desafia a reconhecer que Deus é capaz de fazer muito mais do que conseguimos imaginar, pedir ou sonhar. E faz isso pelo Seu poder que atua em nós. Portanto, em nossa caminhada de fé, podemos confiar plenamente em Deus, sabendo que Ele não apenas ouve nossas orações. Muitas vezes, quando enfrentamos desafios, pedimos a Deus soluções que fazem sentido para nós, mas Ele tem planos maiores, Seus pensamentos são mais elevados, e Suas respostas vão muito além de nossa compreensão.

AME DE TODO O CORAÇÃO

16 JUL

Amar com o coração significa que nossos sentimentos e emoções devem ser dedicados a Deus. Isso nos ajuda a amar as pessoas e as coisas ao nosso redor com um amor que vem de Deus. Amar com a alma envolve nosso ser espiritual. Quando nossa alma está alinhada com Deus, encontramos paz, propósito e satisfação verdadeira. Amar com o pensamento é direcionar nossa mente e intelecto para as coisas de Deus. Nosso pensamento diário, nossas decisões e nossa forma de entender o mundo devem ser moldados pelos princípios divinos. Amar a Deus com o nosso pensamento significica buscar conhecê-Lo mais profundamente por meio da Sua Palavra e permitir que Suas verdades guiem nossos raciocínios. Ao entregarmos nosso coração e depositarmos nosso amor e nossas expectativas em pessoas, certamente iremos nos frustrar, e o resultado de um coração endurecido é a destruição da esperança e da vida. Por isso, ao ser questionado pelos mestres da lei sobre qual seria o maior de todos os mandamentos, Jesus ensina que é amar a Deus com coração, alma e pensamento. Amar de todo o coração é um convite e uma decisão que precisamos afirmar e reafirmar a cada instante à nossa alma. Ao fazer isso, encontramos nossa verdadeira identidade e propósito, vivendo uma vida que reflete o amor que recebemos. Ame e ame-se de todo o coração.

Pai, ensina-me, por meio das oportunidades que surgirem em minha vida, a exercer o amor. Amém.

"E Jesus disse-lhe: Amarás o Senhor teu Deus de todo o teu coração, e de toda a tua alma, e de todo o teu pensamento."

Mateus 22:37

ANOTAÇÕES

17 JUL

VIVA UMA VIDA DE BONS FRUTOS

Pai, que os frutos do meu coração transbordem e abençoem a vida das pessoas. Amém.

"Em verdade, em verdade vos digo: se o grão de trigo, caindo na terra, não morrer, fica ele só; mas, se morrer, produz muito fruto."

João 12:24

ANOTAÇÕES

O cultivo do trigo é típico do Oriente Médio; as planícies cheias de trigo são lindas de se observar. Porém visualmente ele é facilmente confundido com o joio a ele entremeado. O trigo fica ereto até germinar e ficar cheio de pequenos frutos. Pesado, ele tem seu pendão envergado porque está cheio, transbordante de grãos. Sua posição representa humildade: quer dizer que está pronto para a colheita. A humildade em sua vida vai te preparar para grandes colheitas! Já o joio não se enverga, não se prostra, aparentemente até pode ser confundido com o trigo, porém na hora da colheita é possível diferenciá-lo deste. O ressentimento é joio no coração do homem; o perdão é trigo. Hoje você tem a oportunidade de perceber quem é trigo e quem é joio nos seus relacionamentos, mas também a de deixar morrer as sementes de ressentimento em sua alma, liberando o perdão, envergando seu coração com frutos de resiliência, fé e coragem para produzir muitos frutos! Analise seus relacionamentos e veja se as atitudes das pessoas ao seu redor são de quem é joio ou de quem é trigo; talvez seja a hora de reciclar alguns relacionamentos.

OUÇA O VENTO E PERMITA QUE FLUA NO SEU CORAÇÃO

18 JUL

As suas atitudes diante das situações falam muito a respeito da sua personalidade. Que tipo de pessoa você é diante dos fortes ventos? Você é aquele que constrói muros ou moinhos de vento? Se você é o tipo de pessoa que constrói muros ao seu redor, demonstra uma personalidade que busca proteção, uma pessoa mais conservadora, que prefere segurança. Mas se você é aquele que constrói moinhos de ventos, significa que tem uma personalidade mais ousada, empreendedora e que utiliza as adversidades para gerar oportunidades. Em ambas as situações o vento está presente, e ele representa a presença do Espírito Santo. Hoje ele sopra sobre sua vida, te convidando a ser conduzido pelo seu sopro, que carrega a essência da vida. O vento traz mudanças de rota, realinhamento e a oportunidade de novos começos. Permita-se hoje ser soprado pelo vento de Deus em suas decisões. Analise a forma como tem administrado o vento de Deus em sua vida: você tem se permitido fluir sob a direção do vento ou tem lutado contra ele?

Pai, que eu possa fluir com graça e leveza no Teu soprar. Amém.

"O vento sopra onde quer, ouves a sua voz, mas não sabes donde vem, nem para onde vai; assim é todo o que é nascido do Espírito."

João 3:8 (ARA)

ANOTAÇÕES

_____

_____

_____

_____

_____

_____

_____

_____

Conversa com Deus Pai

19 JUL

EVOLUA EM TODAS AS ÁREAS DA SUA VIDA

Pai, que a evolução da minha vida esteja em constante crescimento e avanço sob a Tua condução. Amém.

"Os céus proclamam a glória de Deus e o firmamento anuncia a obra das suas mãos."

Salmos 19:1

ANOTAÇÕES

Deus é perfeito em tudo que faz, e por sermos frutos de sua criação também recebemos o mesmo espírito de excelência dentro de nós. Ao olhar para a grandeza e a beleza da Terra, para a exploração infinita do universo, podemos ver quão grande é o nosso Deus e quantas possibilidades de evolução Ele nos entrega. Nossa capacidade de crescimento intelectual, espiritual e físico responde ao nosso tempo de dedicação e investimento. Quanto você tem se dedicado a sua evolução? Sua forma de se relacionar com Deus e com as pessoas reflete a sua evolução. Sabemos que as pessoas com quem compartilhamos nossa vida contribuem de forma significativa para nossa capacidade de regredir ou de avançar, porém uma mente que se expande e evolui não consegue voltar ao seu estado anterior. Evolua, decida romper antigos padrões que não mais fazem parte da sua pessoa atual, faça as mudanças necessárias no seu ambiente, no seu interior, na sua aparência. Reflita de forma íntima e verdadeira sobre a realidade de quem caminha com Deus e anuncia as boas-novas Dele em sua vida.

Amanda Veras

COM QUEM VOCÊ TEM ANDADO?

20 JUL

Você suporta as pessoas com quem convive ou se alegra em tê-las por perto? A influência dos relacionamentos em sua vida é positiva ou negativa? Um ensinamento antigo diz: "diga-me com quem andas e eu te direi quem és". Andar diz respeito a caminhar, dividir seus passos e tempo de vida. Existem companhias que são como um jardim florido, alegram a alma e trazem beleza à vista de quem vê, porém existem companhias que são tóxicas, secam o coração, privam os sorrisos e roubam sua essência. Ao lado desse tipo de pessoa, você acaba por se transformar em alguém bem diferente do que realmente é. Por isso, quanto mais cedo você aprender a dizer não para aquilo que lhe causa dor, mais livre estará. Diga não para tudo aquilo que te aprisiona e te impede de avançar. Diga não para pensamentos destrutivos, para abusos e violências, para a solidão, para a falta de amor-próprio. Estabeleça ciclos de relacionamentos saudáveis. Decida avançar com passos que abracem o sucesso, que acolham sua essência e que te permitam desfrutar de uma vida plena. Saber dizer não é libertador tanto quanto aprender a dizer sim. Sim para você, sim para Deus, sim para a vida!

Pai, ajuda-me a construir relacionamentos saudáveis, para eu me unir a pessoas cheias de Tua presença. Amém.

"Não se deixem enganar: As más companhias corrompem os bons costumes."

1 Coríntios 15:33

ANOTAÇÕES

_____
_____
_____
_____
_____
_____
_____
_____
_____

Conversa com Deus Pai

21 JUL

FAÇA AS ESCOLHAS CERTAS

Pai, que eu busque a Tua sabedoria em todas as minhas escolhas e seja guiado pelo Teu Espírito. Amém.

"Há caminho que ao homem parece direito, mas o fim dele são os caminhos da morte."

Provérbios 14:12

ANOTAÇÕES

Todos os dias nos deparamos com decisões que moldam a direção da nossa vida. Algumas parecem pequenas, outras mais significativas, mas todas têm um impacto em nosso futuro. O versículo de Provérbios 14:12 adverte sobre o perigo de confiar apenas em nosso entendimento ao fazer escolhas. Muitas vezes o que parece certo aos nossos olhos pode nos levar a caminhos destrutivos. Fazer as escolhas certas significa buscar a sabedoria e a orientação de Deus. Nossas emoções, desejos e até mesmo as circunstâncias podem nos levar a tomar decisões que parecem boas no momento, mas que não refletem a vontade de Deus para nós. Somente Ele conhece o fim de cada caminho, e ao buscar Sua direção garantimos que estamos caminhando de acordo com o Seu plano. Deus nos deu a Sua Palavra como um guia para nossas escolhas. A Bíblia está repleta de princípios que podem nos ajudar a tomar decisões sábias e justas. Além disso, o Espírito Santo habita em nós, nos guiando e nos dando discernimento. Ao orar e confiar em Deus, podemos evitar erros que poderiam nos afastar de Seus propósitos. Quais escolhas você está enfrentando hoje? Você tem buscado a direção de Deus em suas decisões? Lembre-se de que Ele se importa com cada detalhe da sua vida e deseja guiá-lo pelo caminho certo.

Amanda Veras

22 JUL

FUJA DA ANSIEDADE

Ansiedade é algo que está presente na vida da maioria de nós. Em tempos tão instáveis, às vezes conturbados, preocupações com o futuro, desafios diários, incertezas e pressões podem sobrecarregar nosso coração e mente. Mas Pedro nos lembra que não precisamos carregar esse fardo sozinhos. Deus, em Sua infinita bondade e cuidado, nos chama para colocar todas as nossas inquietações sobre Ele. Quando o versículo diz que Deus "tem cuidado de vós", Ele nos garante que o nosso Pai Celestial não apenas vê as nossas lutas, mas Se importa profundamente com cada detalhe da nossa vida. Seu cuidado é pessoal, amoroso e constante. Não importa quão grande ou pequeno seja o problema que enfrentamos, Deus está sempre presente, pronto para nos sustentar e nos ajudar a passar por qualquer situação. Será que temos carregado ansiedades que poderíamos ter entregado ao Senhor?

Pai, ajuda-me a confiar plenamente em Teu cuidado e a descansar na Tua paz. Amém.

"(…) lançando sobre ele toda a vossa ansiedade, porque ele tem cuidado de vós."

1 Pedro 5:7

ANOTAÇÕES

23 JUL

COMO VOCÊ TEM CUIDADO DE SI?

Pai, que eu sempre Te honre em tudo o que faço. Amém.

"Acaso não sabeis que o vosso corpo é o templo do Espírito Santo, que habita em vós, proveniente de Deus, e que não sois de vós mesmos?"

1 Coríntios 6:19

ANOTAÇÕES

Nosso corpo é a morada do Espírito Santo. Deus nos deu o dom da vida, e parte de honrar esse dom é cuidar de nós mesmos com zelo e amor. Muitas vezes negligenciamos nossa saúde física. O descanso, uma boa alimentação, o exercício e o cuidado médico são formas de honrar o templo que Deus nos deu. Quando cuidamos bem do corpo, somos mais capazes de cumprir o propósito que Deus tem para nós. Assim como o corpo, a mente e o coração também precisam de atenção, devemos alimentar nossa mente com o que é bom, puro e edificante. Filipenses 4:8 nos encoraja a pensar nas coisas que são verdadeiras, nobres, justas, puras, amáveis e dignas de louvor. Além disso, cuidar das nossas emoções implica aprender a lidar com o estresse, a ansiedade e a tristeza de maneira saudável, buscando ajuda quando necessário e descansando em Deus. O cuidado espiritual é o mais essencial. Passar tempo na presença de Deus, em oração, na leitura da Palavra, fortalece nosso espírito. Quando estamos espiritualmente saudáveis, somos capazes de enfrentar os desafios da vida com fé e coragem. Lembre-se sempre de que cuidar de si é honrar a obra que Ele está fazendo em sua vida.

Amanda Veras

RESISTA ÀS TENTAÇÕES

24 JUL

Vigiar significa estar atento, estar alerta para as armadilhas que podem nos levar ao pecado. Muitas vezes as tentações aparecem de forma sutil, e, se não estivermos vigilantes, podemos ser levados por pensamentos, desejos ou decisões que nos afastam de Deus. Jesus nos chama a estar conscientes de nossas fraquezas, prestando atenção às situações que podem nos levar a cair. Orar é a segunda instrução. A oração nos conecta a Deus, nos fortalece e nos capacita a resistir às tentações que enfrentamos. Por meio da oração, recebemos discernimento para identificar o que pode nos prejudicar e força para resistir. A oração nos lembra que não podemos vencer a tentação sozinhos, mas precisamos da ajuda de Deus para superar os momentos de fraqueza. Jesus reconhece nossa natureza humana ao dizer: "O espírito está pronto, mas a carne é fraca". Isso significa que, embora possamos ter o desejo de fazer o que é certo, nossas fraquezas humanas frequentemente nos levam a fazer o contrário. No entanto, ao vigiar e orar encontramos força no Senhor para vencer essas batalhas que se apresentam diariamente. Fortaleça sua vida de oração, pedindo a Deus sabedoria e força espiritual.

Pai, ajuda-me a estar vigilante, a perceber as armadilhas do inimigo e a buscar a Tua ajuda em oração. Amém.

"Vigiai e orai, para que não entreis em tentação; na verdade, o espírito está pronto, mas a carne é fraca."

Mateus 26:41

ANOTAÇÕES

_____
_____
_____
_____
_____
_____
_____
_____

Conversa com Deus Pai

25 JUL

TODO DIA É DIA DE FAZER O BEM

Pai, ajuda-me a não desistir, mesmo quando o caminho parece difícil, e dá-me forças para perseverar em Teu caminho. Amém.

"E não nos cansemos de fazer o bem, pois no tempo certo colheremos, se não desanimarmos."

Gálatas 6:9 (NVI)

ANOTAÇÕES

Em muitos momentos, fazer o bem pode parecer um caminho difícil e até cansativo. Podemos nos sentir desmotivados, especialmente quando não vemos resultados imediatos ou quando nossos esforços não parecem ser valorizados. Mas Gálatas 6:9 nos encoraja a não desistir, lembrando que, se perseverarmos, colheremos os frutos no tempo certo.

Deus vê nosso coração, conhece nossas intenções e honra nossa fidelidade. Ele sabe dos sacrifícios que fazemos e das vezes em que escolhemos fazer o bem, mesmo quando seria mais fácil desistir. Quando continuamos a agir com amor e bondade, estamos semeando sementes que, no tempo de Deus, darão frutos abundantes. Esse versículo nos convida a confiar no tempo perfeito de Deus e a lembrar que Ele está sempre trabalhando em nossa vida, mesmo que não vejamos os resultados imediatamente.

A caminhada com Deus é uma jornada de paciência e perseverança. Ele nos ensina a confiar, a seguir adiante e a continuar semeando o bem, pois a recompensa virá. Nosso papel é permanecer firmes, confiantes de que o amor e o bem que espalhamos serão honrados por Deus. Hoje, reflita sobre as áreas em que você tem semeado o bem, mesmo quando parece difícil. Lembre-se de que Deus está com você em cada passo e que Ele é fiel para trazer a colheita no tempo certo.

Amanda Veras

CONFIE COM O CORAÇÃO

26 JUL

Muitas vezes nos inclinamos a depender de nossa própria sabedoria, achando que sabemos o que é melhor. No entanto, a Bíblia nos ensina que a verdadeira segurança e a verdadeira paz vêm quando colocamos nossa total confiança no Senhor, não apenas em nossa própria compreensão limitada. Confiar com todo o coração significa render tudo a Ele – nossas preocupações, medos, sonhos e decisões. Deus vê o que não podemos ver; Ele sabe o que não sabemos, e tem um plano para o nosso bem. Abandonar o próprio entendimento é reconhecer que nossas ideias e julgamentos nem sempre são os melhores ou os mais sábios. Quando nos apoiamos apenas em nosso entendimento, podemos falhar ou nos desviar do caminho que Deus tem para nós. Mas, ao confiar plenamente no Senhor, encontramos orientação segura e sabedoria divina para tomar decisões corretas. Hoje, te pergunto: você tem confiado plenamente em Deus? Ou há áreas da sua vida que você está tentando controlar sozinho? É hora de entregar todos os aspectos a Ele e confiar que o Senhor nos liberta do fardo de tentar controlar tudo e nos abre para as bênçãos da Sua direção.

Pai, que eu aprenda a descansar na Tua sabedoria e no Teu plano para minha vida. Amém.

"Confia no Senhor de todo o teu coração, e não te estribes no teu próprio entendimento."
Provérbios 3:5

ANOTAÇÕES

Conversa com Deus Pai

27 JUL

LOUVE AO SENHOR

Pai, que o Teu louvor esteja continuamente em minha boca. Amém.

"Louvarei ao Senhor em todo o tempo; o seu louvor estará continuamente na minha boca."

Salmos 34:1

ANOTAÇÕES

O salmista Davi nos ensina uma atitude poderosa e transformadora: louvar ao Senhor em todo o tempo. Louvor não é algo limitado apenas aos momentos de alegria e vitória. Pelo contrário, somos chamados a louvar a Deus continuamente, mesmo em tempos de dificuldade, dor ou incerteza. Louvar a Deus em todo o tempo significa reconhecer quem Ele é, independentemente do que estamos passando. Seu amor, Sua bondade, Sua fidelidade e Seu poder são imutáveis, mesmo quando as circunstâncias nos parecem adversas. Quando escolhemos louvar a Deus, estamos declarando que nossa confiança não está em nossas condições temporárias, mas no Deus eterno, que tem o controle de todas as coisas. O louvor contínuo não apenas glorifica a Deus, mas também transforma nosso coração e nossa perspectiva. Ele nos fortalece, nos dá paz e nos lembra das promessas de Deus, ajudando-nos a passar por tempos difíceis com fé. Ao escolher louvar, experimentamos a presença e o consolo de Deus de maneira ainda mais profunda. Você tem conseguido louvar a Deus em todas as situações?

ENFRENTE AS BATALHAS

28 JUL

Na jornada da vida enfrentamos batalhas e desafios que exigem coragem e força. Muitas vezes essas batalhas parecem difíceis e dolorosas, mas elas fazem parte do processo de crescimento que Deus permite em nossa vida. A cada dia somos chamados a pegar nossa espada e lutar bravamente, avançando sempre, sem retroceder. No entanto, é importante lembrar que não lutamos sozinhos. Deus está conosco em cada passo, guiando nossos caminhos, oferecendo proteção e força. Ouça a voz de Deus antes de entrar em uma batalha. Se você se lançou em uma batalha sem consultar o Senhor, retroceda. Sempre é tempo de recomeçar. Sempre é tempo para refletir sobre as escolhas que fazemos e pedir a direção de Deus para as etapas que virão a seguir. Deus nos dá sabedoria para lutar, mas também nos ensina a esperar o tempo certo, o lugar certo e a batalha certa.

Pai, que eu possa avançar Contigo diante das adversidades da vida. Amém.

"Esforçai-vos, e Ele fortalecerá o vosso coração, vós todos que esperais no Senhor."

Salmos 31:24

ANOTAÇÕES

29 JUL

A VIDA PEDE CORAGEM

Pai, ajuda-me a permanecer firme na fé e a Te buscar continuamente em oração. Amém.

"Espere no Senhor. Seja forte! Coragem! Espere no Senhor."

Salmos 27:14

ANOTAÇÕES

A vida está cheia de momentos de espera – seja por uma resposta de Deus, seja por uma solução para um problema, seja por uma mudança. Esses momentos podem ser desafiadores, e muitas vezes nos sentimos fracos ou impacientes. Mas o Salmo 27:14 nos encoraja a esperar no Senhor, e a fazer isso com força e coragem. Esperar no Senhor não significa simplesmente aguardar passivamente, mas implica uma confiança ativa em Deus. Esperar em Deus é uma expressão de fé, de que Ele está no controle e que Sua vontade se cumprirá no tempo certo. Enquanto esperamos, somos chamados a ser fortes e corajosos, não porque temos todas as respostas, mas porque confiamos em Deus, pois sabemos que Ele nunca nos abandona, mesmo nas temporadas de espera. Ele é fiel e está trabalhando em cada detalhe da nossa vida, preparando algo bom para nós. O chamado para ser forte e ter coragem é um convite para não desistir, para manter a esperança viva, sabendo que o Senhor é a nossa fonte de força. A espera pode ser difícil, mas ela também pode ser um tempo de crescimento e amadurecimento espiritual. À medida que esperamos, nossa fé é fortalecida e nossa confiança em Deus aumenta. Se você está em um momento de espera, lembre-se de que Deus está com você e de que Ele sempre cumpre Suas promessas no tempo perfeito.

OLHE PARA O HORIZONTE

30 JUL

Muitas vezes uma tristeza estranha se instala em nosso peito, fazendo com que o dia mais ensolarado se torne cinzento. Pode ser apenas um dia ruim, apenas um dia triste, mas pode ser que você esteja passando por momentos de depressão. A depressão muitas vezes nos faz sentir isolados, sem esperança, como se estivéssemos em uma escuridão sem saída. Mas Deus nos lembra, por meio de Sua Palavra, que Ele é a luz que brilha mesmo nas trevas mais profundas. Ele não nos abandona. No meio da tristeza, Ele nos oferece Sua presença e conforto. Volte-se para Jesus: ele entende o peso que você carrega. Ele vê suas lutas, suas dores, e não se afasta de você nesses momentos difíceis. Pelo contrário, Ele te convida a se aproximar, trazendo consigo todo o fardo que você carrega, todo o cansaço emocional e espiritual. Jesus promete alívio para aqueles que se achegam a Ele. Aproxime-se de Jesus, leve a Ele todas as suas preocupações, sua dor e sua ansiedade. Ele não te julga por estar fraco ou cansado. Ele quer te acolher, te curar e te dar forças para continuar. O caminho pode ser difícil, mas você não precisa percorrê-lo sozinho. Deus caminha ao seu lado, oferecendo descanso e paz para o seu coração.

Pai, toma o meu fardo e me dá o Teu descanso. Renova minha força. Amém.

"Vinde a mim, todos os que estais cansados e oprimidos, e eu vos aliviarei."

Mateus 11:28

ANOTAÇÕES

Conversa com Deus Pai

31 JUL

DESISTIR NÃO É O CAMINHO

Pai, toma minha vida em Tuas mãos, cura o meu coração e renova minha esperança. Amém.

"O Senhor está perto dos que têm o coração quebrantado e salva os de espírito abatido."

Salmos 34:18

ANOTAÇÕES

Se você está vivendo um momento complicado, se a dor lhe parece insuportável, lembre-se de que você é profundamente amado por Deus e Ele nunca nos abandona. Deus se importa com cada um de nós. Ele está perto, mesmo quando nos sentimos sozinhos e sem valor. Nenhum coração quebrantado, nenhum espírito abatido passa despercebido por Deus, e Ele quer trazer cura e esperança para a nossa vida. Acredite, Deus pode renovar sua vida de um modo que você ainda não consegue ver; Ele pode transformar essa escuridão em luz, e esse desespero em uma nova perspectiva. Lembre-se: sua vida tem propósito. Você pode não sentir isso agora, mas sua existência importa muito. Deus nos criou com um plano e um propósito que vão além dos momentos de dor. Ele nos ama de maneira profunda e incondicional e deseja caminhar conosco, oferecendo paz e esperança quando tudo parece perdido. Neste momento de dor, lembre-se de que a presença de Deus em sua vida é real, e Ele ainda não terminou Sua obra em você. Deus tem planos de esperança e futuro, e deseja que você viva e encontre propósito Nele.

Amanda Veras

AGOSTO

01 AGO

SEGURE NA MÃO DE DEUS

Pai, eu confio em Ti para me amparar e resgatar dos lugares de dor na minha alma. Amém.

"Dá-nos auxílio para sairmos da angústia, porque vão é o socorro da parte do homem."

Salmos 108:12

ANOTAÇÕES

Você já caiu em um buraco? Já viu alguém se machucar em uma queda e precisar de ajuda para se levantar? A mão estendida para ofertar ajuda pode vir de alguém próximo a você ou de um desconhecido. O importante é reconhecer estarmos todos nessa grande estrada chamada vida e suscetíveis a quedas. Em algum momento podemos ser a mão a necessitar de ajuda ou a mão a oferecer ajuda. Mesmo com mãos estendidas, há situações que exigem força maior – nesse caso, não é suficiente a mão do ser humano, então dependemos da mão de Deus estendida em nossa direção, pois Ele não é somente aquele que presta ajuda e nos concede auxílio para vencer as adversidades da vida, mas é a fonte de toda assistência de que necessitamos. Por vezes podemos aumentar o som dos conselhos recebidos de amigos e de pessoas que amamos, mas, embora estes queiram o nosso bem, muitas vezes não terão a capacitação e a força necessárias para nos socorrer. Acredite na força divina que há dentro de você! Deus é a fonte de toda esperança, que jorra continuamente fé, coragem e a ousadia para vencer os momentos desafiadores pelos quais passamos. Ele é o socorro presente na hora da angústia, Ele é auxílio, Ele é proteção. Entregue a Deus seus pedidos e, acredite, o resgatador virá até você.

02 AGO

ESPALHE AMOR

Qual a sua postura em relação a Jesus? Você tem ouvido o chamado Dele para deixar de viver na neutralidade ou na indiferença espiritual? Pois Deus nos chama todos os dias para um compromisso total, para estarmos com Ele e nos dedicarmos à obra do Seu Reino. Neste versículo, Jesus nos confronta com uma verdade inescapável: não há neutralidade quando se trata de segui-Lo. Ou estamos com Ele, vivendo para o Seu propósito, ou estamos contra Ele, ainda que de maneira passiva. Não há um meio-termo, e não podemos ser espectadores na nossa fé. Estar com Jesus significa nos alinhar com a Sua vontade e Seu Reino. Implica não apenas acreditar Nele, mas segui-Lo ativamente, servindo e vivendo de acordo com Seus ensinamentos. Quando escolhemos estar com Jesus, somos chamados para espalhar o amor, a verdade e a esperança que Ele nos oferece. Não estar com ele é viver uma vida distante dos Seus valores. Esse afastamento resulta em espalhar um comportamento que divide, destrói e afasta outros do plano de Deus. Hoje, tome a clara decisão de se alinhar com Ele em tudo.

Pai, peço que me ajude a estar sempre Contigo, ajuntando e servindo. Amém.

"Aquele que não está comigo está contra mim, e aquele que comigo não ajunta, espalha."

Mateus 12:30 (NVI)

ANOTAÇÕES

03 AGO

TRANSFORME OPORTUNIDADE EM REALIDADE

Pai, que Tua mão sempre esteja sobre mim, que eu aja com sabedoria nas oportunidades que tens a mim confiado. Amém.

"Tudo quanto te vier à mão para fazer, faze-o conforme as tuas forças, porque na sepultura, para onde tu vais, não há obra, nem indústria, nem ciência, nem sabedoria alguma."

Eclesiastes 9:10

ANOTAÇÕES

O sol despontou no céu e anunciou mais um dia com infinitas possibilidades. O que você tem feito com as oportunidades que chegam até você? Um sábio ensinou que há três coisas na vida que nunca voltam: a flecha lançada, a palavra pronunciada e a oportunidade perdida. Lembre-se de que você está vivo por um propósito. Existe algo que somente você pode fazer, vidas que sua vida pode transformar, ambientes que podem anunciar recomeços se lá você estiver. Por isso, é preciso agarrar com ousadia aquilo que te vier à mão. E o que isso significa? Que com Suas mãos Deus te tece para aquilo que você precisa fazer. As mãos representam poder, força e supremacia. Acredite no poder das mãos de Deus sobre sua vida, sobre sua existência, e tudo aquilo que Ele lançar em suas mãos você está liberado para fazer. Você foi criado e chamado para um propósito, e sua história está sendo escrita hoje mesmo. Então, levante-se para escrevê-la e saiba que a mão de Deus traz para você cura e proteção e libera provisão para sua vida. Quais oportunidades estão a sua frente hoje? Tome as decisões necessárias para transformar essas oportunidades em realidade.

Amanda Veras

04 AGO

OLHE PARA O OUTRO

Esta é uma verdade fundamental sobre nossa identidade: fomos criados à imagem de Deus. Fomos criados para refletir Seu caráter em nossa vida. Somos chamados a demonstrar amor, justiça, bondade e compaixão, atributos divinos que devem estar presentes em nosso comportamento e em nossas relações. Isso também nos lembra que temos um propósito especial: viver para glorificar a Deus em tudo o que fazemos, seja em nosso trabalho, seja em nossos relacionamentos ou em nossa busca pela justiça. Além disso, ser criado à imagem de Deus significa que todos nós temos valor, independentemente de nossa aparência, status ou habilidades. Deus nos vê como Suas criações amadas. Por essa razão, Ele nos chama para ver o outro com respeito e amor, reconhecendo o valor de cada pessoa. Você já parou para pensar em quanto sua vida reflete a imagem de Deus? Como essa verdade impacta a maneira como você vive e se relaciona com os outros? Tem olhado para o lado e reconhecido o valor das pessoas ao seu redor? Tem demonstrado amor, justiça e compaixão aos outros? Todos carregam a imagem de Deus e todos têm valor. Nunca se esqueça disso.

Pai, que eu possa me lembrar do meu valor e do meu propósito em Ti e refletir Teu caráter em tudo o que faço. Amém.

> *"E Deus criou o homem à sua imagem; à imagem de Deus o criou; homem e mulher os criou."*
>
> **Gênesis 1:27**

ANOTAÇÕES

SEJA A CARTA QUE OUTROS VÃO LER

Pai, que eu seja uma carta viva a expressar Teu amor. Amém.

> *"Vocês mesmos são a nossa carta, escrita no nosso coração, conhecida e lida por todos."*
>
> **2 Coríntios 3:2 (NVI)**

ANOTAÇÕES

O que nossa vida tem comunicado às pessoas ao redor? Será que estão lendo uma mensagem de esperança, amor e perdão por meio de nossas ações? Ou será que o que temos mostrado está distante do que Cristo nos chamou a ser? Este versículo nos lembra que estamos sendo observados e que nossa vida deve refletir o evangelho que professamos. Somos como cartas vivas, que todos ao redor podem ler. Essa imagem nos lembra que nossa vida é uma testemunha: o modo como vivemos, falamos e agimos reflete algo para o mundo ao nosso redor. Se somos seguidores de Cristo, nossas ações e atitudes são uma carta aberta, que as pessoas podem "ler" para ver quem Jesus é. Ser uma carta viva significa que nossa vida comunica algo constantemente. Que tipo de mensagem sua vida está transmitindo às pessoas ao seu redor? Será que as pessoas veem Cristo em você, em suas palavras, atitudes e ações? Como você pode ser uma carta viva que revela o amor de Deus de forma mais clara? Reflita: que tipo de carta você tem sido?

Amanda Veras

06 AGO

CONFIE EM DEUS E FAÇA SEU VOO

Um pássaro, quando pousa no galho de uma árvore, não confia na capacidade do galho em o sustentar, mas, sim, na sua capacidade e agilidade em abrir rapidamente as asas e voar. Somos como o pássaro, e os galhos de uma árvore representam as inconstâncias da vida. Se focarmos na segurança que o galho pode ofertar, podemos demorar tempo demais analisando e confiando em algo instável, mas, se aprendermos a confiar no agir de Deus e em Sua direção para o pouso e para o abrir de asas, certamente fluiremos no vento, na direção e no agir que garante pousos seguros. Confie no Pai; se Ele age, não há quem possa impedir! Se Ele autorizou seu pouso, em Sua Palavra há segurança; se Ele ordenou o voo, abra as asas e permita-se voar na fé e na esperança de que tudo podemos em quem nos fortalece: Jesus. Hoje, faça uma pausa e reflita sobre onde você tem depositado sua confiança. Peça a Deus que o ajude a abrir suas asas na direção certa, confiando mais Nele do que nas circunstâncias ao redor. Lembre-se de que, quando Deus é a sua segurança, você não precisa temer os galhos frágeis da vida.

Pai, peço sensibilidade para Te escutar e graça para abrir as asas, voar e retornar a Ti de forma segura. Amém.

"Ainda antes que houvesse dia, eu sou; e ninguém há que possa livrar alguém das minhas mãos; agindo eu, quem impedirá?"

Isaías 43:13 (NAA)

ANOTAÇÕES

07 AGO

NÃO TENHA PRESSA

Pai, concede-me sensibilidade em entender que preciso viver no tempo que determinaste para mim. Amém.

"Tudo tem o seu tempo determinado, e há tempo para todo o propósito debaixo do céu."

Eclesiastes 3:1

ANOTAÇÕES

O relógio da vida tem a mesma medida para todo ser humano, mas a forma como decidimos administrá-lo é um presente. Temos o livre-arbítrio de escolher de que forma passaremos por esta vida. O que você deixará escrito nas linhas do tempo da sua história na terra? Essa pergunta pode trazer muitas dúvidas, porém as respostas a cada uma delas podem ser encontradas no tempo de cada coisa: com o tempo, tudo se revela; com o tempo, as amizades verdadeiras se solidificam e permanecem; com o tempo, o amor se aperfeiçoa; com o tempo, a verdade vem à tona. Não tenha pressa, não jogue seu tempo fora. Esperar com paciência é também uma virtude, pois a paciência nos impede de tomar decisões erradas e nos permite dar passos consistentes! Deus tem o controle de nossa vida – permita-se viver de acordo com o tempo que Ele determinou; afinal há um tempo certo para todas as coisas debaixo do céu!

Amanda Veras

08 AGO

RENOVE SUA MENTE

O mundo ao nosso redor tenta constantemente nos moldar à sua forma, com suas ideias, padrões e pressões. Muitas vezes somos tentados a nos conformar com o que é popular, com o que os outros estão fazendo, ou com o que a sociedade diz que devemos ser. Mas Deus nos dá uma ordem clara: não se conformem com este mundo. A palavra "conformar" aqui significa ser moldado, influenciado, adaptado aos padrões ao nosso redor. Deus está nos chamando para viver de maneira diferente, não seguindo a correnteza deste mundo, mas sendo guiados por Sua Palavra e por Sua vontade. E como podemos fazer isso? Pela renovação da nossa mente. Renovar a mente significa mudar a maneira como pensamos. Em vez de deixarmos que o mundo nos influencie, devemos buscar nossa transformação por intermédio do que Deus nos ensina. Quando nossa mente é renovada por Deus, começamos a ver o mundo de outra maneira, pois enxergamos as coisas sob a perspectiva Dele. Ao seguirmos o caminho de Deus, encontraremos propósito, alegria e plenitude. Então, quando sentir a pressão de se conformar com os padrões do mundo, lembre-se de que Deus te chama para uma vida de transformação, em que a vontade Dele é a luz que guia seus passos. Escolha ser transformado pela Palavra de Deus, e não moldado pelos padrões do mundo.

Pai, ajuda-me a ser transformado pela renovação da minha mente. Amém.

"Não vos conformeis com este mundo, mas transformai-vos pela renovação da vossa mente (…)".

Romanos 12:2

ANOTAÇÕES

_____
_____
_____
_____
_____
_____
_____
_____
_____

Conversa com Deus Pai

09 AGO

CONFIE PLENAMENTE NO SENHOR

Pai, hoje eu escolho confiar em Ti, pois sei que tens um plano perfeito para minha vida. Amém.

"Confie no Senhor de todo o coração; não se apoie em seu próprio entendimento."

Provérbios 3:5

ANOTAÇÕES

Quantas vezes você já tentou resolver as coisas do seu jeito, apenas para perceber que, no final, você estava indo na direção errada? Isso não quer dizer que nossos pensamentos ou decisões não têm valor, mas que eles são limitados. Nossas perspectivas podem ser influenciadas pelo medo, pela ansiedade ou por nossas próprias experiências, o que pode comprometer a nossa capacidade de entender e resolver situações. Deus, por outro lado, tem um plano perfeito para nossa vida, e Ele deseja que confiemos Nele em todas as situações. Quando confiamos no Senhor de todo o coração, encontramos paz, porque sabemos que Ele está no controle. Isso significa entregar a Ele as áreas da nossa vida que mais nos preocupam, sabendo que Ele é fiel e que nunca nos desamparará. Entregue a ele os medos, as preocupações, os planos, os problemas. Não é sempre fácil, porque muitas vezes acreditamos saber o que é melhor para nós. Porém, Deus tem uma visão muito mais ampla do que a nossa. Ele vê o que não podemos ver e sabe o que é melhor, mesmo quando não entendemos.

ESPERANÇA EM MEIO À TRISTEZA

10 AGO

Todos nós passamos por momentos de tristeza e desânimo. Às vezes parece que as dificuldades e os desafios da vida são esmagadores, e nossa alma fica abatida, como se a esperança estivesse fora de nosso alcance. Porém, é nos momentos de maior tristeza que precisamos nos lembrar de que temos uma âncora para a nossa alma: Deus é o nosso Salvador, a nossa esperança que nunca falha, e essa esperança nos dá a força para continuar, mesmo quando o caminho é difícil. Esperar em Deus não significa que todas as respostas virão imediatamente ou que a tristeza vai desaparecer de uma hora para outra. Significa, sim, confiar que Deus está presente em cada passo, que Ele não nos abandona. Se você se encontra abatido ou triste hoje, lembre-se de que há esperança em Deus. Sua tristeza não define o seu futuro, e o tempo de louvor voltará. Enquanto isso, espere no Senhor com confiança, sabendo que Ele é fiel e está com você.

Pai, renova a minha esperança e dá-me forças para confiar em Ti, mesmo quando as circunstâncias são difíceis. Amém.

"Por que você está tão abatida, ó minha alma? Por que está tão triste? Espere em Deus! Ainda voltarei a louvá-lo, meu Salvador e meu Deus!"

Salmos 42:11

ANOTAÇÕES

11 AGO

O VALOR DE ESTARMOS JUNTOS

Pai, agradeço pelas pessoas que colocaste em minha vida, que me ajudam a levantar quando eu caio. Amém.

"Levem os fardos pesados uns dos outros e, assim, cumpram a lei de Cristo."

Gálatas 6:2

ANOTAÇÕES

A vida é cheia de altos e baixos. Há momentos de alegria, mas também momentos de dificuldade, em que nos sentimos fracos, abatidos ou até derrotados. Quando enfrentamos dificuldades sozinhos, sem o apoio de outros, ficamos mais vulneráveis. Afinal, Deus nos criou para vivermos em comunidade. Ele nos fez para apoiarmos uns aos outros e caminharmos juntos. Quando um de nós cai, seja por um erro, seja por uma fraqueza ou por enfrentar um desafio grande demais, é essencial que tenhamos pessoas ao nosso redor para nos ajudar a levantar. Amizades e relacionamentos saudáveis são bênçãos de Deus, pois nos permitem crescer juntos, apoiar-nos mutuamente e compartilhar as alegrias e tristezas da vida. No corpo de Cristo somos chamados a carregar os fardos uns dos outros, a nos levantar mutuamente em oração e ação, e a nunca deixar um irmão ou irmã enfrentar suas batalhas sozinhos. Procure estar disponível para ajudar os outros, especialmente aqueles que estão passando por momentos difíceis. Seja a pessoa que estende a mão para levantar o próximo. Agradeça a Deus os amigos e familiares que Ele colocou em sua vida. Peça a Ele que fortaleça esses laços e permita que você seja uma bênção para eles. Quando você estiver passando por dificuldades, não hesite em buscar apoio.

A ESPERANÇA VIVA EM CRISTO

12 AGO

Em 1 Pedro 1:3, somos chamados a louvar a Deus por Sua grande misericórdia e pela esperança viva que Ele nos deu através da ressurreição de Jesus Cristo. Este versículo nos lembra o presente maravilhoso que recebemos por meio de Cristo: uma nova vida, cheia de esperança. Essa esperança não é baseada em circunstâncias passageiras ou nas incertezas do mundo, mas em algo imutável: a ressurreição de Jesus. Quando Jesus venceu a morte, Ele nos deu uma razão para viver com confiança e alegria, sabendo que, por mais desafiadora que seja nossa jornada, nossa vitória final está garantida Nele. A "esperança viva" mencionada no versículo é a certeza de que, como seguidores de Cristo, temos uma herança eterna guardada para nós no céu. Essa esperança nos fortalece em meio às dificuldades e nos dá paz em meio às tempestades, porque sabemos que o nosso futuro está seguro em Cristo. Livre-se dos tormentos, das angústias, da insegurança, dos maus pensamentos. Cristo é nossa esperança viva, que é capaz de nos regenerar e nos dar uma nova vida. Mantenha essa esperança presente em seu coração, pois ela renovará a fé e a alegria mesmo em tempos difíceis.

Pai, que eu viva com confiança e alegria, pois minha vitória está garantida no Senhor. Amém.

"(…) Conforme a sua grande misericórdia, ele nos regenerou para uma esperança viva, por meio da ressurreição de Jesus Cristo dentre os mortos."

1 Pedro 1:3 (NVI)

ANOTAÇÕES

_____
_____
_____
_____
_____
_____
_____
_____
_____

Conversa com Deus Pai

13 AGO

O VERDADEIRO VALOR

Pai, que meu caráter seja sempre moldado pela Tua Palavra. Em nome de Jesus. Amém.

"Há muitas mulheres virtuosas neste mundo, mas você supera todas elas!"

Provérbios 31:29 (NVI)

ANOTAÇÕES

Ser uma pessoa virtuosa é muito mais do que apenas fazer o que é certo. A virtude que agrada a Deus é aquela que reflete o caráter Dele em nossas ações diárias. Não se trata apenas de ser bondoso ou de trabalhar duro, mas de ter um coração dedicado a Deus, agindo com sabedoria, gentileza, amor e integridade em todas as áreas da vida. Deus reconhece nossos esforços e nosso caráter. As qualidades de uma vida dedicada a Ele não passam despercebidas. No mundo em que vivemos, muitas vezes o que é elogiado ou valorizado está relacionado à aparência externa, ao sucesso ou a status. Mas Deus valoriza o coração, a fé e a entrega de cada pessoa a Ele. O chamado para viver uma vida de virtude, superando as expectativas mundanas e vivendo para agradar a Deus, está ao alcance de todos aqueles que colocam Deus no centro de sua vida. Peça a Deus para te ajudar a viver uma vida virtuosa, marcada por amor, paciência e sabedoria, refletindo o caráter Dele em tudo o que você faz. Lembre-se de que Deus valoriza seu coração, sua integridade e seu compromisso com Ele. Não se preocupe em agradar ao mundo, mas em agradar a Deus. Reconheça as pessoas que são exemplo de virtude e que refletem o caráter de Deus. Seja grato por essas influências e busque aprender com elas.

Amanda Veras

RENOVE SUAS FORÇAS EM DEUS

14 AGO

Quem já não se sentiu cansado e abatido, sem forças para encarar a rotina do dia a dia? Muitas vezes olhamos adiante e não vemos soluções para os problemas que estamos enfrentando, e o desânimo se torna dono de nosso corpo e de nossa mente. Deus, porém, nos chama a restabelecer nossa força. Isso significa buscar renovação, não em nós mesmos, mas Nele. Ele é a nossa fonte de força e encorajamento. Ao fortalecer nossa fé e seguirmos o caminho de Deus, ajudamos a restaurar aqueles que estão caindo, sendo instrumento de cura e apoio. Se você está cansado, física ou espiritualmente, busque em Deus a força necessária para continuar. Ele está sempre disposto a te renovar e fortalecer. Examine suas ações e decisões: você está caminhando em direção à vontade de Deus? Se não, peça a Ele para te ajudar a ajustar seu caminho e seguir com firmeza. Olhe ao redor e veja se há alguém precisando de apoio na fé. Seja um encorajador e ajude aqueles que estão vacilando em se fortalecer em Deus. Peça ao Senhor com fé para que Ele esteja sempre presente em todos os momentos de sua vida.

Pai, permita que eu caminhe de maneira reta, firme na Tua Palavra e nos Teus caminhos. Amém.

"Por isso, restabelecei as mãos descaídas e os joelhos trôpegos; e fazei caminhos retos para os pés, para que não se extravie o que é manco; antes, seja curado."

Hebreus 12:13

ANOTAÇÕES

Conversa com Deus Pai

15 AGO

RELEMBRE

Pai, eu escolho trazer à memória as Tuas promessas e a Tua fidelidade. Amém.

> *"Quero trazer à memória o que me pode dar esperança."*
>
> **Lamentações 3:21**

ANOTAÇÕES

O profeta Jeremias escreveu Lamentações em um momento de grande tristeza e desespero, quando a destruição e o sofrimento pareciam ser tudo o que restava. No entanto, mesmo em meio ao caos, ele fez uma escolha poderosa: trazer à memória aquilo que lhe poderia dar esperança. Ele se agarrou às promessas e à fidelidade de Deus, encontrando alívio e consolo para seu coração. Da mesma forma, quando enfrentamos tempos difíceis, quando a dor e a incerteza nos envolvem, também somos chamados a lembrar o que Deus já fez por nós. Ao trazer à memória os momentos em que Ele foi fiel, as vezes que Ele nos sustentou, e Suas promessas de paz e redenção, encontramos força para continuar. A esperança não é baseada nas circunstâncias ao nosso redor, mas na certeza de que Deus é imutável, fiel e sempre presente. Trazer à memória é um ato de fé. Não ignoramos a realidade difícil que enfrentamos, mas escolhemos nos lembrar de que, mesmo quando tudo parece perdido, Deus continua sendo nossa fonte de esperança. Ele não nos abandona, e assim como no passado Ele nos guiará através de qualquer escuridão. O que você pode trazer à sua memória hoje para renovar sua esperança? Pense nas maneiras como Deus já se mostrou fiel em sua vida e confie que Ele continuará a ser sua fonte de força e esperança.

SEMPRE O MELHOR PARA NÓS

16 AGO

Todos nós fazemos planos, traçamos metas e alimentamos sonhos em nosso coração. É natural desejar construir nosso caminho e buscar nossos propósitos. Contudo, este versículo de Provérbios nos lembra que, por mais que tenhamos muitas intenções e propósitos, o conselho do Senhor é o que prevalece. Somente os planos de Deus são infalíveis e perfeitos, pois Ele vê o que não podemos ver e conhece o futuro que está à nossa frente. Por vezes nos frustramos quando nossos planos não acontecem como imaginamos, mas devemos nos lembrar de que Deus tem o melhor para nós. Mesmo quando não entendemos o que está acontecendo ou quando nossos caminhos parecem incertos, o conselho do Senhor permanece firme, guiando-nos de acordo com Seu propósito. Isso não significa que devemos parar de fazer planos, mas, sim, que devemos submeter nossos desejos ao Senhor, confiando que Ele sabe o que é melhor. Quando buscamos o conselho de Deus, encontramos paz, mesmo quando nossos planos precisam mudar. Deus sempre tem o controle, e Sua vontade é a melhor direção para nossa vida. Hoje, pense: Quais são os planos que você tem feito em seu coração? Você tem buscado o conselho de Deus em suas decisões? Lembre-se de que os propósitos do Senhor são perfeitos e, ao confiar Nele, você estará seguindo o caminho do Pai.

Pai, que o Teu propósito prevaleça em minha vida, pois sei que o Teu caminho é o melhor para mim. Amém.

"Muitos propósitos há no coração do homem, porém o conselho do Senhor permanecerá."

Provérbios 19:21

ANOTAÇÕES

Conversa com Deus Pai

17 AGO

A DECISÃO É SUA

Pai, peço que hoje venha em meu favor e ajuda-me a alinhar minha caminhada. Amém.

"Mas o justo viverá da fé; e, se ele recuar, a minha alma não tem prazer nele."

Hebreus 10:38

ANOTAÇÕES

Entre as estratégias de combate, saber a hora de avançar e a hora de recuar pode definir quem será o vitorioso na batalha. Retroceder é diferente de recuar. Quando o arqueiro recua a flecha na corda do arco, ele empenha força para lançá-la ao alvo. Seu recuo significa força para atingir o destino. Já um soldado na batalha, quando retrocede, precisa de estratégia clara e assertiva para assim agir, pois ao retroceder na hora errada pode dar oportunidade para o adversário avançar e vencer. A caminhada de fé requer ousadia e coragem para dar passos sem enxergar e ter garantias do que virá. É como uma estrada com neblina, em que o carro precisa rodar mais devagar, porém não pode parar. Todos nós vivemos períodos nebulosos na vida, sem enxergar nada adiante. Para um avanço certo, precisamos ser como flechas no arco de Deus: é Ele quem nos lança para nosso destino, porém somos nós quem decidimos permanecer em seu arco. Não permita que as decepções roubem a sua fé! Analise seu coração e pense sobre como você tem agido: se tem sido guiado por Deus como flecha em seu arco, recuando nas suas mãos, ou como um carro parado em uma estrada cheia de neblina, ou retrocedendo na estrada e impedindo outros que vêm depois de você de avançar. Lembre-se de que a decisão da caminhada é só sua. Decida por Deus.

É HORA DE APENAS PERMANECER

18 AGO

Deus nos sustenta nos lugares escuros. Mas que lugares são esses? Diariamente, antes de o sol surgir no céu anunciando um novo dia, as horas que antecedem sua aparição são as mais escuras da noite. Antes do amanhecer, o céu vive o momento que chamamos de profundamente escuro, e ele é o grande responsável por preparar e destacar o esplendor dos primeiros raios de sol da manhã. Assim ocorre em nossa vida; antes da paz, enfrentamos a escuridão da guerra; antes da calmaria, atravessamos a tempestade da aflição. Por isso confie no processo e permaneça firme na fé em Deus. Se os seus dias têm sido profundamente escuros, lembre-se: perto está o amanhecer, e a glória de Deus brilha sobre você! Às vezes, o que precisamos fazer é apenas permanecer. Quietos e sem grandiosas atitudes, parecemos estar parados, mas, na verdade, estamos aguardando o raiar do dia. Pense e avalie: Hoje é o dia de você permanecer? Então apenas permaneça e agradeça, pois um novo dia vem!

Pai, agradeço por me sustentar nas adversidades da vida e por me fazer permanecer. Amém.

"A terra está coberta de escuridão, os povos vivem nas trevas, mas a luz do Senhor está brilhando sobre você; sobre você aparece a glória de Deus."

Isaías 60:2

ANOTAÇÕES

19 AGO

NÃO DESISTA!

Pai, agradeço por me estender as mãos e me permitir recomeçar. Amém.

"Estou convencido de que aquele que começou boa obra em vocês, vai completá-la até o dia de Cristo Jesus."

Filipenses 1:6

ANOTAÇÕES

Todos em algum momento da vida pensamos em desistir. As razões podem ser as mais diversas: cansaço, frustração, decepção, pode ser pela impulsividade, pelo conforto e até mesmo pela aparente e enganosa ausência de razão. A verdade é que em algum momento todos seremos tentados a deixar de lado a insistência, a perseverança, a luta e a batalha pelo propósito. E o que fazer quando essa estação chegar? Como agir quando a vontade de abandonar tudo passa feito cometa pelo céu da sua alma, rasgando sonhos e deixando as lágrimas serem recolhidas pelo papel? Recomece. Apenas inspire profundamente e encha o pulmão de ar, de renovo. Feche os olhos e entregue-se à renúncia de sua inabilidade de tentar avançar sem conseguir receber ajuda. Sorria, transferindo os fardos pesados da alma a Cristo e permitindo-se descansar. Nos braços do Pai você encontra amor através das mãos estendidas dizendo: vem, filho, vamos recomeçar! Renove hoje seu contrato celestial em manter-se firme no seu propósito. Hoje é um bom dia para recomeçar!

A ALJAVA DE DEUS

20
AGO

Alguns estudos apontam que as primeiras bolsas surgiram em meados do século XV. Nessa época as bolsas eram usadas amarradas ao cinto tanto por homens como por mulheres. Os modelos das bolsas eram criados conforme a necessidade e a função. De igual modo, Deus nos guarda em sua bolsa protetiva, a aljava. Diante das lutas que travamos em nossa alma, em momentos de dor intensa e angústia, precisamos nos lembrar de que não estamos sozinhos e abandonados. Temos um destino a ser cumprido nesta terra; assim, Deus nos guarda de forma preciosa em sua aljava. Que honra, que conforto, que alegria podemos sentir ao sabermos que estamos protegidos e bem guardados por Ele. Hoje, ao enfrentar qualquer desafio, lembre-se de que Deus está com você, guardando-o em Sua aljava. Confie que Ele te protege e te carrega com cuidado e amor. Deixe essa certeza fortalecer sua fé e trazer paz ao seu coração.

Pai, agradeço por me proteger de forma tão espetacular. Amém.

"Tornou minhas palavras de juízo afiadas como espada, escondeu-me na sombra de sua mão; sou como flecha afiada em sua aljava."

Isaías 49:2 (NVT)

ANOTAÇÕES

21 AGO

VIVA UMA VIDA COLORIDA

Pai, que possa colorir não somente a tela da minha vida, mas, de igual modo, a tela da vida das pessoas da qual faço parte. Amém.

"(...) 'Rios de água viva vão jorrar do coração de quem crê em mim' (...)."

João 7:38

ANOTAÇÕES

Existem belíssimas obras de arte feitas com aquarela, porém há um detalhe importante quando se aprende a usar esse tipo de tinta. Quanto mais aquosa, mais fluida ela fica no papel; quanto mais carregada de tinta, mais controlada em sua forma. Assim também somos nós: quanto mais imersos na água que simboliza o Espírito Santo, mais livres nos tornamos para fluir e tomar a forma que Deus tem para nós; quanto mais imersos na Sua presença, mais sensíveis nos tornamos em Sua direção e chamado nesta terra. Porém o que nos impede de tomar essa forma divina, perdoadora, amável, doce é quanto carregamos a nossa alma com dores desta terra. Angústia, frustrações e decepções carregam nossa paleta da alma de cores pesadas demais, e de repente nos damos conta de quão pesada a nossa alma se tornou. Deus tem a medida certa, precisamos apenas nos permitir ser imersos em sua presença e seguir seus passos. Assim, a tela de nossa vida se fará uma linda obra de arte, livre para ser, livre para fluir nos seus dons, talentos e habilidades.

Amanda Veras

VOCÊ NASCEU PARA VENCER!

22 AGO

Quais são as regras, os valores, as leis e os princípios que regem sua vida? Seus sonhos estão de acordo com cada um desses tópicos? Essas são perguntas importantes. Pois com base nisso você pode sonhar. Sonhos com fundamentos são realidades já alcançadas. Seus sonhos devem ser maiores que a sua capacidade de realizar. Ao acordar pela manhã, levante-se da cama e agradeça o dom da vida, levante-se com um senso de propósito profundo e comece a agir, dedicando-se a servir as pessoas ao seu redor. Lembre-se: pessoas bem-sucedidas não são aquelas que têm milhões na conta bancária, mas aquelas que mudam com sua vida e suas atitudes milhões de vidas. Não morremos quando nosso coração para de pulsar, e sim quando deixamos de sonhar, de bombear esperança em nossa alma, por isso desperte neste dia com a mentalidade de um vencedor, que vence as impossibilidades e que não desiste mais, porque a fé precisa ser desenvolvida e fortalecida com uma disposição mental positiva, crescente e vitoriosa. Nunca se esqueça você nasceu para vencer.

Pai, que eu jamais seja intimidado diante das lutas, pois o Senhor é comigo. Amém.

"Semelhantemente, nenhum atleta é coroado como vencedor se não competir de acordo com as regras."

Timóteo 2:5

ANOTAÇÕES

23 AGO

DECIDA OBEDECER

Pai, edifica em meu coração a disposição em obedecer. Amém.

"Se vocês estiverem dispostos a obedecer, comerão os melhores frutos dessa terra."

Isaías 1:19

ANOTAÇÕES

Obedecer pode até ser uma atitude simples, mas obedecer de todo o coração é um grande desafio. É muito fácil dizer que concordamos com a instrução que recebemos, mas acolher no nosso coração e escolher obedecer em amor é a grande essência da obediência. Da boca para fora falamos muitas coisas, mas em nossas atitudes podemos dizer muito mais, ainda que em silêncio. As atitudes revelam a disposição em obedecer, em acatar a instrução e seguir em amor. Um dos grandes pontos de crescimento e maturidade na vida se revela na obediência. Pode ser um doloroso processo, mas dá grandes resultados. A obediência genuína, que nasce do coração, transforma as nossas atitudes, nossa forma de ver a vida e de perceber as situações ao nosso redor, e determina como vamos nos comportar. Isso nos traz benefícios, afinal a obediência é o adubo no solo do nosso coração, que, quando cultivado de maneira correta, será um bom solo para o plantio, e os resultados serão frutos que trarão muitas bênçãos à sua vida.

LIVRE-SE DAS MÁSCARAS

24 AGO

Um dos mistérios mais poderosos da vida cristã é a transformação contínua que o Espírito Santo opera em nós. Ao nos aproximarmos de Deus com o rosto descoberto, ou seja, com sinceridade, sem máscaras, sem fingimento, somos capacitados a refletir Sua glória como um espelho. A cada momento em que vivemos em comunhão com o Senhor, Ele nos molda à Sua imagem, transformando-nos de glória em glória. Essa transformação não é instantânea, mas um processo diário em que, pela graça de Deus, somos renovados e cada vez mais parecidos com Cristo. Assim como um espelho reflete o que está à sua frente, nossa vida deve refletir a presença e o caráter de Deus. Isso só é possível pelo poder do Espírito Santo, que age em nós, moldando nosso coração, nossa mente e nosso comportamento à semelhança de Jesus. Ser transformado de glória em glória significa, a cada passo de fé, a cada ato de obediência e em cada momento de entrega a Deus, sermos renovados. À medida que nos entregamos à obra do Espírito, nos afastamos da velha natureza e abraçamos uma nova vida em Cristo, refletindo Sua luz para o mundo. Hoje, reflita: como tem sido sua caminhada com Deus? Você está permitindo que o Espírito Santo opere essa transformação diária em sua vida?

Pai, que minha vida seja reflexo do Teu amor e da Tua presença, guiada pelo Teu Espírito. Amém.

> *"Mas todos nós, com rosto descoberto (…) somos transformados de glória em glória na mesma imagem, como pelo Espírito do Senhor."*
>
> **2 Coríntios 3:18**

ANOTAÇÕES

_____
_____
_____
_____
_____
_____
_____
_____
_____
_____

Conversa com Deus Pai

25 AGO

LAMENTE, MAS LEVANTE-SE PARA VENCER

Pai, limpa meu interior, refaz e levanta de forma generosa minha alma afetada pelas situações tão desafiadoras que vivi. Amém.

> *"Porque as flechas da tua condenação me perfuraram profundamente. Teus golpes atingiram a minha alma e esmagaram-me."*

Salmos 38:2

ANOTAÇÕES

Confessar um erro é um ato louvável, mas reconhecer o erro, arrepender-se e pedir perdão é um ato para os que têm largueza de alma. E talvez você se pergunte: o que é largueza de alma? No dicionário a palavra largueza é definida como a atitude de quem é largo, generoso. Em momentos de angústia, nosso coração pode ser atingido com flechas de condenação, e essas flechas podem ser as palavras das pessoas que estão ao nosso lado, que convivem conosco, e isso pode nos ferir profundamente. Podemos nos sentir desmotivados e abatidos. Porém, para cada lágrima de arrependimento há a mão de Deus estendida para recolher as dores das nossas lágrimas, há um Pai abundante de generosidade, disposto a tornar nossa alma larga em reconhecer, arrepender e perdoar. Lembre-se sempre: Deus é especialista em moldar o que estava esmagado e dar nova forma. Hoje, reflita: o que tem te impedido de reconhecer seus erros? Será o orgulho, ou o coração ofendido? Medite na palavra de Deus e peça a Ele que molde seu interior, com largueza de alma, para ser livre do orgulho e reconhecer o erro cometido, arrepender-se, perdoar-se e pedir perdão.

26 AGO

DOMINE SUA LÍNGUA

Um pequeno leme conduz uma grande embarcação, um pequeno cabresto doma um animal de grande porte. Esses dois exemplos nos conduzem a uma importante reflexão: como temos domado o pequeno órgão do nosso corpo chamado língua? Apesar de pequeno, grande é o seu poder; sua capacidade está em conceder morte ou vida através do que falamos. Às vezes nossa língua é como um cavalo selvagem, difícil de ser domado. Pessoas que não exercem o autocontrole podem agir de forma desenfreada, tomando decisões precipitadas, tendo atitudes impulsivas e declarando palavras que geram morte em vez de vida. Saber o que dizer e quando falar é uma poderosa chave para definir destinos. Deus nos ensina a refrear e a pressionar o desejo de falar aquilo que não trará edificação. Lembre-se sempre: sua vida seguirá sua boca, e sua boca declarará o destino de sua vida. Analise suas palavras durante a próxima semana e veja qual tem sido o impacto delas, daquilo que você fala em sua vida e na vida das pessoas ao seu redor.

Pai, concede-me ponderação acerca das palavras que de minha boca sairão. Amém.

"Porque todos tropeçamos em muitas coisas (...) nós pomos freio na boca dos cavalos, para que nos obedeçam; e conseguimos dirigir todo o seu corpo."

Tiago 3:2-3

ANOTAÇÕES

27 AGO

SIGA COM FÉ

Pai, ajuda-me a permanecer fiel, sabendo que Tu estás no controle. Amém.

"Eu sei o que vocês estão fazendo (…). Eu abri diante de vocês uma porta que ninguém pode fechar."

Apocalipse 3:8 (NTLH)

ANOTAÇÕES

Deus conhece cada detalhe de nossa vida: nossos esforços, nossas lutas, nossos fracassos e nossas vitórias. Ele nos observa de perto, sabendo exatamente onde estamos e o que estamos passando. E mesmo diante das adversidades Ele nos abre uma porta que ninguém pode fechar. Quando Deus abre uma porta em nossa vida, é um convite divino para seguir adiante com fé. Essa porta pode representar novas oportunidades, mudanças ou até mesmo a resposta para uma oração há muito tempo feita. O mais importante é que, uma vez que Deus abre essa porta, ninguém pode fechá-la. Nenhuma circunstância, pessoa ou dificuldade pode impedir o plano de Deus de se realizar em nossa vida. No entanto, é importante lembrar que nossa parte é permanecer fiéis. Deus vê o que estamos fazendo, e quando perseveramos, mesmo nos momentos de fraqueza, Ele nos recompensa abrindo portas que só Ele pode abrir. Quando Ele abre essas portas, devemos ter coragem para passar por elas, confiando que Ele já preparou o caminho à nossa frente. Com fé, devemos confiar em Seu tempo e propósito, avançando com coragem na certeza de que Ele está à frente.

28 AGO

ONDE ESTÁ A SUA FORÇA?

Aprender a viver contente em qualquer circunstância é um desafio, especialmente quando enfrentamos dificuldades. A tendência humana é se sentir derrotado nos momentos de falta e ansioso nos momentos de abundância, temendo perder o que se tem. No entanto, Paulo nos lembra que, em Cristo, temos a força necessária para enfrentar qualquer situação, seja ela de alegria ou de dor, de abundância ou de necessidade. A chave do contentamento, então, não está nas circunstâncias, mas em Cristo, que nos fortalece. Quando colocamos nossa confiança em Jesus e buscamos Nele nossa força, descobrimos que somos capazes de enfrentar os desafios da vida com paz e confiança. Não importa o que estejamos passando, podemos dizer com segurança: "Tudo posso naquele que me fortalece". Hoje, onde você tem buscado sua força? Nas circunstâncias ao seu redor ou em Cristo, que te fortalece? Aprender a depender de Jesus em todas as situações é o segredo para viver com paz, independentemente do que a vida nos trouxer.

Pai, que eu possa confiar sempre em Tua força e no Teu cuidado por mim, sabendo que, com Cristo, posso enfrentar qualquer desafio. Amém.

> *"Tudo posso naquele que me fortalece."*
>
> **Filipenses 4:13**

ANOTAÇÕES

_____
_____
_____
_____
_____
_____
_____
_____
_____

Conversa com Deus Pai

29 AGO

INSISTA NA ESPERANÇA

Pai, peço que me fortaleça enquanto espero e ajude-me a encontrar alegria em Ti. Amém.

"A esperança que se adia faz adoecer o coração, mas o desejo cumprido é árvore de vida."

Provérbios 13:12

ANOTAÇÕES

A esperança adiada, ou seja, os momentos de espera, quando aquilo que desejamos parece distante ou fora de alcance, pode trazer tristeza e desânimo. Quando esperamos por algo que não se realiza, seja um sonho, seja uma resposta de oração ou uma mudança desejada, nosso coração pode começar a enfraquecer e a perder a alegria. No entanto, a segunda parte do versículo nos lembra uma grande verdade: o desejo cumprido é árvore de vida. Quando finalmente alcançamos aquilo que tanto esperamos, há uma renovação de força, alegria e propósito. Esse cumprimento traz um sentimento de vida abundante, comparável a uma árvore cheia de frutos que sustenta e alegra. O segredo durante o tempo de espera é não perder de vista o propósito de Deus. Ele é fiel, e aquilo que Ele prometeu se cumprirá no tempo certo. A espera pode ser dolorosa, mas também é um tempo de crescimento e aprendizado, no qual nossa fé é fortalecida. Se você tem alguma esperança adiada que tem feito seu coração desanimar, lembre-se de que Deus vê suas esperanças e seus desejos. Confie Nele, mesmo quando a espera é longa. No tempo certo, Ele transformará seu desejo cumprido em uma árvore de vida, renovando sua alegria e sua fé. Confiar no tempo de Deus e em Seu plano é essencial para manter a esperança viva em nossa caminhada de fé.

Amanda Veras

ERGA A CABEÇA E SIGA ADIANTE

30 AGO

Paulo estava a bordo de um navio enfrentando uma terrível tempestade no mar, junto com outros prisioneiros, marinheiros e soldados. As ondas eram tão fortes que todos perderam a esperança de sobrevivência. Mas, no meio daquele caos, Deus enviou uma mensagem de paz e esperança a Paulo: "não tenha medo". Deus tinha um propósito para ele, e nenhum vento ou tempestade poderia impedir que esse propósito se cumprisse. Deus lembra a Paulo que ele ainda tinha uma missão a cumprir e, por isso, sua vida e a vida de todos que estavam no navio seria preservada. Esta mensagem nos ensina que, mesmo nas situações mais sombrias, quando tudo ao nosso redor parece desmoronar, Deus continua no controle. Quando Ele tem um propósito para nossa vida, nenhuma tempestade pode nos desviar desse caminho. Deus também concedeu, por Sua graça, a vida de todos os que estavam com Paulo. Isso nos lembra que nossa fé e confiança em Deus podem ser uma bênção não apenas para nós, mas também para aqueles ao nosso redor. Assim como Paulo foi uma fonte de esperança e coragem para seus companheiros de viagem, Deus também nos chama a ser luz para aqueles que enfrentam tempestades ao nosso lado. Se você está enfrentando uma tempestade em sua vida, lembre-se de que Deus está com você.

Pai, ajuda-me a confiar em Teu plano e a não temer os dias que virão. Amém.

"Paulo, não tenha medo! (…) por sua graça, deu-lhe as vidas de todos os que estão navegando com você."

Atos 27:24

ANOTAÇÕES

31 AGO

OUÇA COM A MENTE E ACOLHA COM O CORAÇÃO

Pai, ajuda-me a não apenas escutar, mas a viver segundo os Teus ensinamentos, sendo transformado dia a dia pela Tua voz. Amém.

> *"Quem tem ouvidos para ouvir, ouça!"*
>
> **Mateus 11:15**

ANOTAÇÕES

Ouvir a Palavra de Deus é mais do que apenas escutar; é receber, entender e aplicar Seus ensinamentos em nossa vida. Muitos ouvem a Palavra, mas poucos realmente absorvem seu significado e agem de acordo com ela. Ouvir a Deus requer intencionalidade. Significa abrir nosso coração para a Sua voz, estar atentos aos Seus ensinamentos e ser sensíveis à Sua direção. Quando ouvimos com atenção, somos capazes de discernir a vontade de Deus para nossa vida e de agir de acordo com ela. A frase "Quem tem ouvidos, ouça!" nos desafia a refletir sobre como estamos recebendo a mensagem de Deus. Será que estamos verdadeiramente ouvindo com um coração disposto a ser transformado? Ou será que estamos distraídos, deixando que as preocupações e os ruídos que chegam até nós abafem a voz de Deus? Como você tem ouvido a voz de Deus em sua vida? Tem permitido que as palavras Dele penetrem profundamente em seu coração, trazendo transformação? Peça a Deus que abra seus ouvidos espirituais para que você possa ouvir e responder ao que Ele tem falado. Quando ouvimos de verdade, somos transformados e capacitados a viver de acordo com Sua vontade, caminhando em obediência e fé.

Amanda Veras

SETEMBRO

01 SET

DEIXE SUA LUZ BRILHAR

Pai, que Tua luz brilhe sempre mais forte em mim. Em nome de Jesus. Amém.

"O Deus que disse: 'Que da escuridão brilhe a luz' é o mesmo que fez a luz brilhar no nosso coração."

2 Coríntios 4:6

ANOTAÇÕES

Imagine o momento da criação, quando a escuridão cobria tudo e Deus simplesmente disse: "Que haja luz". E em um instante a luz rompeu a escuridão, trazendo vida, clareza e esperança. Esse mesmo Deus que acendeu a luz no universo agora faz Sua luz brilhar em nosso coração. O brilho que venceu o caos e a escuridão na criação é o mesmo que vence as sombras dentro de nós. Somos chamados a ser portadores dessa luz, refletindo o brilho de Cristo para o mundo ao nosso redor, trazendo esperança onde há escuridão e paz onde há confusão. A luz de Cristo, que ilumina nosso caminho, nos revela a verdade e nos dá esperança e não pode ser apagada pelas circunstâncias, pela dor ou pela incerteza. Quando permitimos que essa luz brilhe dentro de nós, ela traz novo sentido à vida, renovando nossa fé e nos enchendo de propósito. Deus não nos chamou para viver em trevas, mas para refletir Sua luz ao mundo. A luz que Ele fez brilhar em nosso coração não é apenas para nós, mas para ser compartilhada, para ser um farol em meio à escuridão deste mundo. Quando permitimos que a luz de Deus brilhe por nosso intermédio, ela alcança aqueles ao nosso redor, guiando-os para o amor, a graça e a paz que só Jesus pode dar.

O AMOR QUE NUNCA FALHA

02 SET

Há momentos em que a dor da ausência de um pai pode se tornar um fardo muito pesado. O vazio deixado por alguém que deveria ser uma fonte de amor e proteção pode gerar sentimentos de rejeição e solidão. No entanto, há uma verdade poderosa da qual precisamos nos lembrar: mesmo quando as pessoas falham conosco, Deus nunca falha. O Senhor, o Pai celestial, é aquele que nos acolhe com amor incondicional. O Salmo 27:10 nos traz uma profunda mensagem de esperança. Mesmo que aqueles que deveriam nos amar e cuidar de nós não o façam, Deus nos recebe de braços abertos. Ele nos vê, nos entende e está sempre presente. Seu amor não depende de como nos sentimos ou das circunstâncias em que estamos. Ele é o Pai que nunca abandona Seus filhos. A ausência de um pai pode gerar muitas dúvidas sobre o próprio valor e propósito, mas Deus, o Pai perfeito, tem um plano lindo para cada um de nós. Ele nos chama pelo nome e nos oferece a chance de viver uma vida cheia de esperança e amor. Ele quer preencher cada vazio, curar cada dor e nos mostrar que somos profundamente amados. Se o seu coração está dolorido por causa de uma rejeição ou ausência, saiba que Deus está com você agora, pronto para te abraçar e te envolver com Seu amor. Ele é o Pai que nunca se ausenta, que não julga e que ama de uma forma que nenhum ser humano jamais poderia.

Pai, que eu encontre em Ti o amor que tanto busco. Amém.

"Ainda que meu pai e minha mãe me abandonem, o Senhor me acolherá."

Salmos 27:10

ANOTAÇÕES

03 SET

ENCONTRE PERDÃO EM DEUS

Pai, Te agradeço por me acolher com graça e por me amar de modo incondicional. Amém.

> *"Portanto, esta é a minha conclusão: muitos são os sofrimentos e frustrações daqueles que não se confessam a Deus. Mas, quando você confiar que o senhor pode perdoá-lo, o amor envolvente Dele te cercará."*

Salmos 32:10

ANOTAÇÕES

_____
_____
_____
_____
_____
_____
_____

A vida pode se tornar pesada quando tentamos carregar sozinhos o fardo de nossos erros. As frustrações, as dores e a culpa acabam nos sufocando, e por vezes nos sentimos presos em um ciclo de sofrimento. Esse versículo nos lembra que há um caminho de alívio e paz: a confissão e a confiança no perdão de Deus. Deus não nos pede perfeição. Ele nos chama a vir até Ele com o coração aberto e a confiar em Sua graça. Quando nos confessamos a Deus, algo extraordinário acontece: o peso do nosso coração é retirado, e em troca recebemos Seu amor envolvente. Esse amor não apenas nos perdoa, mas nos acolhe de maneira profunda e completa, curando as feridas mais escondidas da nossa alma. O amor de Deus é como um abraço que nos envolve por completo, trazendo paz ao lugar onde antes havia dor. Ele não apenas nos perdoa, Ele nos restaura. Quando você se entrega e confia Nele, percebe que não mais precisa carregar sozinho o peso da culpa. O amor de Deus te envolve, te aquece e te dá força para seguir em frente. Deus te chama para se aproximar, confessar e confiar. Seu amor envolvente está pronto para te cercar e trazer a paz de que seu coração tanto precisa.

Amanda Veras

04 SET

CONTROLANDO A IRA

A ira é uma emoção poderosa que, quando não controlada, pode nos levar a agir de maneira da qual mais tarde nos arrependemos. Ela nos cega, afeta nossos relacionamentos e nos afasta da paz que Deus deseja para nossa vida. No entanto, a Palavra de Deus nos ensina a controlar a ira e a responder com calma e sabedoria, em vez de deixar a raiva dominar nossas ações. Quando enfrentamos situações que nos irritam, temos uma escolha: podemos reagir com palavras duras, alimentando o conflito, ou podemos escolher uma resposta calma, que desvia a fúria e traz paz. A mansidão e o autocontrole são frutos do Espírito Santo em nós, e Deus nos chama a buscá-los em momentos de tensão. Controlar a ira não significa ignorar os sentimentos ou fingir que nada está errado, mas, sim, buscar a sabedoria e a graça de Deus para responder de maneira que traga cura e reconciliação, em vez de divisão e dor. Jesus é nosso exemplo de mansidão. Mesmo quando foi injustiçado e maltratado, Ele permaneceu firme, respondendo com amor e perdão. Quando somos rápidos em ouvir e lentos para falar ou nos irar, permitimos que a paz de Deus governe nosso coração, e Ele está presente, disposto a ajudar que nos mantenhamos centrados e fortes, em pleno controle dos nossos sentimentos.

Pai, eu confio em Ti para transformar meu coração e minhas respostas, trazendo Tua paz para minhas ações e relacionamentos. Amém.

"A resposta calma desvia a fúria, mas a palavra ríspida desperta a ira."

Provérbios 15:1

ANOTAÇÕES

APRENDA COM A HUMILDADE

Pai, ensina-me a servir, a amar e a buscar a Tua honra, e não a minha. Amém.

> *"Antes da sua queda o coração do homem se envaidece, mas a humildade antecede a honra."*
>
> **Provérbios 18:12**

ANOTAÇÕES

A arrogância é algo sutil. Muitas vezes ela se infiltra em nosso coração sem que percebamos, manifestando-se em nossos pensamentos, atitudes e palavras. Quando nos deixamos guiar pela arrogância, acabamos afastando aqueles ao nosso redor e, mais importante, nos distanciamos de Deus. Mas Cristo nos mostrou o caminho para vencer esse sentimento tão corrosivo: a humildade. Jesus, o Filho de Deus, nos deu o maior exemplo de humildade. Ele escolheu servir e amar. Ele nos convida a deixar de lado o orgulho e a arrogância, para que possamos viver como Ele viveu: com um coração humilde e disposto a aprender, servir e amar os outros sem buscar nossa própria glória. Quando olhamos para dentro de nós, muitas vezes percebemos que a arrogância é um reflexo das nossas inseguranças, do medo de sermos fracos ou vulneráveis. Mas Deus nos acolhe exatamente como somos, e nos convida a experimentar a verdadeira liberdade que vem ao sermos humildes. Ela nos renova e nos fortalece, pois nela somos honrados por Deus. Ao nos libertarmos da arrogância, abrimos espaço para a graça e o amor de Deus fluírem livremente em nossa vida.

Amanda Veras

A CADA DIA, ACREDITAR!

06 SET

A vida nos traz momentos de grande saúde e vitalidade, mas também passamos por períodos de fraqueza e doença. Nos dois momentos, Deus está presente, nos sustentando com Seu amor inabalável. Às vezes, a doença nos desafia e nos faz questionar por que estamos enfrentando essa dor, mas é justamente nessas horas que Deus nos convida a descansar em Sua paz e confiar em Sua presença. Aceitar a doença não é um sinal de fraqueza ou de falta de fé, mas, sim, de rendição ao cuidado de Deus. Nessas horas, quando nos sentimos mais vulneráveis, Deus se revela como nossa rocha, nossa fortaleza, e encontramos Nele o conforto que o mundo não pode nos dar. Por outro lado, quando desfrutamos da dádiva da saúde, somos chamados a louvar a Deus com gratidão. Cada novo dia de saúde é um presente, uma oportunidade de viver plenamente e de experimentar a bondade de Deus em cada respiração. Muitas vezes nos esquecemos de valorizar esses momentos de bem-estar, mas ao reconhecer a saúde como um presente divino, vivemos com um coração cheio de louvor e gratidão. Deus sempre nos envolve com Seu amor e está conosco em cada etapa da jornada para nos sustentar. Quando aceitamos isso, encontramos paz nas adversidades e renovamos nossa alegria nos momentos de força. Que você encontre paz em Seu cuidado e louve a Ele por cada novo dia.

Pai, eu Te agradeço porque o Teu amor está presente tanto nos momentos de saúde quanto nos de doença. Amém.

> *"Porque tudo o que Deus criou é bom, e, recebido com ações de graças, nada é recusável."*
>
> **1 Timóteo 4:4**

ANOTAÇÕES

07 SET

OS PENSAMENTOS DE DEUS SÃO MAIORES

Pai, dá-me paz para confiar em Ti, mesmo quando não vejo o quadro completo. Amém.

"Meus pensamentos são muito diferentes dos seus, e a minha maneira de agir é muito diferente da sua, diz o Senhor."

Isaías 55:8

ANOTAÇÕES

Há momentos na vida em que tentamos entender tudo o que acontece ao nosso redor. Planejamos, calculamos e pensamos que sabemos o que é melhor para nós. No entanto, este versículo de Isaías nos lembra de uma verdade fundamental: os pensamentos de Deus são muito diferentes dos nossos. Sua maneira de agir e Seu plano para nossa vida vão muito além do que podemos imaginar ou compreender. Deus, em Sua infinita sabedoria, vê o passado, o presente e o futuro. Quando não entendemos os caminhos pelos quais Ele nos conduz, somos chamados a confiar em Seu caráter e em Seu amor. Mesmo quando nossos planos falham ou as circunstâncias não fazem sentido, podemos descansar na certeza de que Deus está no controle e que Seus pensamentos para nós são sempre bons. Às vezes o que parece uma porta fechada pode ser a proteção de Deus, ou uma espera prolongada pode ser o tempo necessário para algo maior que Ele está preparando. Mesmo quando enfrentamos decepções ou desafios, podemos confiar que Deus está nos guiando por caminhos que nos levarão a Seu melhor. É tempo de confiar Nele, mesmo nos momentos mais confusos. Ele está sempre agindo para o nosso bem, nos guiando com amor e sabedoria.

VENÇA A FRUSTRAÇÃO

A frustração é uma experiência que todos nós enfrentamos em algum momento. Quando as coisas não saem conforme planejamos ou esperamos, nosso coração pode ser tomado pelo desânimo e pela dúvida. Mas a Palavra de Deus nos ensina que, mesmo diante de nossas frustrações, existe um propósito maior em ação: o plano perfeito de Deus. Muitas vezes, aquilo que nos frustra é justamente o que Deus está usando para nos moldar, nos ensinar e nos guiar para algo melhor. As frustrações podem ser o terreno fértil onde Deus planta crescimento e maturidade. Elas nos ensinam a confiar mais em Deus e a enxergar nossas frustrações não como obstáculos, mas como oportunidades de aprendizado e de fé. Lembre-se, Deus conhece o final de todas as coisas, mesmo quando nós não conseguimos ver além da frustração do momento e nos convida confiar em Seu plano para nossa vida. Quando colocamos nossas frustrações diante Dele, Ele nos dá paz para seguir em frente, sabendo que o controle está em Suas mãos. Hoje, faça um esforço consciente de entregar suas frustrações a Deus, confiando que Ele está trabalhando, mesmo nos momentos de decepção.

Pai, eu confio em Ti e sei que o Teu plano é perfeito para mim. Amém.

"Muitos são os planos no coração do homem, mas o que prevalece é o propósito do Senhor."

Provérbios 19:21

ANOTAÇÕES

09 SET

A RECOMPENSA DA CONFIANÇA EM DEUS

Pai, eu confio no Teu tempo. Amém.

> *"Por isso, não abram mão da confiança que vocês têm; ela será ricamente recompensada. (...) quando tiverem feito a vontade de Deus, recebam o que ele prometeu."*
>
> **Hebreus 10:35-36**

ANOTAÇÕES

A vida nos apresenta desafios que, às vezes, podem nos fazer questionar nossa fé e confiança em Deus. Em momentos de dificuldade ou incerteza, é fácil pensar em desistir ou duvidar das promessas de Deus. No entanto, este versículo de Hebreus nos encoraja a não abrir mão da confiança que temos no Senhor, porque ela será ricamente recompensada. A confiança em Deus é algo precioso. Ela é a base da nossa fé e nos sustenta em tempos de tribulação. Quando mantemos nossa confiança em Deus, mesmo diante dos maiores obstáculos, estamos declarando que acreditamos na fidelidade Dele e no Seu poder de transformar nossa situação. Mas a perseverança é fundamental. Para recebermos o cumprimento das promessas de Deus, precisamos continuar firmes, mesmo quando os ventos parecem contrários, pois a recompensa virá para aqueles que perseverarem em fé.

LIVRE-SE DO PASSADO

10 SET

O passado tem o poder de nos prender, especialmente quando nos apegamos a erros, mágoas ou frustrações que vivemos. Muitas vezes ficamos tão focados no que aconteceu antes que deixamos de perceber o que Deus está fazendo no presente e o que Ele está preparando para o futuro. Quando nos apegamos às coisas antigas, seja por arrependimento, seja por nostalgia, podemos nos limitar ao que Deus tem para nós agora. Ele quer nos libertar das correntes do passado para que possamos viver o presente com esperança e expectativa pelo que está por vir, e nos convida a olhar para a frente, a confiar em Seu plano e a acreditar que o futuro nas mãos Dele é muito maior do que qualquer coisa que já vivemos. Há algo em seu passado que você precisa deixar para trás? Pode ser um erro, uma dor ou até mesmo uma fase que tanto marcou sua vida. Lembre-se: quando soltamos as bagagens antigas, ficamos livres para abraçar o novo. Deus está te dando olhos para ver e um coração para abraçar as oportunidades e bênçãos que Ele vem preparando. Abra-se para o que virá!

Pai, eu abraço com fé o futuro que o Senhor tem preparado para mim. Amém.

"Não vos lembreis das coisas passadas, nem considereis as antigas."

Isaías 43:18

ANOTAÇÕES

_____
_____
_____
_____
_____
_____
_____
_____
_____

Conversa com Deus Pai

11 SET

O LADO BOM DA VIDA

Pai, que eu aprenda a focar nas coisas verdadeiras e dignas de louvor. Amém.

"(…) tudo o que for verdadeiro, tudo o que for nobre, tudo o que for correto (…) se houver algo de excelente ou digno de louvor, pensem nessas coisas."

Filipenses 4:8

ANOTAÇÕES

A vida nem sempre é fácil, e todos nós enfrentamos desafios, lutas e momentos difíceis. No entanto, a maneira como escolhemos enxergar a vida pode transformar completamente a nossa jornada. Deus nos convida a olhar o lado bom da vida – não porque as dificuldades desaparecem, mas porque, mesmo em meio a elas, sempre podemos encontrar Suas bênçãos, graça e beleza. Paulo, ao escrever aos filipenses, nos ensina a focar nossa mente e nosso coração nas coisas que são verdadeiras, nobres, puras e dignas de louvor. Esse é um chamado a treinarmos nosso olhar para ver o lado positivo, o lado onde Deus está agindo e manifestando Sua bondade. Quando mudamos o foco da nossa mente, mesmo as situações mais complicadas podem ser vistas com uma perspectiva de esperança. Olhar o lado bom da vida não é negar a existência dos problemas, mas, quando aprendemos a olhar a vida com os olhos de Deus, começamos a ver que, apesar das dificuldades, Suas bênçãos estão por toda parte. Cada dia traz nova oportunidade de perceber a graça de Deus em ação, de reconhecer Suas dádivas e de agradecer Sua bondade.

Amanda Veras

VIVA UMA VIDA DE INTEGRIDADE

12 SET

Viver uma vida de integridade é uma das maiores demonstrações de nosso compromisso com Deus. Integridade não significa perfeição, mas viver de maneira honesta e autêntica, alinhada aos princípios de Deus em todas as áreas da vida. É viver de tal maneira que nossas palavras e ações refletem o caráter de Cristo, tanto em público quanto em particular. É ser a mesma pessoa diante dos outros ou quando ninguém está olhando. Nossas escolhas diárias – no trabalho, em casa, na igreja ou em momentos de lazer – devem refletir os valores de Deus. Quando vivemos com integridade, nossas ações falam mais alto do que as palavras, e nossa fé é visível por nosso comportamento. A Bíblia nos ensina que o justo, aquele que anda em integridade, experimenta as bênçãos de Deus, e sua vida impacta não apenas a própria jornada, mas também as gerações futuras. Quando nos comprometemos a viver com integridade, nossos filhos, amigos e todos ao nosso redor veem o exemplo de um coração que busca agradar a Deus em tudo. Quando andamos com honestidade e coerência, impactamos o mundo ao nosso redor e experimentamos as bênçãos que Deus tem para aqueles que seguem Seus princípios.

Pai, fortalece-me para viver uma vida de integridade que traga glória ao Teu nome. Amém.

"O justo anda na sua integridade; bem-aventurados serão os seus filhos depois dele."

Provérbios 20:7

ANOTAÇÕES

13 SET

A ESPERANÇA NASCIDA NA ADVERSIDADE

Pai, agradeço por Tua presença em cada tribulação da minha vida. Amém.

"E não somente isso, mas também nos gloriamos nas tribulações; sabendo que a tribulação produz a paciência, a paciência a experiência, e a experiência a esperança."

Romanos 5:3-4

ANOTAÇÕES

Todos nós vivemos períodos de adversidades. Às vezes tomamos os acontecimentos como definitivos em nossa vida, e acabamos por nos deixar vencer pelo desânimo, pela descrença, pela tristeza. Paulo nos ensina que, quando enfrentamos os infortúnios com fé, Deus trabalha em nós de maneira profunda, produzindo crescimento espiritual. Quando somos desafiados, aprendemos a esperar em Deus e a desenvolver uma confiança mais profunda em Seus planos. Essa paciência nos dá experiência – a maturidade espiritual que vem de atravessar provas e perceber a presença de Deus em todos os momentos. E essa experiência traz consigo uma esperança inabalável, porque entendemos que Deus está no controle, transformando nossas dificuldades em oportunidades para o nosso bem e para o Seu propósito. Paulo nos convida a ver as tribulações como um caminho para a transformação, não como derrotas. O crescimento espiritual vem da paciência, do aprendizado e, finalmente, da esperança que se fortalece em nossa caminhada com Deus. Quando passamos por dificuldades, podemos ter certeza de que Ele está conosco, moldando-nos e nos guiando para algo maior.

LIDERE COM BOM ENTENDIMENTO

14 SET

Assim como o horizonte parece infinito e o oceano insondável em sua profundidade, o discernimento de um líder piedoso é vasto e profundo, porque ele busca sua sabedoria em Deus, a fonte de toda compreensão. Para ser um bom líder é preciso muito mais do que habilidades humanas; é preciso ter um coração aberto para aprender, crescer e buscar a sabedoria de Deus. Um líder com entendimento sabe ouvir, ponderar e tomar decisões com discernimento. Ele não age com pressa ou superficialidade, mas aprofunda-se em oração e meditação na Palavra de Deus, buscando sabedoria para guiar os outros com justiça e amor. Assim como o oceano esconde riquezas em suas profundezas, o líder que busca o entendimento em Deus encontra tesouros de sabedoria que não apenas o beneficiam, mas também abençoam aqueles que ele lidera. O bom líder reflete a sabedoria divina em suas ações e decisões, sabendo que seu papel é servir aos outros e glorificar a Deus. Como você tem buscado o entendimento em sua vida? Em sua liderança ou em seu cotidiano, você tem buscado a sabedoria que vem de Deus para tomar decisões? Lembre-se de que a verdadeira sabedoria é ampla e profunda, assim como o horizonte e o oceano, e Deus está pronto para derramar essa sabedoria sobre aqueles que a pedem.

Pai, dá-me discernimento para guiar e servir com o coração voltado para Ti. Amém.

> *"Assim como é vasta a amplitude do horizonte e a profundidade do oceano, também é amplo e profundo o entendimento do bom líder."*
>
> **Provérbios 25:3**

ANOTAÇÕES

Conversa com Deus Pai

15 SET

LIÇÕES QUE PRECISAMOS APRENDER

Pai, que eu possa crescer cada vez mais à Tua imagem, vivendo com gratidão e confiança em Teus planos. Amém.

"Ensina-me a fazer a tua vontade, pois tu és o meu Deus; que o teu bondoso Espírito me conduza por terreno plano."

Salmos 143:10

ANOTAÇÕES

A vida é uma jornada repleta de aprendizados, e Deus nos ensina lições valiosas através das circunstâncias que enfrentamos. Às vezes essas lições vêm por meio de momentos de alegria, outras vezes por meio de desafios. No entanto, todas têm um propósito: moldar-nos à imagem de Cristo e nos guiar para uma vida de sabedoria. Precisamos entender que a vida raramente segue o ritmo que esperamos. É preciso ter resiliência e esperança. Mas, antes de tudo, uma das primeiras lições que precisamos aprender é confiar em Deus, mesmo quando as coisas não fazem sentido. Essa confiança nos ensina a depender menos de nossa própria força e mais do cuidado e da sabedoria de Deus. É preciso ter paciência e humildade nas provações. Reconhecer que não sabemos tudo e que precisamos da direção de Deus nos permite receber a sabedoria que Ele oferece. A vida raramente segue o ritmo que esperamos, e aprender a esperar o tempo de Deus é essencial. Nas provações, nossa fé é fortalecida, e nossa paciência nos aproxima mais de Deus. Reflita: quais lições Deus está ensinando a você neste momento da sua vida? Você está disposto a aprender e a crescer com Ele? Deus usa todas as circunstâncias, boas ou ruins, para nos ensinar algo valioso. Quando nos abrimos para aprender, Ele nos guia em caminhos de sabedoria e paz.

OS PLANOS DE DEUS NUNCA FALHAM

16 SET

Este versículo é uma poderosa declaração de fé feita por Jó após um período intenso de sofrimento e questionamentos. Depois de tudo que ele enfrentou – perdas, dores e desafios –, Jó chega a uma conclusão simples e profunda: Deus é soberano. Ele declara com confiança que Deus pode todas as coisas e que nenhum dos Seus planos pode ser frustrado. Muitas vezes, em nossa própria vida, enfrentamos circunstâncias difíceis e nos perguntamos por que as coisas acontecem da maneira como acontecem. Podemos até nos sentir desencorajados, pensando que nossos sonhos estão longe de se realizar ou que os obstáculos são grandes demais. No entanto, este versículo nos lembra que Deus está no controle. Seus planos são perfeitos, e, mesmo quando não entendemos o que Ele está fazendo, podemos confiar que Seus propósitos prevalecerão. A declaração de Jó também nos ensina sobre a nossa limitação humana e a grandeza de Deus. Não podemos ver o quadro completo, mas Deus vê. Nenhum obstáculo é grande demais para Deus. Ele pode abrir caminhos onde não existem, curar feridas profundas e transformar circunstâncias impossíveis. Ao reconhecer a soberania de Deus, somos convidados a confiar plenamente Nele. Mesmo quando tudo ao nosso redor parece estar desmoronando, podemos nos agarrar à verdade de que os planos de Deus nunca falham.

Pai, renova minha fé e dá-me paz, sabendo que minha vida está em Tuas mãos. Amém.

"Bem sei eu que tudo podes, e que nenhum dos teus propósitos pode ser impedido."

Jó 42:1

ANOTAÇÕES

17 SET

APROVEITANDO AS BOAS OPORTUNIDADES

Pai, que eu possa ser usado por Ti para fazer a diferença na vida dos outros e no Teu reino. Amém.

"Portanto, aproveitem bem todas as oportunidades, porque os dias são maus."

Efésios 5:16

ANOTAÇÕES

_____
_____
_____
_____
_____
_____
_____
_____
_____
_____

A vida é cheia de oportunidades. Algumas são pequenas e passam despercebidas, enquanto outras podem mudar completamente o rumo da nossa jornada. Deus nos chama a viver com sabedoria e discernimento, atentos às oportunidades que Ele coloca em nosso caminho. Aproveitar as boas oportunidades significa estarmos prontos para agir, com coração e mente abertos ao que Deus está fazendo em nossa vida. Muitas vezes as melhores oportunidades surgem de maneira inesperada, e é preciso sensibilidade espiritual para reconhecê-las e coragem para segui-las. Isso pode significar um novo desafio, uma mudança de direção ou até um simples gesto de bondade que pode fazer uma grande diferença. Deus nos concede oportunidades de crescimento, de serviço, de bênção e de compartilhar Seu amor com os outros. Quando somos intencionais em nossa caminhada, aprendemos a identificar esses momentos e a agir de acordo com a vontade de Deus, sabendo que Ele guia cada passo. Você tem aproveitado bem as oportunidades que Deus tem colocado em sua vida? Há áreas em que você pode ser mais atento e intencional? Peça ao Senhor que te dê sabedoria para discernir as oportunidades que Ele deseja que você abrace.

AME AO PRÓXIMO COMO A TI MESMO

18 SET

Neste versículo Jesus nos revela o maior mandamento: amar a Deus com todo o nosso ser. Ele nos chama a uma entrega completa, envolvendo nosso coração, nossa alma e nossa mente. Amar a Deus com todo o coração significa que Ele deve ser a fonte e o destino de nossos afetos. É direcionar nosso amor primeiro a Ele, antes de qualquer outra coisa, permitindo que esse amor guie todas as nossas outras relações. Quando Deus ocupa o lugar mais alto em nosso coração, nossa vida é transformada pela paz e segurança que vêm de Seu amor. Amar a Deus com toda a alma nos chama a uma devoção completa. Nossa alma é o núcleo de quem somos, e Deus nos chama a entregar toda a nossa vida a Ele, sem reservas. Isso inclui nosso propósito, nossa identidade e nossas emoções, sabendo que tudo em nós pertence a Ele. Amar a Deus com todo o entendimento significa buscar conhecer a Deus com profundidade, estudar Sua Palavra e permitir que nossa mente seja renovada pela verdade. O entendimento que vem de Deus nos ajuda a discernir Sua vontade e a viver de forma sábia e correta diante Dele. Quando colocamos Deus no centro do nosso coração, da alma e da mente, somos transformados por Seu amor e nos aproximamos de Sua vontade para nossa vida.

Pai, transforma meu coração, para que minha vida seja uma expressão de amor por Ti. Amém.

"(…) 'Ame o Senhor, o seu Deus de todo o seu coração, de toda a sua alma e de todo o seu entendimento'."

Mateus 22:37

ANOTAÇÕES

19 SET

USE O TEMPO COM PRUDÊNCIA

Pai, que eu não desperdice o tempo, mas o invista no Teu reino e nas coisas eternas. Amém.

"Ensina-nos a contar os nossos dias, para que alcancemos coração sábio."

Salmos 90:12

ANOTAÇÕES

O tempo é um dos maiores dons que Deus nos concede. Cada dia que recebemos é uma nova oportunidade para crescer, servir, amar e viver de acordo com o propósito que Ele tem para nós. No entanto, muitas vezes o tempo pode ser mal utilizado ou desperdiçado, e é por isso que a Bíblia nos exorta a buscar sabedoria para contar nossos dias. O salmista, ao pedir a Deus que o ensine a contar os dias, reconhece que a vida é breve e que o tempo é precioso. Quando percebemos que nossos dias são limitados, somos levados a viver de forma mais assertiva, buscando o que realmente importa. Não podemos controlar o passar do tempo, mas podemos escolher como o utilizamos. A sabedoria no uso do tempo nos ajuda a priorizar o que tem valor eterno. Nem sempre é fácil equilibrar as responsabilidades diárias, os relacionamentos e o nosso tempo com Deus, mas, quando buscamos Sua orientação, Ele nos ajuda a viver de maneira produtiva e significativa. Nossa vida aqui na terra é passageira, e o tempo que temos deve ser investido em algo maior que nós mesmos. Como você tem usado o tempo que Deus te deu? Você tem vivido com propósito, aproveitando cada momento para crescer espiritualmente e fazer a diferença na vida das pessoas ao seu redor?

Amanda Veras

20 SET

ABRACE O NOVO

Muitas vezes ficamos presos às lembranças do que passou – sejam elas boas ou dolorosas – e acabamos limitando nossa visão do que Deus deseja fazer em nossa vida agora. "Esqueçam o que se foi" não significa desconsiderar o que aprendemos com o passado, mas não permitir que ele nos defina ou nos aprisione. Deus nos convida a não viver no passado, mas a focar no que Ele está realizando no presente e no futuro. Quando estamos presos ao que já aconteceu, corremos o risco de perder as grandes oportunidades que Ele está trazendo. Deus está sempre em movimento, sempre criando e realizando algo novo. Talvez você esteja enfrentando desafios ou passando por uma fase de transição, mas lembre-se: Deus está fazendo algo novo. Mesmo que ainda não seja visível aos nossos olhos, Ele está preparando algo transformador para a sua vida. Abra o coração, perceba o novo e abrace-o com fé e esperança. Quando confiamos no Senhor, somos capazes de perceber o que Ele está fazendo e caminhar com fé em direção ao futuro que Ele preparou para nós.

Pai, que eu caminhe com fé a Teu lado, diante do novo que me espera. Amém.

"Esqueçam o que se foi; não vivam no passado. Vejam, estou fazendo uma coisa nova! Ela já está surgindo! Vocês não o percebem? (…)"

Isaías 43:18-19

ANOTAÇÕES

Conversa com Deus Pai

21 SET

VIVENDO COM INTEGRIDADE E SINCERIDADE

Pai, que eu ande com sabedoria e sinceridade, sabendo que Tu estás sempre comigo. Amém.

"Portar-me-ei com inteligência no caminho reto. Quando virás a mim? Andarei em minha casa com um coração sincero."

Salmos 101:2

ANOTAÇÕES

Andar com um coração sincero é estar diante de Deus de forma transparente, sem máscaras, sabendo que Ele vê tudo. Isso não quer dizer ser perfeito, mas ser autêntico, buscando fazer o que é certo mesmo quando ninguém está por perto. A verdadeira sabedoria é permitir que Deus molde nosso caráter e nossas atitudes, na nossa vida pública ou privada. Este versículo do salmista Davi reflete o desejo profundo de viver uma vida reta e íntegra diante de Deus. Ele reconhece que a sabedoria e a integridade devem guiar cada passo do caminho, especialmente nas áreas mais íntimas da vida: em casa, onde ninguém vê além de Deus. Davi nos ensina que a verdadeira integridade começa no coração e se manifesta em nossas ações, principalmente quando estamos longe dos olhos do público. Viver com inteligência no "caminho reto" significa tomar decisões que honram a Deus, com um coração cheio de sinceridade. Isso inclui como nos comportamos dentro de nossa casa, nas pequenas coisas do dia a dia e nos relacionamentos mais próximos. Como tem sido sua caminhada em casa e nos lugares onde apenas Deus vê? Você tem buscado agir com integridade e sinceridade em cada área da sua vida? Lembre-se de que Deus está presente em todos os momentos e que Ele deseja que andemos com um coração sincero diante Dele.

Amanda Veras

AS ESCOLHAS QUE FAZEMOS

22 SET

Quantas vezes em nossa vida fazemos escolhas baseadas no que parece mais vantajoso no momento? Optamos pelo caminho mais fácil, pela oferta mais atraente ou pela oportunidade mais conveniente, sem pensar nas implicações espirituais e nos perigos que podem estar escondidos. Ló nos mostra que escolher com os olhos humanos pode nos levar a consequências difíceis. Neste versículo vemos Ló tomando uma decisão que parecia, à primeira vista, a melhor escolha. Ele escolheu a fértil planície do Jordão, uma terra próspera e abundante. Aos olhos humanos, parecia a decisão mais lógica e segura. No entanto, ele não considerou os perigos espirituais que aquela região trazia. Essa história nos ensina uma lição poderosa: as aparências nem sempre revelam o melhor caminho. Ló escolheu com os olhos físicos, buscando o que parecia mais fácil e promissor, mas não consultou Deus em sua decisão. Deus nos chama a consultá-Lo em nossas decisões e a fazer escolhas com discernimento. Quando confiamos Nele, mesmo que o caminho pareça incerto ou menos atraente, Ele nos guia para aquilo que é verdadeiramente bom.

Pai, dá-me discernimento para ver além das aparências. Amém.

"Ló escolheu toda a planície do Jordão para si e partiu na direção leste. Assim, os dois se separaram."

Gênesis 13:11

ANOTAÇÕES

Conversa com Deus Pai

23 SET

A PROFUNDIDADE EM DEUS

Pai, quero mergulhar nas águas do Teu Espírito e ser guiado pela Tua vontade, sabendo que Tu me levarás sempre ao melhor lugar. Amém.

"Finalmente, mediu mais quinhentos metros, e o rio era tão fundo, que eu não podia atravessar (…)"

Ezequiel 47:5

ANOTAÇÕES

Muitas vezes, em nossa jornada espiritual, tentamos caminhar com nossos próprios esforços, confiando em nossas habilidades e forças. No entanto, chega um momento em que o rio de Deus nos convida a mergulhar mais fundo, a abandonar o controle e a ser levados por Suas águas, pelo Seu Espírito. Quando as águas de Deus se tornam profundas demais para andarmos sozinhos, é o momento de confiar inteiramente em Sua direção e cuidado. Assim como Ezequiel experimentou um rio que não podia atravessar por conta própria, também somos chamados a aprofundar nossa fé e a depender mais de Deus, sabendo que Suas águas de graça nos levam além do que podemos imaginar. Quando nos rendemos à profundidade de Deus, Ele nos conduz a lugares de cura, renovação e crescimento espiritual. Como você tem navegado nas águas da presença de Deus? Está tentando manter o controle ou está disposto a mergulhar mais fundo e confiar que Ele o levará aonde precisa estar? O Senhor te convida a deixar de lado o medo e a mergulhar nas profundezas da Sua graça e direção, com a confiança de que Seu poder nos guiará.

Amanda Veras

AINDA HÁ UM CAMINHO A PERCORRER

24 SET

O cansaço pode nos custar caro, e não é caro financeiramente, mas caro no sentido de perda, prejuízo em alcançar o destino que Deus tem para Seus filhos. Pessoas cansadas desistem, fazem acordos imprudentes, negociam princípios e acabam cedendo em seus valores. O cansaço recorrente e persistente pode levar à depressão. Por isso é tão importante saber a hora de parar e descansar, para ter as forças renovadas. A Bíblia nos conta sobre a vida de Elias, que, cheio do poder de Deus, realizou muitos milagres, porém, intimidado por Jezabel, fugiu e foi se esconder no deserto. O deserto de Elias não era só um lugar físico, mas também emocional. E, apesar das condições em que Elias estava, Deus vai até ele; e de forma quase silenciosa, por meio de uma brisa suave, fala com ele. Muitas vezes esperamos que Deus fale conosco usando pessoas, mas ele é Deus e nos fala da forma que melhor Lhe parece. Portanto, devemos ter sensibilidade para escutar a Sua voz, entender a Sua direção. Deus não desistiu de Elias e o convocou a voltar para o caminho. Talvez hoje você se encontre desmotivado, achando que pode permanecer neste lugar isolado, mas Deus vai até você para te lembrar que ainda há uma estrada para percorrer. Aprenda a descansar, e tenha sensibilidade para escutar quando Deus anunciar que o tempo de descanso acabou e que é preciso voltar para concluir a missão.

Pai, renova a esperança em meu coração e as forças em meu interior, para que eu possa voltar para o caminho. Amém.

"(...) E depois do fogo houve o murmúrio de uma brisa suave."

1 Reis 19: 12

ANOTAÇÕES

Conversa com Deus Pai

25 SET

SEJA A DIFERENÇA NA VIDA DAS PESSOAS

Pai, que minhas ações reflitam a Tua bondade e tragam esperança a quem precisa. Amém.

"Assim brilhe a luz de vocês diante dos homens, para que vejam as suas boas obras e glorifiquem ao Pai de vocês, que está nos céus."

Mateus 5:16

ANOTAÇÕES

Cada um de nós tem a oportunidade de fazer a diferença na vida das pessoas ao nosso redor, seja por meio de ações simples, seja por gestos grandiosos. Não é necessário ter uma posição de destaque ou uma plataforma pública para impactar o mundo: basta um coração disposto a servir e a amar como Jesus amou. Jesus nos ensina que, quando nossas ações refletem Seu amor e bondade, as pessoas ao nosso redor são impactadas e transformadas. Fazer a diferença na vida de alguém pode ser tão simples quanto uma palavra de encorajamento, um ato de bondade ou uma oração em um momento difícil. Quando deixamos o Espírito Santo nos guiar, somos instrumento de transformação na vida das pessoas ao nosso redor. Deus quer usar você para ser uma bênção, para trazer alegria, paz e esperança a quem precisa. Não subestime o poder de uma pequena ação de amor. O impacto que você pode ter na vida de uma pessoa pode ser maior do que você imagina. Quando deixamos o amor de Cristo guiar nossas ações, podemos impactar vidas de maneira profunda, espalhando esperança e trazendo o Reino de Deus a cada gesto de bondade.

Amanda Veras

ALINHE SEU RELÓGIO AO TEMPO DE DEUS

26 SET

Há algo profundamente confortante em saber que nosso tempo está nas mãos de Deus. Em um mundo onde tudo parece correr tão rápido e onde muitas vezes nos sentimos pressionados pelo relógio, esta verdade nos lembra que Deus está no controle de cada momento de nossa vida. Não há nada fora de Seu alcance, e nada escapa de Seu olhar amoroso e soberano. Davi, o autor desse Salmo, expressa uma confiança plena de que cada segundo de sua vida está nas mãos de Deus – os momentos bons e os difíceis, os dias de alegria e os de tristeza, os tempos de espera e de avanço. Isso nos ensina que, independentemente do que estamos enfrentando, Deus sabe o tempo certo para tudo. Ele entende o que você precisa, quando você precisa, e trabalha para o seu bem, mesmo quando não conseguimos ver. Confiar o nosso tempo a Deus é também um convite à entrega. É saber que, mesmo quando os nossos planos não acontecem como esperávamos, Deus está orquestrando algo maior. Ele conhece o começo e o fim da nossa jornada, e todas as etapas intermediárias. Quando entregamos nossa vida em Suas mãos, encontramos paz, porque sabemos que Seu tempo é perfeito.

Pai, que eu possa viver cada dia sabendo que Tu estás no controle de todas as coisas, guiando-me com amor e sabedoria. Amém.

"Os meus tempos estão nas tuas mãos."

Salmos 31:15

ANOTAÇÕES

_____
_____
_____
_____
_____
_____
_____
_____
_____

Conversa com Deus Pai

27 SET

O PODER DA EMPATIA

Pai, ajuda-me a ser uma pessoa empática, a me colocar no lugar dos outros e a demonstrar o Teu amor por meio das minhas ações. Amém.

> *"Alegrem-se com os que se alegram; chorem com os que choram."*
>
> **Romanos 12:15**

ANOTAÇÕES

Empatia é colocar-se no lugar do próximo e caminhar ao lado dele, na alegria ou na dor. Deus nos chama a ser empáticos porque Ele mesmo nos criou para nós nos amarmos e cuidarmos uns dos outros. Jesus nos mostrou o maior exemplo de empatia ao vir à terra e se fazer humano. Ele não apenas observou nossa dor a distância como entrou em nossa condição, experimentando nossas alegrias, tristezas, lutas e tentações. Portanto, como seguidores de Cristo, somos chamados a refletir esse amor pela empatia com os outros. A empatia nos conecta. Ela nos permite sair das bolhas de conforto e nos aproximar verdadeiramente daqueles que nos rodeiam. Quando somos empáticos, criamos um espaço seguro no qual os outros se sentem ouvidos, compreendidos e amados. Ser empático, além de ouvir, é estar presente, é oferecer consolo a quem está passando por uma dificuldade e celebrar com aqueles que vivem momentos de alegria. Você tem sido empático com as pessoas ao seu redor? Existe alguém em sua vida que precisa ser ouvido, compreendido ou apoiado? Permita que o Espírito Santo desperte em você um coração mais sensível para caminhar com os outros, assim como Jesus faz conosco.

Amanda Veras

28 SET

VIVA COM SABOR

Em Marcos 9:50, Jesus nos chama a sermos "sal" no mundo, o que significa viver uma vida que preserve, transforme e dê sabor ao ambiente ao nosso redor. Nos tempos de Jesus, o sal tinha duas funções principais: preservar alimentos e realçar o sabor. Assim como o sal era essencial para a preservação, Jesus nos chama a viver de maneira que preserve os valores do Reino de Deus e traga esperança e vida onde quer que estejamos. Ser "sal" implica mantermos nossa integridade espiritual e permanecermos fiéis ao evangelho, mesmo quando as pressões ao nosso redor tentam nos afastar de nosso propósito. Jesus nos adverte que, se o sal perder seu sabor, ele se torna inútil. Da mesma forma, se nos deixarmos influenciar pelas coisas do mundo e perdermos nosso compromisso com Cristo, nossa capacidade de ser uma influência positiva diminui. A última parte do versículo nos convida a viver em paz com os outros. Para sermos verdadeiramente "sal" no mundo, é essencial que busquemos paz, unidade e amor em nossos relacionamentos. Deus nos chama a renovar nossa força e a buscar viver com integridade e amor, permitindo que Ele nos encha com Seu Espírito para que possamos continuar sendo uma influência positiva.

Pai, que eu possa transformar o ambiente em que vivo, com a Tua glória e graça. Amém.

> *"Bom é o sal; mas, se o sal se tornar insípido, com que se há de salgar? Tende sal em vós mesmos, e paz uns com os outros."*
>
> **Marcos 9:50**

ANOTAÇÕES

_____
_____
_____
_____
_____
_____
_____
_____
_____

Conversa com Deus Pai

29 SET

SEM ELE NADA PODEMOS

Pai, dá-me um coração que deseja estar sempre próximo de Ti, buscando Tua direção e força em cada passo. Amém.

"Busquem o Senhor e o seu poder; busquem a sua presença continuamente."

Salmos 105:4

ANOTAÇÕES

A dependência de Deus é mais do que um ato momentâneo. É uma postura diária de busca incessante pela Sua presença. Não somos chamados a depender do Senhor apenas nos momentos de dificuldade ou quando tudo parece desmoronar, mas, sim, em todos os momentos da nossa vida, bons ou ruins, fáceis ou desafiadores. Buscar a Deus de maneira incessante significa reconhecê-Lo como a fonte de tudo o que precisamos. Quando dependemos verdadeiramente do Senhor, entendemos que nossas forças, sabedoria e recursos são limitados, mas Nele encontramos tudo de que necessitamos. Essa dependência contínua nos leva a uma vida de oração constante, de leitura da Palavra e de busca pelo Espírito Santo. Assim como o salmista nos encoraja a buscar o poder e a presença de Deus continuamente, também somos chamados a não desistir dessa busca, mesmo quando as respostas parecem distantes. A verdadeira dependência nasce do reconhecimento de que sem Ele nada podemos fazer, mas com Ele somos capacitados para todas as coisas. Deus deseja que você dependa Dele em todos os aspectos da sua vida, oferecendo a paz, a direção e a força que só Ele pode dar.

Amanda Veras

UM CONVITE À GENTILEZA

30 SET

Seguir a Cristo nos convida a viver de forma diferente, refletindo a Sua graça e paciência em todas as nossas interações. Não somos chamados para nos envolver em brigas ou discussões desnecessárias, mas para responder com amor, mesmo em situações de conflito. Ser amável não significa ser passivo, mas sim ter a sabedoria de agir com gentileza e paciência, mesmo quando somos desafiados ou provocados. O verdadeiro servo de Deus entende que o caminho do Senhor é o de responder com mansidão, refletindo o caráter de Jesus. Muitas vezes nossa maneira de tratar os outros pode ser uma poderosa ferramenta para trazer transformação e cura.

Além disso, ser apto para ensinar é algo que todos podemos buscar. Não é necessário ser um grande mestre ou pregador, mas alguém que, com paciência e amor, esteja disposto a compartilhar a verdade de Deus com aqueles que precisam. E para fazer isso, a paciência é essencial. As pessoas precisam de tempo para crescer, aprender e mudar, e é nosso papel, como servos de Cristo, oferecer o apoio e a graça de que elas necessitam. Você tem refletido sobre a amabilidade e paciência de Cristo em suas interações? Como tem respondido aos desafios e conflitos do dia a dia? Peça a Deus que te ajude a ser um servo amável, paciente e sempre disposto a ensinar com graça.

Pai, que eu seja um instrumento da Tua paz na vida dos outros. Amém.

"Ao servo do Senhor não convém brigar, mas, sim, ser amável para com todos, apto para ensinar, paciente."

2 Timóteo 2:24

ANOTAÇÕES

OUTUBRO

QUAL MARCA VOCÊ TEM DEIXADO?

01 OUT

Geralmente podemos querer expandir a nossa fé em um ambiente que seja propício e adequado, porém em ambientes de adversidade é que podemos crescer em fé e deixar marcas de alegria e paz na vida das pessoas. Entenda, existe uma grande diferença entre o que nós queremos e o que Deus quer de mim. Em muitos momentos da nossa vida, nosso desejo pode nos levar a intenções egoístas, mas, quando concentramos nosso coração e nossas intenções naquilo que Deus deseja de nós, conseguimos cultivar grandes virtudes no jardim da nossa alma. Somos divinamente presenteados com dons, e, quando colocamos os nossos dons a serviço do Reino de Deus, produzimos frutos que são nossos presentes a Ele. Desenvolva um coração fraterno, que une as pessoas, busque servir aqueles que nada podem te oferecer, e certamente você deixará marcas de alegria e de paz e desfrutará do poder fortalecedor do amor. Quais marcas você recebeu ao longo da vida que te fortalecem para agir de igual modo?

Pai, agradeço as marcas de amor e carinho. Que eu possa reproduzi-las na vida de muitas pessoas. Amém.

"Nada façais por partidarismo ou vanglória, mas por humildade, considerando cada um os outros superiores a si mesmo."

Filipenses 2:3

ANOTAÇÕES

02 OUT

A VERDADEIRA FELICIDADE

Pai, que eu encontre a verdadeira alegria ao viver de acordo com os Teus princípios e ser guiado pelo Teu Espírito. Amém.

"Como é feliz o homem que acha a sabedoria, o homem que obtém entendimento (...)"

Provérbios 3:13

ANOTAÇÕES

A verdadeira felicidade não vem das circunstâncias ou das riquezas deste mundo, mas da sabedoria e do entendimento que vêm de Deus. Esse versículo de Provérbios nos lembra que aqueles que buscam e encontram a sabedoria são verdadeiramente felizes, pois a sabedoria nos guia para a vida abundante e cheia de propósito que Deus planejou para nós. A sabedoria bíblica é mais do que conhecimento intelectual. É o entendimento profundo da vontade de Deus para nossa vida e a habilidade de aplicar Suas verdades em nossas escolhas diárias. Quando encontramos essa sabedoria, aprendemos a viver de acordo com os princípios de Deus, evitando muitos erros e dores que surgem de decisões precipitadas ou impensadas. A sabedoria de Deus nos leva à paz, segurança e propósito. Ela nos ensina a ter discernimento, a tratar os outros com amor e a enfrentar os desafios com confiança, sabendo que estamos seguindo o caminho que o Senhor estabeleceu para nós. Esse tipo de sabedoria traz alegria genuína, pois nos permite viver alinhados com o plano de Deus. Obter entendimento significa buscar ao Senhor de todo o coração, meditar em Sua Palavra e aplicar Seus ensinamentos em nossa vida. Quanto mais conhecemos Deus e Sua vontade, mais encontramos alegria e realização. Esse é o segredo da verdadeira felicidade: viver segundo a sabedoria de Deus.

Amanda Veras

A GRATIDÃO QUE REVELA DEUS

03 OUT

Quantas vezes deixamos de agradecer a Deus os pequenos e grandes motivos que temos para ser felizes? A gratidão nos ensina a ver a mão de Deus em cada detalhe de nossa vida, em cada bênção que, muitas vezes, passa despercebida. Ao agradecermos, reconhecemos que Deus está presente em tudo e que Ele é a fonte de cada alegria, de cada vitória, de cada momento de paz. Tudo vem Dele. A família, os amigos, a saúde, as oportunidades, o simples fato de acordar todos os dias: tudo é fruto do cuidado amoroso de Deus. A gratidão é uma chave que abre nossos olhos espirituais para ver a bondade de Deus em todos os momentos. Quais são os motivos pelos quais você pode ser grato hoje? Perceba como a gratidão abre seu coração para ver e sentir a presença de Deus em cada aspecto da sua vida.

Pai, que a gratidão seja a chave para uma vida cheia de paz, alegria e confiança em Ti. Amém.

"Deem graças em todas as circunstâncias, pois esta é a vontade de Deus para vocês em Cristo Jesus."

1 Tessalonicenses 5:18

ANOTAÇÕES

Conversa com Deus Pai

04 OUT

A MENTALIDADE VITORIOSA

Pai, ajuda-me a andar sempre na Tua direção. Amém.

"Mas em todas estas coisas somos mais que vencedores, por meio daquele que nos amou."

Romanos 8:37

ANOTAÇÕES

Vitória e derrota são muito mais uma questão de mentalidade do que de resultados externos. O verdadeiro vencedor não é aquele que nunca enfrenta dificuldades ou falhas, mas sim aquele que, mesmo em meio aos desafios, permanece firme, com a mente e o coração direcionados para o propósito de Deus. Quando andamos com uma mentalidade vitoriosa, não permitimos que as circunstâncias definam quem somos ou o que somos capazes de alcançar. O que realmente importa é quem caminha ao nosso lado na jornada da vida. Quando temos pessoas que nos impulsionam, encorajam e compartilham da mesma fé em Deus, isso nos ajuda a manter a visão de vitória. Mas acima de tudo, saber que Deus está conosco é o motivo principal para nos considerarmos sempre vitoriosos. Ele nos sustenta e nos guia a cada passo do caminho, transformando cada aparente derrota em uma nova oportunidade de crescimento e aprendizado. A mentalidade de uma pessoa vitoriosa não se abala com perdas temporárias. Pelo contrário, ela enxerga as dificuldades como etapas transitórias no caminho para a vitória. Se você ainda não alcançou o resultado que almeja, não desanime. Cada passo que você dá na direção certa, perseverando com fé, te aproxima mais da vitória que Deus já prometeu.

CONFIE, CONFIE, CONFIE!

05 OUT

onfiar em Deus pode ser desafiador, especialmente quando enfrentamos situações que estão fora do nosso controle. Nossos instintos humanos muitas vezes nos levam a tentar entender tudo por conta própria, mas a Palavra de Deus nos convida a confiar Nele de todo o coração. Isso significa colocar a nossa fé e segurança no Senhor, mesmo quando não conseguimos compreender o que está acontecendo. A confiança em Deus não é passiva; é uma escolha diária de reconhecê-Lo em todos os nossos caminhos – nas decisões que tomamos, nos desafios que enfrentamos, nas bênçãos que recebemos. Quando colocamos o Senhor à frente de tudo, Ele promete endireitar nossas veredas, guiando-nos em segurança, mesmo quando o caminho parece difícil. Em que áreas da sua vida você tem dificuldade de confiar plenamente em Deus? Hoje, entregue seus medos e incertezas a Ele e confie que Ele está endireitando suas veredas e cuidando de cada detalhe da sua jornada.

Pai, endireita meus caminhos e guia-me com Tua sabedoria. Amém.

"Confie no Senhor de todo o seu coração e não se apoie em seu próprio entendimento; reconheça o Senhor em todos os seus caminhos, e ele endireitará as suas veredas."

Provérbios 3:5-6

ANOTAÇÕES

Conversa com Deus Pai

06 OUT

TRILHE O CAMINHO DA VITÓRIA

Pai, que eu tenha forças para caminhar com confiança, sabendo que em Ti sou mais do que vencedor. Amém.

> *"Deus disse: 'Eu irei com você e lhe darei a vitória'."*
>
> **Êxodo 33:14 (NTLH)**

ANOTAÇÕES

As palavras de Deus "Eu irei com você e lhe darei a vitória" ressoam profundamente em nosso coração, especialmente quando enfrentamos momentos de incerteza, desafios ou grandes batalhas em nossa vida. Deus não prometeu que não enfrentaríamos lutas, mas Ele nos assegura que nunca estaremos sozinhos e que, em Sua presença, temos a garantia de vitória. Quando Deus diz "Eu irei com você", está afirmando que a presença Dele é suficiente para qualquer situação que enfrentarmos. Não importa o tamanho do obstáculo ou quão difícil o caminho pareça, a presença de Deus nos fortalece e nos dá coragem para continuar. A segunda parte da promessa é igualmente encorajadora: "lhe darei a vitória". A vitória, aqui, significa não apenas alcançar um resultado desejado ou superar um desafio, mas também experimentar o cumprimento dos planos de Deus em nossa vida. Ele nos conduz a uma vitória completa – não apenas sobre circunstâncias externas, mas também sobre nossos medos, dúvidas e limitações internas. Em que áreas da sua vida você precisa confiar na presença de Deus e na vitória que Ele já garantiu para você?

BUSQUE SOCORRO EM DEUS

07 OUT

Você consegue se lembrar de todas as vezes em que Deus te socorreu? Podemos nos esforçar muito para lembrar de algumas, mas certamente não conseguiremos nos lembrar de todas, porque em muitas dessas vezes não tínhamos a menor consciência da intervenção divina naquilo que estávamos vivendo. O cuidado de Deus conosco vai além do que os nossos olhos podem ver, do que a nossa mente pode armazenar e do que podemos entender. Em dias de angústia, você tem um refúgio seguro, que não apenas te escuta, mas que te responde. Quando entendemos nossa identidade de filhos amados de Deus, conseguimos vencer os desafios e as lutas diárias. Acredite: o que te separa hoje do destino incrível que Deus preparou para você é apenas o tempo, porque o seu destino de vitória já é certo. Avante! Agradeça hoje todos os momentos em que Deus te socorreu, inclua sua gratidão às vezes em que você nem sabia que Ele estava intercedendo por você.

Pai, agradeço por sempre cuidar de mim, por ser um lugar de segurança e de vitória. Eu sigo em frente porque sei que sou destinado a vencer. Amém.

"Deus é o nosso refúgio e fortaleza, socorro bem presente na angústia."

Salmos 46:1

ANOTAÇÕES

NOS MOMENTOS DE CAOS, AMPARE-SE EM DEUS

Pai, fortalece a minha fé e dá-me a paz que excede todo entendimento. Amém.

"E ouvireis de guerras e de rumores de guerras; vede que não vos assusteis, porque é necessário que isso tudo aconteça, mas ainda não é o fim."

Mateus 24:6

ANOTAÇÕES

As notícias podem trazer estados de calamidade e destruição, mas isso ainda não é o fim. É Deus quem determina quando algo começa e quando chega ao fim. Embora possamos estar passando por dificuldades, sabemos que isso não é o desfecho da história. Deus tem um plano maior para nós, e a promessa de um futuro glorioso nos encoraja a perseverar. O fim que Deus promete é de restauração, paz e justiça. O mais importante no texto acima é como Deus cuida de nós ao nos alertar para que não nos assustemos. Ele nos ensina a não permitir que o medo domine nosso coração. Em tempos de crise, é fácil se deixar levar pelo pânico e pela ansiedade, mas somos convidados a firmar nossa fé e a buscar a paz que vem de Deus. Reflita sobre as situações de temor e insegurança que você tem na vida. O que você tem feito diante dessas situações? Ore a Deus para que você possa permanecer firme em meio às tempestades da vida. Que você não se deixe levar pelo medo, mas confie em Deus, sabendo que Ele tem um propósito em todas as coisas.

Amanda Veras

09 OUT

TENHA OLHOS DE FÉ

Como está a sua vida hoje? Você sente que falhou em alguma decisão? Erros fazem parte da jornada, e a forma como você comunica e pensa pode te levar ao fracasso. Mude a sua comunicação e assim seus pensamentos serão diferentes e as suas atitudes também. O fracasso pode ser um grande aprendizado, e a derrota, um caminho para novas experiências vitoriosas. Atribua a você um alto valor e comporte-se como alguém que acredita no recomeço e na vitória. Davi transformou homens abatidos e amargurados de espírito em soldados corajosos e esperançosos, e só fez isso porque Deus era com ele e porque em seu coração guardava princípios e valores que o faziam ver aquilo que ninguém mais via. Davi tinha olhos de fé e já trazia para a realidade aquilo que muitos ainda não viam. Existem pessoas ao seu lado esperando para aprender com você, com base nos fracassos, e que desejam construir vitórias porque fracasso na mão do homem é vitória na mão de Deus. Observe as pessoas que estão ao seu redor, perceba como pode ajudá-las a enxergar que seus fracassos contêm importantes informações para chegar ao sucesso. Para isso conte com a poderosa ajuda de Deus. Ele pode transformar nossas situações.

Pai, concede-me sabedoria e olhos que veem pela fé. Amém.

"Ajuntaram-se a ele todos os que se achavam em aperto, todos os endividados…"

1 Samuel 22:2 (ARA)

ANOTAÇÕES

Conversa com Deus Pai

10 OUT

LIVRE-SE DAS PREOCUPAÇÕES

Pai, hoje eu descanso e declaro que estou livre das preocupações. Amém.

> *"(...) Acaso vocês não são muito mais valiosos que os pássaros? Qual de vocês, por mais preocupado que esteja, pode acrescentar ao menos uma hora à sua vida?"*
>
> **Mateus 6:26-27**

ANOTAÇÕES

Para se livrar das preocupações é preciso mostrar a si mesmo que o problema não é realmente um problema. Quando nos preocupamos de maneira excessiva com o futuro, alimentamos a ansiedade e trazemos prejuízo a nossa dedicação, esforço e construção do momento presente. Grande parte das nossas preocupações está centrada em questões que não têm o peso da importância que damos a elas. Todas as nossas necessidades Jesus pode prover; observe que neste momento você está respirando, pode pensar sobre o que está pensando, enxergar as coisas a sua frente, e com nenhuma dessas ações você precisou se preocupar. Então por que afligir a sua alma com necessidades que Deus pode prover? Focalize na ameaça mais profunda da sua alma, agora mude a lente através da qual você observa essa ameaça. Use as lentes da fé, veja cada ameaça sendo resolvida por Jesus. Consegue perceber que nenhuma delas ficou sem solução? Livre-se das preocupações. Grande parte delas jamais aconteceria; confie no poder e no cuidado de Deus com você! Feche os olhos e conteste mentalmente cada uma das suas preocupações, perceba que ao enfrentá-las elas perderam força, porque para cada uma delas Deus já tem uma resposta, uma saída, uma solução. Apenas confie Nele.

Amanda Veras

TORNE-SE INABALÁVEL

11 OUT

Muitas vezes compartilhamos as nossas angústias com algumas pessoas. Isso é importante, afinal ter bons amigos para falar como nos sentimos é nutrir nosso corpo com saúde mental. Mas existem algumas preocupações que não precisamos carregar sozinhos. Deus pede que você divida seus fardos e confie nos cuidados Dele. Todos nós buscamos por certezas. Não permita que isso lhe traga preocupação; a convicção do cuidado de Deus é a maior certeza que você pode ter. Use as emoções a seu favor; em vez de se preocupar, perceba que os sentimentos passam. Observe o tempo, respire profundamente e imagine suas preocupações como coisas pequenas o suficiente para que você possa soprá-las para bem longe. Confie: Deus reforça as suas estruturas a tal ponto que você se torna inabalável. Liste suas preocupações, dobre os joelhos e imagine cada uma delas em suas mãos. Agora entregue-as a Deus; não as traga novamente para você. Confie: elas estão em mãos melhores que as suas para ser resolvidas.

Pai, que a minha confiança em Ti me torne forte e inabalável. Amém.

"Confia os teus cuidados ao Senhor, e ele te sustentará, jamais permitirá que o justo seja abalado."

Salmos 55:22

ANOTAÇÕES

12 OUT

RECEBA UM NOVO CORAÇÃO

Pai, que eu seja um instrumento do Teu amor e compaixão neste mundo. Amém.

"E dar-vos-ei um coração novo, e porei dentro de vós um espírito novo; e tirarei da vossa carne o coração de pedra, e vos darei um coração de carne."

Ezequiel 36:26

ANOTAÇÕES

Você se sente uma pessoa renovada? O que significa para você receber um coração novo e um espírito renovado? O que podemos ver neste texto de Ezequiel é uma poderosa promessa de transformação. Ele nos lembra que Deus deseja fazer em nós uma obra completa, trocando um coração endurecido por um coração sensível, capaz de amar e capaz de sentir as necessidades do próximo. Quando Deus promete nos dar um "coração de carne", ele quer nos proporcionar um novo começo. Um coração maleável, cheio de compaixão e capaz de receber e dar amor. Essa transformação não acontece por nossa própria força, mas pela graça de Deus, que age em nós e por nosso intermédio. Reserve um tempo para refletir sobre áreas da sua vida em que você pode estar com um "coração de pedra". Pergunte a Deus que áreas precisam de transformação. A partir de hoje, pratique todos os dias um ato de bondade para alguém ao seu redor, permitindo que seu "coração de carne" se manifeste em ações concretas de amor.

Amanda Veras

SABEDORIA E INTEGRIDADE NO CORAÇÃO

13 OUT

A forma como nós nos comportamos fala muito sobre os padrões que seguimos. Portar-se com inteligência no caminho reto é buscar a sabedoria. Buscar a comunhão com Deus, buscar crescer espiritualmente, viver conforme a vontade de Deus, com um coração sincero, é uma caminhada de sabedoria. Para isso é preciso entender que a sinceridade começa dentro de nós e se reflete em tudo o que fazemos. E, afinal, o que devemos fazer para cultivar um coração sincero? Isso implica ser verdadeiro consigo mesmo e com os outros, ser verdadeiro nas nossas intenções, nas nossas interações e nas nossas decisões. Um coração sincero é aquele que busca a justiça, a bondade e a humildade. Sinta a importância de ser sincero e verdadeiro em todas as suas conversas. Construa relacionamentos mais profundos e significativos usando verdade e integridade em todas as suas relações.

Pai, ajuda-me a viver com integridade e sinceridade. Amém.

"Portar-me-ei com inteligência no caminho reto. Quando virás a mim? Andarei em minha casa com um coração sincero."

Salmos 102:2

ANOTAÇÕES

Conversa com Deus Pai

14 OUT

SINTA ALEGRIA PLENA NA PRESENÇA DE DEUS

Pai, que Tua constante presença em minha vida aumente em mim a alegria e a confiança em Ti. Amém.

"Tu me farás conhecer a vereda da vida, a alegria plena da tua presença, eterno prazer à tua direita."

Salmos 16:11

Quando você está fora de casa, quem é a pessoa que mais sente sua falta? Quando Jesus se ausentava, ele conseguia perceber o coração dos seus discípulos. Nossa constante presença pode deixar de ser um presente, então percebemos como é importante nos afastarmos, para que possamos enxergar o que a nossa presença tem construído. Davi reconhece a importância da presença de Deus em sua vida. Ele sabia muito bem que a alegria que encontramos na presença de Deus não é uma alegria superficial, mas plena e profunda. Essa alegria é fruto de um relacionamento íntimo com o Criador. Deus é o nosso "eterno prazer". Isso nos lembra que a verdadeira satisfação e o verdadeiro prazer estão em Deus, e esses dons são eternos. Reflita sobre momentos em que você sentiu a presença de Deus de maneira especial. Como isso impactou sua vida? Reflita também sobre como podemos cultivar um desejo mais profundo por aquilo que é eterno. Podemos entregar em Deus nossas preocupações, nossos medos e nossas ansiedades.

ANOTAÇÕES

ENCONTRE A CORAGEM EM DEUS

15 OUT

O encorajamento é um dom divino; pessoas encorajadoras arrastam multidões para o exercício do seu chamado. Davi está prestes a passar o trono para o seu filho Salomão. Antes, porém, Davi oferece palavras de encorajamento e sabedoria para ele. Sabia que a tarefa que estava diante de Salomão, construir o Templo do Senhor, era uma obra monumental e cheia de desafios. Em vez de deixar que o medo e a incerteza dominassem Salomão, ele o exorta a se esforçar e a ter bom ânimo. Essas palavras de Davi nos lembram que, ao enfrentarmos grandes responsabilidades e desafios em nossa vida, é fundamental mantermos a coragem e a determinação. Mesmo diante de momentos difíceis, podemos avançar com coragem, sabendo que podemos contar com a presença e a ajuda de Deus. Hoje, pense em alguém que está passando por um momento desafiador. Envie uma mensagem de apoio, uma oração ou uma palavra de incentivo. Seja o encorajamento que a pessoa precisa para enfrentar os desafios com fé e confiança.

Pai, que eu possa encorajar as pessoas a confiarem em Ti. Amém.

"(…) Esforça-te, e tem bom ânimo, e faze a obra; não temas, nem te apavores, porque o Senhor Deus, meu Deus, há de ser contigo; (…)"

1 Crônicas 28:20 (ARC)

ANOTAÇÕES

Conversa com Deus Pai

16 OUT

BUSQUE SEMPRE FAZER O BEM

Pai, que minha decisão em buscar fazer o bem seja sempre guiada e conduzida de forma prudente por Ti. Amém.

"Buscai o bem e não o mal, para que vivais; e assim o Senhor, o Deus dos exércitos, estará convosco, como dizeis."

Amós 5:14

ANOTAÇÕES

Você se sente em paz? A paz interior abre portas para a prática de boas atitudes. Podemos estar em meio a grandes conflitos, mas nosso interior está em paz. Pessoas com paz interior governam as suas emoções, vencem o desafio da alma inconstante e da busca por justiça própria. Uma alma em paz exala harmonia, encontra saída em meio aos conflitos, enxerga beleza onde muitos só veem caos. Quando estamos em paz, buscamos fazer o bem, e essa é uma boa decisão a ser tomada. Quando buscamos fazer o bem, sem olhar a quem fazemos, cultivamos a presença de Deus em nosso interior; quando alguém lhe tratar de forma maldosa, escolha continuar buscando fazer o bem. Lembre-se: cada um dá aquilo que tem. Peça ajuda a Deus para que seu coração possa ser preenchido de paz e amor. Dessa forma podemos refletir o amor Deus e a sua justiça. Assim seremos instrumento de paz e bondade, e a presença de Deus nos guiará em cada passo que dermos. Procure diariamente fazer o bem, incluindo pessoas que possam lhe fazer mal. Você só ganhará com esse modo de viver.

HABITE LUGARES ALTOS

17 OUT

Você já viveu períodos de dor em sua vida? Perdas, lutos, traições são dores que em algum momento todos vamos viver, e o que fazer diante disso? Acolha a sua dor, mas não se renda a ela, continue a lutar e perseverar pelo futuro que em breve chegará. A natureza nos ensina que a cada estação um novo ciclo começa e outro termina, e há beleza em cada um deles. Às vezes é preciso apenas se afastar e olhar sob nova perspectiva. Então perceberemos que as folhas do outono anunciam o tempo de deixar ir para receber o novo. Na dor, não reconhecemos a nossa condição, então avance para um lugar alto e enxergue a beleza daquela estação. Assim você conseguirá sentir a tristeza, mas esperançar pela alegria, viver o sofrimento com expectativa da paz que em breve virá, perceber o grande medo, mas abraçar a graça do nosso Salvador e continuar. Quando habitamos em lugares altos e atamos em nosso coração o louvor e a gratidão, enxergamos lições e oportunidade de aprendizado por tudo que passamos e recebemos novo ânimo para ir adiante. Eleve seus pensamentos a Deus, e nesse lugar alto procure ter uma nova perspectiva sobre a sua atual situação.

> **Pai, ajuda-me a manter meu coração simples e humilde. Amém.**

> *"(…) Habito nos lugares altos e santos, e também com os de espírito oprimido e humilde. Dou novo ânimo aos abatidos e coragem aos de coração arrependido."*
>
> **Isaías 57:15 (NVT)**

ANOTAÇÕES

18 OUT

ESPALHE ALEGRIA E BELEZA POR ONDE PASSAR

Pai, agradeço-Te as alegrias que enchem meu coração. Que eu possa espalhar alegria e beleza por onde passar. Amém.

"O coração alegre aformoseia o rosto, mas pela dor do coração o espírito se abate."

Provérbios 15:13

ANOTAÇÕES

Você já percebeu a alegria estampada no rosto de algumas pessoas? Já reparou que algumas pessoas parecem estar sempre sorrindo? Como é maravilhoso encontrar pessoas assim. Todos nós nos sentimos mais felizes quando encontramos pessoas felizes. Mais incrível e maravilhoso do que saber que podemos contagiar as pessoas por meio do sorriso é também saber que um coração alegre nos ilumina. Como podemos ter essa alegria, essa beleza estampada no rosto? Tudo começa no nosso interior. Existe uma profunda conexão entre o que sentimos internamente e como isso se reflete em nossa vida externa. Um coração alegre ilumina nosso ser, trazendo beleza e leveza aos nossos dias. A alegria não é apenas uma emoção passageira; é um estado de espírito que pode transformar a maneira como vemos o mundo e como interagimos com as pessoas ao nosso redor. Na vida podemos passar por dificuldades, tristezas ou decepções, e o nosso espírito pode se sentir abatido; isso pode ser visível em nossas atitudes e expressões. No entanto, é importante saber que sentir dor é parte da nossa vida, mas não devemos permitir que ela se instale para sempre em nós. Lembre-se de que a nossa maior alegria está em saber que Deus é o nosso pai amoroso que cuida de nós, como filhos amados e queridos.

Amanda Veras

DEUS É ESPECIALISTA EM REALIZAR SONHOS

19 OUT

Você já teve sonhos que pareciam ser verdade? Deus fala conosco por meio de sonhos. Esteja atento para saber discernir entre o que você tem sonhado e ter sensibilidade para escutar quando Deus revelar. Quem sonha pavimenta sua caminhada com motivação e leveza. Muitas coisas não envelhecem com a idade, mas com o tempo. O tempo de esperar pode tornar um jovem velho; tornar murmurador alguém alegre. Mas quem é sábio não permite que a rotina roube sua capacidade criativa de sonhar. Às vezes a espera parece uma demora proposital de Deus? Hoje comece a plantar sementes de gratidão pelo tempo da espera, por aquilo que você considera estar demorando. Nada foge ao tempo perfeito de Deus, e nossa atitude de confiança Nele traz descanso e forças renovadas para nos manter sonhando. Volte a sonhar; Deus é especialista em realizar sonhos. Ore antes de dormir e peça a Deus que se revele a você enquanto você dorme, pois Ele trabalha em seu favor.

Pai, que eu tenha clareza da Tua direção em todas as minhas atitudes. Amém.

"(...) Ouçam as minhas palavras: Quando entre vocês há um profeta do Senhor, a ele me revelo em visões, em sonhos falo com ele."

Números 12:6

ANOTAÇÕES

20 OUT

ACEITE A CORREÇÃO, SEJA APERFEIÇOADO

Pai, agradeço por me corrigir e usar de tempestades na minha alma para que eu possa aprender. Amém.

"Meu filho, não rejeite a disciplina do Senhor; não desanime quando ele o corrigir. Pois o Senhor corrige quem ele ama, assim como o pai corrige o filho a quem ele quer bem."

Provérbios 3:11-12 (NVT)

ANOTAÇÕES

Você já corrigiu o comportamento e a atitude de alguém? Certamente agiu assim por se importar com essa pessoa. De igual modo, Deus corrige a quem ama. Ele não quer filhos que pensem ser perfeitos, mas filhos com o coração disposto a se arrepender e a mudar a sua forma de ser, de pensar e de agir. A correção é um ato de amor e de cuidado, porém precisa acontecer com muito respeito e sabedoria. Quando corrigimos alguém, é preciso que a intenção do nosso coração seja servir aquela pessoa por meio da nossa instrução, e quando somos corrigidos precisamos nos sentir cuidados e felizes pela oportunidade de crescimento. Algumas tempestades na vida serão oportunidades para receber correção. Jesus ensinou os seus discípulos durante as tempestades, e eles se alegraram em ser guiados por Deus. Hoje, reflita sobre como você reage à correção e sobre sua própria atitude ao corrigir os outros. Peça a Deus que o guie a corrigir com amor e a receber correção com humildade, sempre desejando crescer em direção ao caráter de Cristo.

Amanda Veras

SIRVA COM EXCELÊNCIA

21 OUT

Se lhe pedirem água, sirva como gostaria que fosse servida. Acrescente aquilo que traria satisfação e surpresa a você mesmo. Todos aqueles que serviram ao seu próximo de forma excelente receberam algo ainda maior do que a sua entrega. Mas tenha cuidado para que a sua motivação não esteja naquilo que você vai receber, pois, se assim for, acabará se frustrando. Ao liderar com excelência, você semeia respeito; um líder não precisa ser admirado, mas respeitado pelo que faz. A regra de ouro da reciprocidade é manifestar em suas atitudes a semelhança do Criador. Observe tudo o que Jesus fez na terra, como ele nos serviu, como ele nos amou, como ele curou, nos libertou, ensinou e liderou. Sirva como Jesus serviu, ame como ele amou, faça sempre mais do que lhe pedirem, e certamente você semeará uma boa colheita. Se você se sente cansado ao servir, reveja a quem você está servindo como líder. Pense em como você pode servir as pessoas mais próximas de ti da melhor maneira, de forma excelente. Surpreenda-as.

Pai, ensina-me sempre a fazer mais e a me alegrar verdadeiramente por isso. Que ao servir pessoas eu sirva a Ti. Amém.

"Em todas as coisas façam aos outros o que vocês desejam que eles lhes façam."

Mateus 7:12 (NVT)

ANOTAÇÕES

22 OUT

CONFIE PLENAMENTE EM DEUS

Pai, que eu sempre deposite a minha confiança em Ti. Amém.

> *"(...) 'Ó Soberano Senhor, lembra-te de mim! Ó Deus, eu te suplico, dá-me forças, mais uma vez, e faz com que eu me vingue dos filisteus por causa dos meus dois olhos!'."*
>
> **Juízes 16:28**

ANOTAÇÕES

Sansão é um homem conhecido por sua força sobrenatural, mas sua história é lembrada como a de um homem que perdeu as forças por confiar em uma mulher que agiu de forma traiçoeira. Dedicar confiança à pessoa errada rouba nossa força física, emocional e até mesmo espiritual. Deus é digno de toda a nossa confiança; Nele jamais seremos frustrados. Porém, muitas vezes nos deixamos seduzir pelas propostas das pessoas em quem pensamos poder confiar. Foi o que aconteceu com Sansão. Ele não sabia que a força que vinha de Deus e que o tornava invencível já não estava com ele. Assim, quando estava no *front* de guerra, ele experimentou o gosto da derrota e da humilhação. Aprendemos com Sansão a não dedicar nossa confiança a quem não é digno dela e a clamar a Deus por restituição em nossa vida. Mesmo numa situação devastadora, Sansão ainda se volta para Deus, reconhecendo sua total dependência Dele. Sansão havia cometido erros ao longo da vida, mas nesse momento ele busca a misericórdia e a ajuda do Senhor. Deus se compadece diante da nossa súplica verdadeira, Ele está para nos ouvir e nos acolher. Reavalie as pessoas a quem você tem dedicado a sua confiança e busque em Deus a aprovação de cada uma delas.

Amanda Veras

CAMINHE COM CONFIANÇA E INTEGRIDADE

23 OUT

O leão simboliza força, poder e autoridade. Quando o leão se levanta na floresta e ruge, anuncia que aquele território é dele, e quem está ao seu lado se sente protegido e seguro. Todos precisamos sentir segurança no território que ocupamos, e em primeiro lugar está a nossa família. Quando o líder da família ruge, está anunciando a sua posição e trazendo segurança aos que estão sob seus cuidados. O leão não se desculpa pela força do seu rugido, nem por sua autoridade; ao contrário, ensina os da sua espécie a agir de igual modo. Os justos são aqueles que caminham em integridade e confiança em Deus. Estes são descritos como corajosos feito leões. A coragem do justo não vem de si mesmo, mas da certeza de que Deus está com ele. Essa confiança traz paz e segurança, permitindo que enfrente desafios e adversidades com muita firmeza. Pergunte às pessoas da sua família como elas se sentem sob os seus cuidados. Faça os ajustes necessários para que você se sinta bem, e elas mais ainda.

Pai, conceda-me coragem, sabedoria e força para proteger aqueles que estão sob os meus cuidados. Amém.

"O ímpio foge, embora ninguém o persiga, mas os justos são corajosos como o leão."

Provérbios 28:1

ANOTAÇÕES

24 OUT

JESUS PODE FAZER MILAGRES EM SUA VIDA

Pai, ajuda-me a lembrar que mesmo o que parece pouco em minhas mãos pode ser usado por Ti para grandes propósitos. Amém.

"Aqui está um rapaz com cinco pães de cevada e dois peixinhos, mas o que é isto para tanta gente?"

João 6:9

ANOTAÇÕES

Você já sentiu que aquilo que tinha era muito pouco para compartilhar? Na multiplicação dos pães e peixes, um jovem trouxe o que tinha: cinco pães de cevada e dois peixes. Ao olhar para a grande multidão que precisava de alimento, a situação parecia desesperadora. Diante do olhar humano, cinco peixes e dois pães parecem insuficientes para alimentar cerca de cinco mil pessoas. Porém, para Deus não existe nada impossível. Ele pode transformar aquilo que é pouco em algo grandioso e abundante. Assim também muitas vezes, diante dos nossos problemas, podemos pensar que nada pode ser feito. No entanto, Jesus nos ensina que, quando entregamos o que temos em Suas mãos, Ele pode multiplicar e transformar. Ele pode realizar grandes milagres na nossa vida. O que parecia insuficiente para alimentar milhares de pessoas, Jesus transforma em abundante. Isso nos lembra que não devemos subestimar o poder de Deus. Ele pode e quer realizar grandes milagres na nossa vida. Da mesma forma que Jesus alimentou uma multidão, ele também quer cuidar de cada um nós.

Amanda Veras

BUSCAI PRIMEIRO O REINO DE DEUS!

À s vezes queremos acrescentar coisas que são desnecessárias na nossa vida. Buscamos nos títulos o reconhecimento do homem, inflamos nossa vaidade, mas nada disso impressiona a Deus se você não tem um coração manso e humilde, que busca incansavelmente viver as coisas que são eternas desde a terra, a partir da sua história. A nossa busca precisa ser incansável nas coisas que são eternas, naquilo que constrói o Reino de Deus na terra, como é no céu. Isso acontece por intermédio da oração. A oração tem o poder de transformar realidades, mudar sentenças, gerar novas atmosferas. Quando alguém para, dobra os joelhos e ora, diminui a distância entre um problema e a solução, porque a resposta está na distância entre o joelho e o chão. Quando nos ajoelhamos, rendemos a Deus nosso pedido de socorro, e podemos dizer: não conseguimos avançar, nós nos rendemos, dependemos de sua intervenção. Joelhos dobrados alcançam restauração nos relacionamentos, filhos bem guardados e destinos protegidos. Inclua em sua rotina diária um momento de leitura da Palavra de Deus, meditação e oração; depois de um tempo, perceba a mudança da atmosfera.

Pai, que eu me renda de joelhos em gratidão a Ti. Amém.

"Mas buscai primeiro o reino de Deus, e a sua justiça, e todas estas coisas vos serão acrescentadas."

Mateus 6:33

ANOTAÇÕES

Conversa com Deus Pai

26 OUT

VISTA-SE COM O QUE NUNCA SAI DE MODA

Pai, que eu me vista de maneira que comunique a Tua essência, que minha beleza venha de dentro para fora. Amém.

"Mas o homem interior do coração, unido no incorruptível traje de um espírito manso e quieto [que não é ansioso, exasperado, nem nervoso, mas] que é precioso diante de Deus."

1 Pedro 3:4

A moda sempre dita as novas tendências, as cores que serão usadas, o tipo de roupa e os acessórios. E, na tendência do que é lançado, as pessoas buscam comprar, se vestir e se comunicar por meio do que vestem. Mas você já parou para pensar no que nunca sai de moda? Nunca sai de moda boa educação, atitudes de gentileza, perdão, saber como se comportar, a forma mais sensata de agir… São essas escolhas que vestem a nossa alma, que curam corações e que adornam nossa essência. Busque diariamente vestir-se de dentro para fora, com o traje correto, com vestimentas que jamais saem de moda e que são sempre bem-vindas. Você já parou para pensar como tem se vestido interiormente? Reflita a respeito e, se for preciso, troque seu guarda-roupa interno.

ANOTAÇÕES

VIVA A VERDADEIRA RELIGIÃO

27 OUT

Já te perguntaram alguma vez qual a religião que você segue? O que você costuma responder quando recebe essa pergunta? Tiago escreve que a verdadeira religião consiste em "visitar os órfãos e as viúvas em suas aflições, mantendo-se incontaminado pelo mundo". O que Tiago quer nos mostrar neste texto é que a verdadeira religião vai muito além de rituais e práticas superficiais. Ela se manifesta em ações concretas de amor e compaixão. Visitar órfãos e viúvas significa cuidar dos vulneráveis e marginalizados da sociedade, aqueles que muitas vezes são esquecidos ou desprezados. Manter-se incontaminado pelo mundo nos lembra a importância de manter a nossa integridade e os nossos valores. Essa integridade e a nossa disposição em amar nos fazem viver e praticar a verdadeira fé. É ela que deve nos impulsionar a agir, a nos envolver na vida dos outros e a ser instrumentos de esperança e apoio.

Pai, ensina-me a ser um agente de mudança e compaixão, refletindo o Teu amor em tudo o que faço. Amém.

"Deus, o pai, considera como religião pura e imaculada visitar órfãos e viúvas em suas aflições, mantendo-se incontaminado pelo mundo."

Tiago 1:27

ANOTAÇÕES

28 OUT

APRENDA A VIVER A MENSAGEM DE JESUS

Pai, que as Tuas parábolas sejam uma luz em minha vida. Amém.

> "(…) Jesus falava ao povo de um modo que eles podiam entender. E só falava com eles usando parábolas, mas explicava tudo em particular aos discípulos."
>
> **Marcos 4:33-34 (NTLH)**

ANOTAÇÕES

Jesus sempre ensinava por meio de parábolas, a Sua vida é o registro do livro mais belo que podemos ler. As histórias que Jesus contava eram simples, mas com significado profundo, e transmitiam valores espirituais e morais para que as pessoas comuns pudessem entender. Jesus falava dessa forma porque Ele queria se conectar com as pessoas, Ele queria que a Sua mensagem fosse compreendida por todos. A resposta a essa mensagem dependia dos corações abertos daqueles que o escutavam. As parábolas de Jesus continuam relevantes para os dias de hoje. Elas nos ajudam a compreender as nossas atitudes e a nossa relação com Deus. E você, como tem comunicado a sua mensagem às pessoas? De forma simples, compreensível e transformadora? Jesus te convida hoje a ouvir as histórias Dele e a ser abraçado por elas. Sua vida importa muito para Ele. Foi por esse motivo que Ele se tornou simples e humilde, por esse motivo que Ele comunicou Sua mensagem de forma simples e compreensível, para que eu e você pudéssemos ser alcançados pelas mensagens e pelo amor Dele.

PROTEJA SEU CORAÇÃO

29 OUT

ocê já refletiu sobre como protege o seu coração? O que você tem permitido que entre no seu coração? O texto de Provérbios, quando fala em guardar o seu coração, não está se referindo à questão física do coração, mas às emoções que nos governam, aos pensamentos que influenciam nossas decisões e aos desejos que se apoderam de nós. Felizmente temos o poder de tomar decisões importantes em nossa vida. Podemos decidir a nossa comunicação, que pode ser recheada de amor e acolhimento ou áspera e violenta. Uma comunicação amorosa trará paz para a nossa vida; ela abastecerá nosso coração de boas emoções, de bons sentimentos e de bons pensamentos que nos levarão a tomar boas atitudes. Podemos escolher também boas companhias, que nos ajudarão a crescer e a nos desenvolver melhor como seres humanos. Podemos também evitar que o mal penetre no nosso coração. Tudo isso faz parte de guardar o coração. Guardar o coração significa alimentar-se da Palavra de Deus. Por meio da oração, da leitura da Palavra de Deus e da comunhão com Ele somos capacitados a agir com prudência e sabedoria, a guardar o nosso coração. Analise como você tem protegido o seu coração e se tem agido para alcançar um coração sábio, baseado na vontade de Deus.

Pai, que eu possa viver a boa e perfeita vontade de Deus. Amém.

"Sobre tudo o que se deve guardar, guarda o teu coração, porque dele procedem as fontes da vida."

Provérbios 4:23

ANOTAÇÕES

Conversa com Deus Pai

ESTEJA ALERTA, MOVIMENTE-SE E CONTINUE A BRILHAR

Pai, peço-Te que restaure meu interior, e que a Tua luz permaneça brilhando em mim com a verdadeira alegria que vem de Ti. Amém.

Você sabia que o urubu tem medo de brilho e de movimento? A movimentação humana provoca nos urubus uma sensação de ameaça, e diante da luz eles se afastam para se proteger, porém não param de circular ao redor daquilo em que têm interesse. Existem pessoas urubus: ofuscadas pelo brilho do outro, afastam-se em busca de segurança emocional. O brilho do sucesso e o resultado de uma vida em movimento incomodam, mas basta um relance de escuridão, que eles estão ali, prontos e dispostos a atacar para consumir tudo aquilo que não lhes pertence. Como manter pessoas urubus distantes? Permaneça em movimento e não deixe de brilhar. Dias difíceis chegam para todos, mas só alguns compreendem a importância de permanecer brilhando. Seja a diferença; você nasceu para brilhar. Faça uma análise dos movimentos que você precisa fazer para permanecer brilhando; e, se em algum momento deixou de brilhar, o dia de voltar é hoje, a hora é agora. Movimente-se.

> *"Estejam alertas e vigiem. O Diabo, o inimigo de vocês, anda ao redor como leão, rugindo e procurando a quem possa devorar."*
>
> **1 Pedro 5:8**

ANOTAÇÕES

Amanda Veras

31 OUT

VIVA INTENSAMENTE

Ao lermos essas palavras de Eclesiastes, somos lembrados de um princípio essencial da vida: a alegria e a bondade são dádivas divinas. Às vezes é fácil nos perdermos nas preocupações, no corre-corre diário ou nas tarefas que parecem nunca acabar. Mas este versículo nos chama a algo simples e profundo: encontrar alegria e fazer o bem em nosso dia a dia. A vida tem seus altos e baixos, e nem sempre será fácil sentir alegria. No entanto, Salomão nos ensina que Deus nos concedeu o dom de desfrutar os momentos simples e de fazer o bem aos outros. Isso não significa que nossas circunstâncias precisam ser perfeitas, mas que podemos escolher uma atitude de gratidão e buscar oportunidades de abençoar aqueles ao nosso redor. Quando nos alegramos no presente, reconhecendo o que Deus nos tem dado, e quando estendemos as mãos para fazer o bem, experimentamos uma paz que transcende o entendimento. Essa alegria, mesmo em meio às dificuldades, é um presente que vem de Deus, algo que Ele coloca em nosso coração quando vivemos em sintonia com Seu propósito. Hoje, reserve um momento para agradecer esse dom. Peça a Deus que te ajude a ver o que é bom à sua volta e a ser uma fonte de bondade onde quer que você esteja.

Pai, ajuda-me a ter sabedoria para escolher o momento certo de realizar as coisas que a mim tem confiado. Amém.

"Eu sei que não há coisa melhor para eles do que alegrar-se e fazer o bem na sua vida (…) isso é um dom de Deus."

Eclesiastes 3:12-13

ANOTAÇÕES

Conversa com Deus Pai

NOVEMBRO

EM DEUS VOCÊ ESTARÁ SEGURO

01 NOV

Para onde você corre quando se sente ameaçado? Existe um ambiente que te traga segurança? Em muitos momentos da nossa vida é preciso tomar a atitude de saber para onde ir; isso nos trará respostas para o medo e apenas angústia. A saída de emergência nos leva a um lugar de segurança, e para ter acesso precisamos nos movimentar. Reflita sobre os movimentos que você teve até hoje e que te permitiram acessar novos lugares, novos ambientes, fazer novas conexões e sobre quanto isso contribuiu para você estar no lugar em que está. Geralmente os fortes, desde os tempos antigos, estão situados em lugares altos, porque são estratégicos, porque nos dão a visão de quem está chegando, e diante disso podemos ter tempo hábil para decidir o que fazer e como nos proteger das ameaças à nossa frente. Essa também é uma estratégia de guerra. Busque sempre agir de forma justa; para isso é preciso se dar a oportunidade de ver as possibilidades e escolher para onde ir e quem vai com você. As pessoas que estiverem ao seu lado podem fazer a sua jornada ainda que longa e cansativa, leve e divertida. Então corra para Deus e sinta-se seguro em Seus braços, receba conforto e consolo diante das ameaças, saiba que Nele você tem um lugar seguro para se refugiar. Renove sua mente com palavras de esperança. Você não está só e tem um lugar seguro em Deus para habitar.

Pai, sei que em Teus braços posso descansar e recuperar a minha energia e força para continuar a jornada. Amém.

"O nome do Senhor é uma torre forte; os justos correm para ela e estão seguros."

Provérbios 18:10 (NVI)

ANOTAÇÕES

_____
_____
_____
_____
_____
_____
_____
_____
_____
_____

Conversa com Deus Pai

02 NOV

CONFIANDO NA DIREÇÃO DE JESUS

Pai, agradeço por sempre me permitir ter novas possibilidades. Amém.

> *"(…) Lançai a rede do lado direito do barco e encontrareis. (…)"*
>
> **João 21:6**

ANOTAÇÕES

Em João 21:6, encontramos os discípulos em um momento de frustração. Haviam passado a noite pescando sem sucesso, suas redes estavam vazias, e a exaustão e o desânimo tomavam conta. Então, Jesus se aproxima e lhes dá uma instrução simples: "Lancem a rede do lado direito do barco." Embora pudessem questionar, eles obedecem. E o resultado? Uma pesca milagrosa, abundante, que superou todas as expectativas. Quantas vezes, em nossa vida, nos encontramos como os discípulos – cansados, frustrados e sem entender por que nossos esforços não trazem o resultado esperado? Esse versículo nos lembra da importância de confiar na direção de Jesus, mesmo quando tudo o que já tentamos parece ter falhado. Às vezes, é uma simples mudança de perspectiva, um ato de fé e obediência que nos leva a experimentar a abundância que Deus quer nos dar. Quando estamos dispostos a seguir a orientação de Jesus, nossas redes podem se encher de bênçãos e oportunidades que não conseguimos alcançar por nossa própria força. Ele vê além do que vemos, sabe onde e como devemos lançar nossas redes para que nossa vida frutifique de maneira plena. A chave está em confiar e agir conforme Sua Palavra, crendo que Ele sempre sabe o que é melhor para nós. Hoje, reflita sobre as áreas da sua vida onde você tem se sentido exausto e sem resultados.

ABRACE O SEU LUGAR

03 NOV

Você já imaginou quão monótono seria se todo mundo pensasse igual? Agisse igual? E se comportasse igual? Esta seria uma produção em série, de cópias, em nada originais. Deus nos criou de forma autêntica, e a diversidade da criação nos mostra o poder de Deus para exercer a criatividade no ser humano, conceder dons, habilidades distintas. E nos fazer perceber quão insubstituíveis somos quando agimos na essência de quem somos, do nosso chamado. O problema é que muitas vezes queremos fazer o que o outro faz, admiramos o que o outro cria e desprezamos nossa capacidade criativa. Neste caso, a visão a nosso respeito pode estar distorcida. Posicione-se hoje abraçando o seu lugar, o lugar de autenticidade, de criatividade, de singularidade e de exclusividade. Você é uma obra-prima, e não uma produção em série da cópia de alguém. Ao abraçar o seu lugar, você se torna livre para ser quem você é, para se permitir errar e ter coragem de levantar-se e tentar outra vez. Você é filho de um Pai criativo; abrace o seu lugar e permita que as pessoas O conheçam por seu intermédio. Observe se hoje você ocupa o lugar no qual merece estar, se faz o que gosta de fazer e se sente plena felicidade fazendo isso.

Pai, ensina-me a abraçar com alegria o lugar que tens para mim. Amém.

"Vejam como é grande o amor que o Pai nos concedeu: sermos chamados filhos de Deus, o que de fato somos! Por isso o mundo não nos conhece, porque não o conheceu."

1 João 3:1

ANOTAÇÕES

Conversa com Deus Pai

04 NOV

PERMITA-SE SER MOLDADO POR DEUS

Pai, agradeço por saber o tempo adequado para que eu seja moldado conforme a Tua perfeita vontade. Amém.

"Como o vaso que ele fazia de barro se quebrou na mão do oleiro, tornou a fazer dele outro vaso, conforme o que pareceu bem aos seus olhos fazer."

Jeremias 18:4

ANOTAÇÕES

A dureza do coração não traz restauração. Não pense que para se proteger é preciso se isolar e afastar as pessoas do seu convívio. A cura acontece à medida que permitimos nos expor a situações; seria maravilhoso se pudéssemos ressignificar nossas dores e nossos traumas. Ressignificar é dar um novo sentido à situação que vivemos; para isso algumas viagens precisam ser feitas. A primeira delas é a viagem de volta à origem, na sua própria história, para descobrir por que escolhemos fugir em vez de enfrentar o coração endurecido. Outra viagem que precisamos fazer é nos permitir ser moldados nas mãos de Deus. O oleiro coloca o barro na roda, e, à medida que empenha força com os pés, faz a roda girar, e então passa a modelar o barro, para ele se tornar um bonito vaso. Você está disposto a ser esse barro entregue às mãos de Deus? Permita que hoje Ele imprima a velocidade na roda da sua vida, traga a água que representa o Espírito Santo, para modelar e fazer da sua vida um novo vaso, uma nova história. Permita que Deus acesse em seu coração as áreas endurecidas da sua história de vida e que modele uma nova história.

Amanda Veras

PESSOAS CURADAS CURAM

05 NOV

Para vencer os problemas nos relacionamentos é preciso ter transparência e limites claros com relação às suas próprias emoções e às expectativas dos outros. Muitas vezes não colocamos limites em nós mesmos e nos entregamos ao descontrole emocional. Busque compreender a essência dos problemas nas relações com as pessoas de sua convivência. Faça esta autoanálise: será que sempre o desconforto está na ação do outro ou em mim mesmo?

Quando estamos estreitados, quer dizer que estamos em um lugar de desconforto, de aperto interno, e o que eu posso fazer em relação a isso? Não permita que as pessoas sufoquem seu jeito de ser. O caminho da santidade passa pelo respeito mútuo, ou seja, respeite a si e ao outro. Primeiro foque em você e depois procure estender esse respeito às demais pessoas. As nossas emoções podem nos enganar, mas, quando somos sinceros diante do desconforto do nosso coração, podemos ser afetuosos conosco e com o próximo, pois o afeto cura, a verdade estabelece relações saudáveis, e pessoas curadas curam. Faça uma autoanálise: você tem sido sincero no modo como se sente nas suas relações com as pessoas? E com você mesmo? Repense a forma como tem agido e administrado o que sente.

Pai, que eu possa me desenvolver no caminho de santidade e amor. Amém.

> *"Não estais estreitados em nós; mas estais estreitados nos vossos próprios afetos."*
>
> **2 Coríntios 6:12**

ANOTAÇÕES

_____
_____
_____
_____
_____
_____
_____
_____
_____

06 NOV

AJA AMOROSAMENTE

Pai, que eu seja digno de Te servir, liderando aqueles que o Senhor a mim confiar com integridade, lealdade e amor. Amém.

> *"Também sabem que tratamos cada um de vocês como um pai trata os seus filhos (…)."*
>
> **1 Tessalonicenses 2:11**

ANOTAÇÕES

Pai é aquele que instrui o caminho e que age de maneira a lançar o seu filho como flecha para o alvo. Assim como a flecha precisa de preparo e reparo, nós também precisamos receber o apoio necessário para nos sentir seguros e cuidados e, assim, preparados para avançar. A base do diálogo é o amor; quando um pai ensina um filho a dar os primeiros passos, a cada queda o pai ajuda o filho a se levantar, e não é só a atitude do pai de estender a mão ao filho que dá segurança para ele tentar novamente, é a forma de agir amorosa do pai que faz o filho se sentir protegido mesmo diante da queda, encorajado mesmo diante do medo e forte o suficiente para tentar novamente, porque o pai agiu de maneira amorosa. Decida hoje tratar as pessoas como você gostaria de ser tratado; lidere construindo um alicerce de respeito e reciprocidade. Trate de maneira digna aqueles que dedicam a sua vida e depositam confiança na sua liderança. Avalie a forma como você tem liderado as pessoas e reconsidere fazer as alterações necessárias para uma liderança inspiradora e amorosa.

Amanda Veras

07 NOV

PERSEVERANÇA NA FÉ

Esse versículo em Atos nos dá uma verdade profunda sobre a caminhada cristã. Paulo e Barnabé estavam encorajando os discípulos recém-convertidos a permanecerem firmes na fé, mesmo em meio às dificuldades. Eles não ocultaram a realidade: o caminho para o Reino de Deus passa por tribulações. Muitas vezes podemos nos sentir desencorajados quando enfrentamos desafios em nossa jornada. Podemos até nos perguntar por que Deus permite que passemos por provações. No entanto, este versículo nos lembra que as dificuldades fazem parte da vida de fé. Elas não são sinais de que Deus se esqueceu de nós, mas oportunidades para fortalecer a nossa confiança Nele. Permanecer firme, mesmo quando tudo parece difícil, nos molda e nos prepara para o Reino de Deus. Ele usa as tribulações para nos purificar, nos ensinar e nos aproximar Dele. Hoje, se você está enfrentando dificuldades, lembre-se de que Deus está com você. Ele está usando cada desafio para te fortalecer e te preparar para algo maior. Não desanime. Persevere, sabendo que a promessa do Reino de Deus é certa para aqueles que confiam Nele.

Pai, que eu transborde na vida das pessoas e renove a esperança delas. Amém.

"Fortalecendo o ânimo dos discípulos, exortando-os a permanecerem firmes na fé e mostrando que, através de muitas tribulações, nos importa entrar no Reino de Deus."

Atos 14:22

ANOTAÇÕES

Conversa com Deus Pai

08 NOV

NÃO DESPREZE PEQUENOS COMEÇOS

Pai, dá-me energia suficiente para viver Tuas promessas. Amém.

"Não desprezem os pequenos começos, porque os homens se alegram vendo o início desta obra, vendo o prumo nas mãos de Zorobabel."

Zacarias 4:10

ANOTAÇÕES

Você sabia que um foguete, ao ser lançado para o espaço, consome oitenta por cento de sua energia na decolagem? Há um esforço gigante para tirar o foguete do chão. De igual modo, podemos perceber quanto nos empenhamos em dedicação e esforço para começar algo novo. A força perante aquilo que é desconhecido exige maior entrega, um cuidado mais intencional. Valorize os seus pequenos começos, dedique-se de todo o coração àquilo que ainda é pequeno. Sua atitude no começo definirá a grandeza das vidas que serão transformadas, restauradas, a partir desse primeiro passo. Livre-se da tendência em desprezar aquilo que está sendo realizado hoje, de comparar com as experiências do passado. Aquilo que Deus faz, as novas experiências, sempre são melhores, porque somam-se à sua maturidade, à sua forma de perceber e enxergar a vida hoje. Permaneça sendo fiel nas pequenas experiências do seu hoje, apenas comece, faça o que você pode com aquilo que você tem, e confie no resultado que está entregue nas mãos de Deus. Você consegue recordar os pequenos começos do seu passado? Anime-se, disponha-se a viver novas experiências e novos pequenos começos hoje.

DESENVOLVA UMA VISÃO OTIMISTA

09 NOV

Um dos grandes desafios para o ser humano é aprender a descansar de tal forma que ele confie que as coisas acontecerão da melhor maneira possível até mesmo quando não agimos para isso. E você, já se perguntou por que isso é tão desafiador? Isso ocorre porque aprender a ter uma visão otimista de nós mesmos ainda é algo que precisa ser desenvolvido. Geralmente as experiências negativas deixam marcas profundas, por isso todos nós precisamos acreditar em nossa capacidade de dirigir-se a si mesmo com afeto, respeitar nossas limitações e confiar no sustento Divino. Potencialize as experiências positivas, registre-as em suas imagens mentais e, se preciso for, tenha esses registros em locais estratégicos na sua casa, para você sempre se recordar e ter a visão otimista acerca das coisas, inclusive superando a dor de um trauma. Uma pessoa com visão otimista reconhece em si o seu valor. Procure diariamente parar por cinco minutos e trazer à sua mente as providências de Deus que te sustentaram até aqui. Construa uma visão otimista e abasteça a sua alma diariamente com essa visão.

Pai, que eu avance com uma visão otimista e cheia de fé. Amém.

"Entregue suas preocupações ao Senhor, e ele o susterá; jamais permitirá que o justo venha a cair."

Salmos 55:22

ANOTAÇÕES

10 NOV

REALIZE BOAS OBRAS

Pai, que minhas boas obras sejam sempre guiadas e conduzidas por Tua mão. Amém.

"E viu Deus tudo quanto tinha feito, e eis que era muito bom; e foi a tarde e a manhã: o dia sexto."

Gênesis 1:31 (ARC)

ANOTAÇÕES

Qual boa obra você deseja realizar? A palavra obra, do latim *opĕra*, significa trabalho. Trabalho é aquilo que alguém se compromete a fazer, é qualquer produto resultante do trabalho de um operário, de um artista ou de um artesão. Uma boa obra é proveniente da fé, e nós fomos feitos para boas obras. Ou seja, somos criados para produzir, para criar e realizar boas obras em nome de Deus. Isso não acontece somente em nosso trabalho, pois cada ser humano recebe esse convite para causar impacto em seu mundo. Deus se agrada em ver seus filhos se dedicarem à realização de boas obras que transformam realidades e de trabalhos que edificam a vida das pessoas. Enxergue valor naquilo que você faz, porque é único, é exclusivamente realizado por alguém muito especial, e esse alguém é você. Desde a criação Deus realiza grandes obras, em nós e por nosso intermédio. Lembre-se sempre: você é a criação de uma boa obra divina e foi projetado para realizar boas obras. Faça uma lista mental das boas obras que realizou nesse dia e seja grato por cada uma delas.

DILUA O MEDO EM DOSES DE AMOR

11 NOV

Você já pensou se existe uma fórmula mágica para administrar o medo? Sabemos que o amor é a resposta, pois quando estamos amparados pelo amor não temos medo do desamparo e do abandono. Neste versículo Jesus ensina uma lição essencial sobre a verdadeira fonte do temor. Ele nos lembra que, em um mundo onde muitas coisas podem ameaçar nosso bem-estar físico, não devemos temer o que os homens podem fazer ao nosso corpo, pois essa é uma ameaça temporária e limitada. Em vez disso, o nosso verdadeiro temor deve ser direcionado a Deus, o único que tem poder sobre nossa alma e destino eterno. Muitas vezes somos influenciados pelo medo da opinião dos outros ou das circunstâncias ao nosso redor. Podemos nos sentir pressionados a agradar às pessoas ou a evitar críticas, comprometendo nossa fé e convicções. No entanto, Jesus nos chama a uma perspectiva mais profunda e eterna. O temor que devemos ter é reverente, aquele que nos leva a viver em obediência a Deus e a confiar no Seu plano para nossa vida. Temer a Deus não significa viver com medo constante de punição, mas reconhecer Sua santidade, justiça e amor. Devemos lembrar que Ele é o Criador de todas as coisas e o único com autoridade sobre nossa vida eterna. Quando colocamos nosso foco Nele, somos libertos do medo das circunstâncias ou das ameaças temporárias deste mundo.

Pai, que eu possa sempre administrar a dose certa de amor diante de qualquer circunstância. Amém.

"Não tenham medo dos que matam o corpo, mas não podem matar a alma."

Mateus 10:28

ANOTAÇÕES

Conversa com Deus Pai

12 NOV

SEJA PRUDENTE

Pai, que eu possa sabiamente empregar os Teus ensinamentos. Amém.

> *"Eu, a sabedoria, habito com a prudência, e acho o conhecimento dos conselhos."*
>
> **Provérbios 8:12**

ANOTAÇÕES

Pessoas que inspiram têm atitudes que deixam legado. Para isso é preciso dedicar atenção ao seu diálogo interno. O que tem nutrido os seus pensamentos? Como você tem alimentado sua alma? É preciso gerar esperança, pois se há maldade no mundo, também existem a gentileza e a bondade. Seja um bom pai e uma boa mãe, mas faça isso por você antes de fazer aos seus filhos. Jamais negue a verdade de ninguém, apenas agradeça a opinião compartilhada e siga em frente. Pessoas maduras abrem mão da necessidade de estarem certas; afinal de contas eu não preciso estar certo para ninguém, exceto para mim mesmo. Evite questionar a autoridade; em vez disso aprenda a desenvolver diálogos. Evite discutir com pessoas individualistas; apenas diga: eu gostaria de compartilhar com você a forma como vejo as coisas. Não temos garantia de nada, nem do que vai nos acontecer, mas podemos cultivar em nosso coração aquilo que ninguém jamais pode roubar: a esperança de que dias melhores virão. Os maiores acordos que podemos celebrar são os internos. Reveja quais são os acordos que você tem firmado em seu interior.

13 NOV

CONSTRUA SUA CASA NA ROCHA

Você já se perguntou como praticar as palavras que Jesus ensina? Diariamente temos a oportunidade de tentar aprender boas práticas, colocando a "mão na massa". Talvez pareça ser desafiador e até mesmo impossível; afinal de contas, Jesus nunca pecou. Seja neste dia encorajado a dar o primeiro passo, então poderá perceber que não é tão difícil quanto imagina. Construa sua vida em uma fundação forte o suficiente para suportar os ventos das adversidades, decepções e frustrações. Na prática, Jesus nunca desistiu, mesmo quando foi traído e abandonado. E sabe por que ele perseverou? Porque seu fundamento é o amor, que é capaz de suportar grandes terremotos. Ouça as palavras Dele, mas não as perca somente na escuta; pratique-as! Faça um exercício mental durante os próximos dias em situações desafiadoras. Lembre-se de qual é o seu fundamento, e então decida praticar as palavras de Jesus.

Pai, capacita-me a viver a Tua palavra de forma plena e integral e a edificar de forma prudente a minha vida. Amém.

"Portanto, quem ouve estas minhas palavras e as pratica é como um homem prudente que construiu a sua casa sobre a rocha."

Mateus 7:24

ANOTAÇÕES

Conversa com Deus Pai

14 NOV

GUARDE EM SEU CORAÇÃO AS COISAS IMPORTANTES

Pai, que eu tenha sabedoria para continuar guardando em meu coração a vida eterna que recebi em Jesus Cristo. Amém.

"Maria, porém, guardava todas essas coisas em seu coração."

Lucas 2:19

ANOTAÇÕES

Onde você guarda suas coisas consideradas valiosas? Geralmente somos ensinados a manter em um local seguro aquilo que nos é importante. Porém, não podemos esquecer que devemos aprender a guardar não só aquilo que nos é valioso financeiramente. As lembranças, as experiências e as conquistas, de igual modo, precisam estar preservadas em um local seguro. É prudente proteger nossa vida, sabendo o que compartilhar e com quem dividir nossas alegrias. De fato, não serão todas as pessoas que verdadeiramente se alegrarão com as bênçãos que recebemos e com as conquistas que tanto lutamos para alcançar. Saber guardar aquilo que é importante em nosso coração exige prudência. Inveja e ambição são sentimentos que todos podemos ter, mas aprender a celebrar as conquistas e as alegrias das pessoas é uma atitude que todos deveríamos ter. Existem coisas que só serão partilhadas entre você e Deus, já outras entre você e as pessoas em que pode confiar, e existem coisas sobre as quais você pode silenciar. Maria guardou coisas importantes no coração, e a mais importante era seu respeito e admiração por Jesus. Guarde no coração o que Jesus fez por você e compartilhe com todos esta maravilhosa notícia.

Amanda Veras

VOCÊ É FONTE A JORRAR PROSPERIDADE

15 NOV

Quando Deus derrama bênçãos sobre a vida de alguém, essas bênçãos acompanham essa pessoa por onde ela andar. A história de José nos inspira uma fé perseverante: foi vendido por seus irmãos como escravo, jogado em um poço, resgatado para se tornar escravo em uma nação com uma cultura totalmente diferente da sua, parou na prisão. Porém, em todo lugar em que José estava, prosperava, porque a bênção de Deus acompanha aquele que é abençoado, independentemente do lugar em que ele esteja. Você já se sentiu em uma situação tão difícil que parecia que Deus não ia te encontrar nesse lugar? Somos encontrados, cuidados e protegidos por Deus onde estivermos. Em dias difíceis, lembre-se de enxergar a oportunidade de levar a prosperidade divina que te acompanha para transbordar na vida das pessoas que estiverem no mesmo lugar que você. Seja no poço, seja na prisão, seja no deserto, você é fonte e jamais dreno, então transborde! Escolha hoje formas de ser uma fonte abençoadora na vida das pessoas; declare diariamente: "Eu sou fonte, não sou dreno".

Pai, faz de mim uma fonte próspera que abençoa todos os lugares nos quais eu estiver. Amém.

"O Senhor era com José, que veio a ser homem próspero; e estava na casa de seu senhor egípcio."

Gênesis 39:2

ANOTAÇÕES

Conversa com Deus Pai

16 NOV

A PROVISÃO DE DEUS EM CRISTO

Pai, ensina-me a não me preocupar com o futuro, pois sei que Tu cuidas de mim. Amém.

"E o meu Deus, segundo a sua riqueza em glória, há de suprir, em Cristo Jesus, cada uma de vossas necessidades."

Filipenses 4:19

ANOTAÇÕES

Este versículo é uma poderosa lembrança da generosidade e fidelidade de Deus. O apóstolo Paulo, ao escrever aos filipenses, declara a certeza de que Deus, por meio de Suas riquezas gloriosas em Cristo Jesus, suprirá todas as necessidades. Note que Paulo não está falando de desejos superficiais, mas daquilo de que realmente precisamos para cumprir os propósitos de Deus em nossa vida. É fácil, às vezes, nos sentirmos ansiosos ou inseguros quando enfrentamos dificuldades ou necessidades. Podemos nos perguntar se teremos o suficiente para seguir adiante. Mas este versículo nos convida a confiar plenamente na provisão de Deus. Ele conhece nossas necessidades mais profundas, e Suas riquezas são infinitas – tanto materiais quanto espirituais. Deus não promete nos dar tudo o que queremos, mas garante que suprirá cada uma das nossas necessidades de acordo com Suas gloriosas riquezas. Isso significa que, no tempo certo e da forma certa, Ele providenciará tudo o que for necessário para que cumpramos Sua vontade e experimentemos a plenitude de Sua graça. Hoje, entregue suas preocupações e necessidades nas mãos de Deus. Confie que Ele, com Sua sabedoria e bondade, proverá o que for necessário para sua vida. Suas riquezas em Cristo são abundantes e suficientes para todos nós.

DEUS É QUEM TE CAPACITA

17 NOV

Você já se sentiu incapaz de realizar uma tarefa? Esse é um sentimento que pode ser comum a todas as pessoas que se importam em entregar o seu melhor na execução de suas atividades. Às vezes não nos sentimos totalmente capazes de ajudar alguém, ou podemos sentir que aquilo que fazemos é tão pouco, que não é suficiente para ajudar de alguma maneira. Acredite, os detalhes de coisas e atitudes que você considera irrelevantes podem ser gigantescos na vida de outras pessoas. Suas habilidades na execução das mais diversas atividades que realiza e que fluem de forma muito natural naquilo que você faz são uma capacitação divina para que cumpra seu chamado na terra. Lembre-se: em cada detalhe daquilo que você faz existe uma capacitação que você pode treinar, uma habilidade que pode desenvolver, porém existe uma capacitação que é sobrenatural. Esta vem de Deus para realizar, servir e contribuir com a vida de muitas pessoas. Observe em sua vida todas as vezes que você realizou algo que não se sentia capaz de fazer. Consegue enxergar a capacitação de Deus para realizar tais atividades? Você apenas precisa expor seu coração e agir com boas intenções; deixe o resto com Deus.

Pai, que as minhas habilidades sejam desenvolvidas de forma exponencial para amar, servir e cuidar de pessoas. Amém.

> *"Diga a todos os homens capazes, aos quais dei habilidade, que façam vestes para a consagração de Arão, para que me sirva como sacerdote."*
>
> **Êxodo 28:3**

ANOTAÇÕES

_____
_____
_____
_____
_____
_____
_____
_____

18 NOV

VEJA OS FRUTOS

Pai, que eu possa tomar as melhores decisões, e que elas possam produzir frutos eternos. Amém.

"Ele verá o fruto do penoso trabalho de sua alma e ficará satisfeito."

Isaías 53: 11

ANOTAÇÕES

Como podemos saber se aquilo que estamos fazendo agrada a Deus? A forma mais simples é avaliar quais as intenções atrás das nossas ações. Quando fazemos o que fazemos com a intenção verdadeira de servir e ajudar ao próximo, estamos semeando e cultivando bons frutos. Esses frutos são o resultado das nossas ações. Às vezes não conseguimos enxergar de forma tão clara aquilo que fazemos, mas toda semente lançada por nós trará o seu fruto. A semente boa trará um bom fruto, e a semente ruim trará um fruto ruim. Lembre-se: tudo que for feito com um coração amoroso e sincero trará bons frutos. Você conhece pessoas que ajudam o próximo sem dizer nada a ninguém? Existem pessoas que têm muitas atitudes generosas e não divulgam o que fazem. Isso com a intenção correta: servir e ajudar. Essas são ações que trarão frutos que permanecem para a eternidade. Avalie a sua vida e veja quais são os frutos das suas ações e quais são as suas intenções por trás das suas ações. O que você tem feito para melhorar a vida daqueles que precisam de você? Enumere três ações que você decide tomar hoje que vão impactar a vida daqueles que precisam da sua ajuda. Ore a Deus pedindo que ele te ajude a tomar as decisões certas.

OLHANDO PARA OS OUTROS COM AMOR

19 NOV

Em nossa vida cotidiana é fácil nos concentrarmos nas próprias necessidades, nos desafios e sonhos. Mas a Palavra de Deus nos chama a algo maior: a olhar ao nosso redor e enxergar as pessoas que estão à nossa volta. Jesus nos deu o exemplo perfeito de como viver de maneira altruísta e amorosa, sempre colocando os outros antes de Si mesmo. Quando olhamos apenas para nós mesmos, corremos o risco de nos tornar insensíveis às necessidades dos outros. Podemos perder a oportunidade de ser uma bênção e de demonstrar o amor de Cristo em ações práticas. No entanto, quando abrimos nossos olhos para enxergar além de nossa própria vida, descobrimos que Deus nos chama a servir com humildade, a nos preocupar com o bem-estar dos outros e a oferecer nosso tempo, atenção e amor de forma generosa. Quando fazemos isso, não apenas abençoamos os outros, mas também experimentamos a alegria e a plenitude que vêm de viver como Cristo nos ensinou. Hoje, reserve um momento para olhar ao redor. Quem precisa de uma palavra de encorajamento, de uma ajuda prática ou de uma oração? Que Deus abra nossos olhos para enxergar além de nós mesmos e nos ajude a viver como instrumentos do Seu amor.

Pai, ajuda-me a ser uma pessoa que não se preocupa apenas com os próprios interesses, mas que também cuida dos outros. Amém.

"(…) Cada um cuide, não somente dos seus interesses, mas também dos interesses dos outros."

Filipenses 2:3-4

ANOTAÇÕES

20 NOV

VIVA NO CAMINHO DA VERDADEIRA FELICIDADE

Pai, agradeço por ter tantos motivos para ser feliz. Amém.

> *"Como é feliz o homem que acha a sabedoria, o homem que obtém entendimento (…)"*

Provérbios 3:13

ANOTAÇÕES

Onde mora a verdadeira felicidade? Ela mora mais perto do que você imagina; habita no registro do seu coração dos momentos felizes que você já viveu, na gratidão pela saúde e pelo dia de hoje, na alegria pelas boas amizades. A felicidade mora no sorriso, na atitude generosa, nas palavras de gratidão de alguém que oferece ajuda. Consegue perceber que a essência da verdadeira felicidade se manifesta diariamente em nossa vida? Talvez você esteja se perguntando o que é preciso para vivê-la. Basta ser sensível a cada uma das infinitas demonstrações de felicidade que estão ao seu redor e que já fazem parte da sua vida. O homem sábio sabe enxergar todas as pequenas e as gigantescas manifestações de doses de felicidade diárias, consegue sorrir mais, ser mais leve e perceber a grande oportunidade que temos diariamente de celebrar, apreciar e desfrutar de tudo o que já temos. Observe as doses de felicidade no seu dia; exerça gratidão em cada uma delas.

CUIDADO COM AQUILO QUE VOCÊ FALA

21 NOV

Um dos grandes cuidados que precisamos ter é com relação àquilo que falamos. As palavras que saem da nossa boca precisam construir um ambiente de paz e edificar uma atmosfera de bênçãos. Em momentos de ira, é natural que os nossos sentimentos possam querer promover o desejo de fazer justiça, e uma dessas maneiras acontece pela fala. Você já sentiu a necessidade de falar palavras que aparentemente poderiam trazer justiça a uma situação injusta? Essa poderia ser a forma natural; afinal de contas, por que se calar diante de uma injustiça? Na verdade, precisamos aprender a dar espaço ao que sentimos, mas o segredo está no cuidado para que a nossa fala não se volte contra nós. E sabe quando isso acontece? Quando queremos que as pessoas vejam a injustiça que fizeram conosco. As palavras torpes que podem sair da nossa boca são palavras que trazem briga, desacordo, confusão. Esse tipo de palavras precisamos silenciar e aprender a falar palavras certas, carregadas de verdade em amor, palavras compassivas que restauram relacionamentos e trazem cura. Reflita sobre as palavras que têm saído de sua boca. Elas edificam relacionamentos? Elas promovem ambientes de paz? Busque sempre palavras carregadas de compaixão e de renovo.

Pai, ajuda-me a falar as palavras certas e a silenciar as palavras torpes. Amém.

"Nenhuma palavra torpe saia da boca de vocês, mas apenas a que for útil para edificar os outros (…)."

Efésios 4:29

ANOTAÇÕES

_____
_____
_____
_____
_____
_____
_____
_____
_____

Conversa com Deus Pai

22 NOV

CRESÇA NOS MOMENTOS DE SILÊNCIO

Pai, que no tempo do Teu silêncio comigo eu possa ser fiel a tudo aquilo que aprendi. Amém.

"Em silêncio diante de Deus, minha alma espera, pois dele vem minha vitória."

Salmos 62:1 (NVT)

ANOTAÇÕES

Momentos de silêncio fazem parte da nossa caminhada com Deus. E talvez você esteja se perguntando como pode lidar com a ansiedade em seu coração quando Deus está em silêncio. O silêncio é uma oportunidade para o crescimento espiritual, para desenvolvermos um relacionamento maduro. Quando a ansiedade aumenta, a maioria das pessoas recorre de forma inconsciente a comportamentos e pensamentos que possam reduzir o sofrimento e auxiliar a lidar com a ansiedade. Algumas pessoas comem de forma compulsiva, outras se isolam, e essas reações defensivas aparecem com frequência em tempos de silêncio. Encare os momentos de silêncio como um convite ao crescimento. Deus sempre esteve e sempre estará conosco; as estações de silêncio são a nossa oportunidade de permanecer em fidelidade com aquilo que aprendemos de Deus e de desenvolver ouvidos sensíveis para escutar, coração disposto para obedecer e mãos disponíveis para servir. Agindo assim, quando menos imaginarmos voltaremos novamente a escutar a voz de Deus. Como você tem reagido durante o silêncio de Deus em sua vida? Perceba esse período como uma oportunidade para o seu crescimento espiritual.

Amanda Veras

MUDE VOCÊ E TUDO MUDARÁ

23 NOV

Grande parte dos desafios que vivemos nos nossos relacionamentos está associada às expectativas que criamos. Depositamos sobre o outro expectativas que muitas vezes são irreais e que estão mais ligadas às nossas necessidades afetivas não supridas. Acredite, mude você e tudo mudará. Seja e esteja em você a mudança que deseja ver no outro; isso gera um ambiente propício a mudanças. Quando as nossas atitudes conversam com as mudanças que desejamos viver, passamos a criar esse ambiente de transformação. E tudo ao nosso redor passa a cooperar, simplesmente porque você decidiu mudar. Mude sua forma de ver as situações, de responder às solicitações, e até mesmo de perdoar. Quando nos perdoamos, paramos de nos torturar, abandonamos a insegurança e desfrutamos da liberdade. Perceba o grande efeito que essa mudança pode promover. Diante disso, quais são as mudanças que você decide adotar? Decida confiar no poder de Deus para realizar as mudanças necessárias em seu interior, para que a partir de você tudo ao seu redor possa mudar. Reflita sobre as mudanças que você julga necessárias em sua vida, ore a Deus e entregue cada uma delas ao seu domínio, cuidado e direção.

Pai, que eu possa desfrutar plenamente da vida que o Senhor tem para mim. Amém.

"(...) vocês foram ensinados a despir-se do velho homem (...) a se revestirem do novo homem, criado para ser semelhante a Deus (...)."

Efésios 4:22.24

ANOTAÇÕES

24 NOV

VENÇA A DUREZA DO INVERNO

Pai, ajuda-me a suportar o intenso frio, para que na próxima estação eu volte a florescer. Amém.

"Enquanto durar a terra, jamais cessarão plantio e colheita, frio e calor, verão e inverno, dia e noite."

Gênesis 8:22

ANOTAÇÕES

Existem estações em nossa vida difíceis de ser superadas. Elas podem trazer algumas desordens, e a mental é a principal delas. A confusão de pensamentos e sentimentos pode fazer com que nossas emoções fiquem reprimidas, tanto pelo medo de não sermos compreendidos quanto pelos traumas não compartilhados e experiências dolorosas não ressignificadas. Caso não venhamos a compartilhar como nos sentimos e a prolongar essa condição, podemos congelar nossa trajetória. O que fazer em momentos assim? Encha-se de esperança e confiança em Deus, e com o passar do tempo você vai perceber que as situações não eram tão difíceis. Tudo depende da maneira como você decide enfrentar as estações de dores e de inverno. Acredite: logo o inverno passará e o sol voltará a raiar, forte o suficiente para ser capaz de trazer liberdade para que a sua história continue a ser vivida, escrita e desfrutada. Busque aquecer o seu coração com palavras de esperança e amor; suporte o inverno, pois logo o verão chegará.

SAIBA QUE DEUS FEZ TUDO NOVO

25 NOV

Tudo o que nos acontece na vida tem um propósito, e podemos abraçar cada um dos ensinamentos como oportunidade de modelar o nosso comportamento. Cada processo, vitória, luta e conquista marca a nossa história e funciona como palavras registradas no nosso livro da vida. É preciso responder às situações de forma equilibrada e ponderada, abandonando aquilo que não mais faz parte de quem somos. Como você tem respondido às situações que acontecem em sua vida? Podemos responder de diversas maneiras e ser inspirados por atitudes de arrependimento e fidelidade. Talvez hoje seja um bom dia para você pensar sobre as escolhas que tem feito, sobre os acordos que tem assinado e sobre as palavras que tem registrado no seu livro da vida. Sempre teremos a oportunidade de escrever novos registros, de aperfeiçoar nossas escolhas e decisões; com Deus sempre é possível recomeçar. Saiba que Deus escreveu uma nova história para cada um de nós por intermédio de Jesus Cristo. Nele somos novas criaturas com uma nova vida. Reflita sobre práticas e pensamentos que você precisa deixar para trás e recomece hoje seu dia com novas atitudes.

Pai, que minha nova vida seja marcada por um recomeço de leveza, alegria e paz. Amém.

"Assim que, se alguém está em Cristo, nova criatura é; as coisas velhas já passaram; eis que tudo se fez novo."

2 Coríntios 5:17

ANOTAÇÕES

26 NOV

PERMITA QUE DEUS ILUMINE O SEU INTERIOR

Pai, agradeço por ser a luz que traz clareza a meu ser; ajuda-me a trazer à ordem interna o que está fora de lugar. Amém.

"Tu, Senhor, manténs acesa a minha lâmpada; o meu Deus transforma em luz as minhas trevas."

Salmos 18:28

ANOTAÇÕES

Somente Deus é capaz de trazer a luz às áreas ocultas do nosso coração, mas Ele jamais faz isso para nos expor à vergonha ou qualquer situação constrangedora, Deus traz luz para nos permitir enxergar as áreas que precisam ser organizadas e tratadas. Em alguns momentos da vida, as maiores lutas que iremos travar serão com a nossa alma, nossos sentimentos e emoções. Tantas questões podem trazer uma angústia ao nosso coração e escurecer a chama de esperança no nosso interior. Deus tem o poder de transformar as áreas escuras da nossa alma; isso nos ensina sobre seu poder de amar, perdoar e restaurar. Acredite: Deus é quem transforma as trevas em luz com a sua presença, e ele já colocou dentro de você tudo aquilo de que você necessita para vencer. Permita que essa luz de infinita bondade acenda em seu coração a capacitação necessária para enxergar com clareza como está o seu interior e receber ajuda para colocar tudo em seu devido lugar. Um lugar iluminado se torna organizado, e essa organização começa dentro de você. Reflita sobre quais áreas em seu coração precisam de clareza para uma organização interna, e aos poucos coloque-as em seu devido lugar.

SEJA CONSTANTE E AVANCE NA DIREÇÃO CERTA

27 NOV

Para quem não sabe para onde vai, qualquer caminho serve, mas, para quem tem um destino certo, saber manter a direção é mais importante do que a velocidade. Muitas pessoas começam bem a sua jornada, mas não mantêm a direção, aceleram, gastam toda a sua energia de uma só vez. Por isso, tenha prudência nos projetos de sua vida. Seja constante; muitos homens correm, mas se perdem no decorrer do caminho. Precisamos saber para onde vamos. Pense bem: você já notou que a sua atitude tem a ver com a vida de muita gente ao seu redor? Às vezes precisamos de respostas que não são tão claras, que não preenchem o vazio. É preciso escutar a Deus; Ele não responde na razão, mas preenche o vazio do nosso coração, nos traz direção e nos permite alcançar o destino, independentemente da velocidade que escolhemos trilhar. Por isso saiba a direção, mantenha a velocidade de forma constante e alcance o destino que Deus tem preparado para você. Observe qual tem sido a velocidade da sua vida. Como você tem tomado decisões importantes e qual direção está seguindo? É tempo de ajustar a rota e rever o caminho.

Pai, que eu tenha a sensibilidade de entender em que velocidade avançar. Amém.

"Mostra-me o caminho certo, Senhor, ensina-me por onde devo andar."

Salmos 25:4 (NVT)

ANOTAÇÕES

28 NOV

ENXERGANDO DEUS NO DIA A DIA

Pai, ajuda-me a viver o meu dia com olhos e coração abertos para o que queres me ensinar. Amém.

"Confie no Senhor de todo o seu coração (...); reconheça o Senhor em todos os seus caminhos, e Ele endireitará as suas veredas."

Provérbios 3:5-6

ANOTAÇÕES

Cada dia traz consigo uma série de acontecimentos e, muitas vezes, nos pegamos vivendo no piloto automático, passando de um momento a outro sem perceber as lições que Deus nos oferece. O dia a dia é mais do que uma rotina; é um campo de aprendizado onde Deus fala conosco por meio de situações, encontros e até mesmo nos pequenos detalhes. Ele usa as circunstâncias do cotidiano para nos moldar, ensinar e, muitas vezes, nos fortalecer para desafios maiores. Aprender com os acontecimentos do dia exige um coração atento e disposto a enxergar além do superficial. Aquela conversa inesperada, o atraso no trânsito ou até mesmo a pausa para o café podem ser oportunidades que Deus usa para ensinar paciência, gratidão, ou para mostrar algo que precisa ser transformado em nós. Quando nos abrimos para ver o que Deus está fazendo, passamos a viver cada momento com mais intencionalidade e propósito. O convite é simples: viver com um olhar atento e um coração disposto. Perguntar a Deus, ao longo do dia, "O que o Senhor quer me ensinar com isso?" nos ajuda a transformar o comum em extraordinário, e a perceber que, mesmo nos momentos mais simples, Deus está presente, guiando-nos e nos moldando. Hoje, viva o seu dia com intencionalidade.

Amanda Veras

A FORÇA NA FRAQUEZA

29 NOV

Todos nós enfrentamos fraquezas em algum momento da vida. Seja física, seja emocional ou espiritual, há situações que nos fazem sentir incapazes e vulneráveis. No entanto, é exatamente nessas horas que a força de Deus se manifesta em nós de maneira poderosa. Quando reconhecemos que não podemos fazer tudo sozinhos e entregamos nossas fraquezas a Deus, Ele transforma nossa fragilidade em uma plataforma para revelar Seu poder. Essa verdade nos liberta da pressão de sermos fortes o tempo todo. Não precisamos fingir que temos tudo sob controle. Podemos ser honestos com nossas limitações, sabendo que a força de Deus é suficiente para nos sustentar. Quando nos tornamos fracos aos nossos próprios olhos, abrimos espaço para que Deus faça o impossível em nossa vida. Nossa fraqueza se torna o lugar onde a força divina se torna visível. No seu dia a dia, quando você se sentir fraco ou sobrecarregado, lembre-se de que Deus está com você. Ele não espera que você enfrente tudo sozinho: Ele quer que você confie Nele e permita que Sua força te levante e te guie. A verdadeira força não vem da nossa própria capacidade, mas do poder de Deus em nós. Que essa verdade inspire você a depender de Deus em todas as áreas da sua vida, especialmente nas suas fraquezas, e a confiar na força que Ele te dá!

Pai, sempre me lembre de que o Senhor é a minha força e de que o Teu poder se aperfeiçoa em mim. Amém.

"Ele dá força aos cansados e aumenta o vigor dos que estão sem forças."

Isaías 40:29

ANOTAÇÕES

QUAL DECISÃO VOCÊ PRECISA TOMAR HOJE?

Pai, agradeço por trazer convicção ao meu coração nas decisões que preciso tomar. Amém.

> *"Eu e a minha casa serviremos ao Senhor."*
> **Josué 24:15**

ANOTAÇÕES

Existem momentos na vida que parecem um labirinto, e para sair dessa jornada de dúvida precisamos tomar decisões. Algumas decisões podem gerar impactos positivos ou até mesmo negativos na vida de muitas pessoas, que podem ou não ter a ver com a situação. Tome hoje a decisão de construir um movimento saudável para a vida que você deseja ter. Decida hoje não murmurar, mas sorrir com gratidão até mesmo pelos desconfortos – eles são oportunidades para o seu crescimento. Decida hoje não maldizer; suas palavras constroem realidades. Declare bênçãos em cenários de guerra – essa é a mentalidade de quem encontra saída para os labirintos da vida. Não idolatre – pessoas vão errar com você, e que essa seja uma oportunidade para exercer compaixão. Não cobice – encontre satisfação e genuína alegria naquilo que você já tem. Não tente a Deus – quem precisa passar na prova somos nós, então afaste-se de situações que possam trazer dores e sofrimento. Lembre-se sempre: só rompemos com novos comportamentos quando transformamos nossa mentalidade. As melhores decisões são sempre aquelas que tomamos inicialmente a respeito da nossa família e do nosso lar. Transforme a sua mente com bons pensamentos e decisões que te aproximem da vida que você deseja ter. Decida ter uma relação de submissão a Deus.

Amanda Veras

DEZEMBRO

01 DEZ

USE O PODER DIVINO QUE HABITA EM VOCÊ

Pai, agradeço por me dar o Espírito Santo como guia e fonte de poder. Amém.

"Mas receberão poder quando o Espírito Santo descer sobre vocês, e serão minhas testemunhas em Jerusalém, em toda a Judeia e Samaria, e até os confins da terra."

Atos 1:8

ANOTAÇÕES

Deus nos deu o maior presente que podemos receber: o poder do Espírito Santo. Com esse poder, somos chamados a ser Suas testemunhas, não apenas em nossos círculos mais próximos, mas até os confins da Terra.

A promessa de Jesus é clara: não somos chamados a fazer isso com nossas próprias forças. O Espírito Santo é quem nos capacita, nos fortalece e nos guia em cada passo. Isso significa que, em qualquer lugar que estivermos — seja em nossa família, seja no trabalho, na comunidade ou em lugares distantes —, somos portadores dessa mensagem de esperança. Não importa se o desafio parece grande, porque a presença do Espírito em nós nos dá poder. É um poder que vai além do que podemos imaginar, transformando corações, quebrando barreiras e nos dando coragem para viver como testemunhas de Cristo. Hoje, acolha essa verdade: você foi escolhido para fazer parte do plano de Deus para este mundo. Não importa onde você esteja ou o que esteja enfrentando, o Espírito Santo está com você, dando-lhe a força necessária para testemunhar com amor, compaixão e verdade. Deixe o Espírito te guiar, te encher de paz e te lembrar de que você nunca está sozinho nesta jornada.

FIXE SEU OLHAR EM JESUS

02 DEZ

Existe uma alegria que podemos viver quando vencemos os dias difíceis que chegam até nós. Essa grande celebração muitas vezes só será compreendida por você e por quem esteve verdadeiramente ao seu lado durante a jornada. Enquanto esteve na terra, suportou dor, humilhação, vergonha e até o abandono das pessoas de quem ele tão amorosamente cuidava. Podemos aprender que também viveremos momentos assim, mas precisamos ser inspirados pela atitude de Jesus, que suportou cada uma dessas dores porque tinha como objetivo maior em seu coração a missão de salvar a humanidade. Você consegue parar para pensar na sua vida e perceber que muitas dores que você vive hoje serão passageiras, e que grandes e maravilhosas coisas você ainda viverá? Talvez pareça desafiador, mas abasteça o seu coração com o combustível correto: fixe o seu olhar no olhar de Jesus, que você será abastecido de fé, esperança e amor. Lembre-se de que Ele foi vencedor sobre toda a dor e todo o sofrimento, e Nele somos mais que vencedores em tudo. Encontrar o olhar de Jesus é enxergar Nele o consolo, o acolhimento e o abraço para todos os momentos da vida, especialmente os mais sombrios.

Pai, graças Te dou por me capacitar e instruir a manter os olhos fixos em Ti. Guarda meu coração. Amém.

"(…) Ele, pela alegria que lhe fora proposta, suportou a cruz, desprezando a vergonha, e assentou-se à direita do trono de Deus."

Hebreus 12:2

ANOTAÇÕES

Conversa com Deus Pai

03 DEZ

CONECTE-SE COM AS PESSOAS PELA SUA ESSÊNCIA

Pai, que eu seja luz na vida das pessoas por meio do Teu amor por mim. Amém.

"A candeia do corpo são os olhos; de sorte que, se os teus olhos forem bons, todo o teu corpo terá luz."

Mateus 6:22 (ARA)

ANOTAÇÕES

À s vezes podemos ser seduzidos pelos pequenos recortes que vemos da vida das pessoas. Podemos achar que a boa representação da atuação daquele profissional é de fato a sua vida, quando na verdade muitas pessoas sorriem no palco e choram no bastidor. Você já olhou nos olhos de alguém e sentiu que podia confiar naquela pessoa? Isso é tão precioso que, quando encontramos alguém assim, vale a pena abrir não só os nossos olhos, mas também o nosso coração e convidar essa pessoa para fazer parte do nosso círculo íntimo de amizade. Pessoas boas são preciosos presentes que Deus nos dá; precisamos estar sensíveis à presença delas. Procure desenvolver reais conexões com as pessoas; para isso, busque ver quem elas são fora do palco, fora das redes sociais, mas em sua essência. Valorize quem se aproximar de você do lado de fora das luzes do mundo.

O DEUS QUE PROTEGE OS SIMPLES

04 DEZ

Uma das verdades mais profundas sobre o caráter de Deus é inequívoca: Ele é o protetor dos humildes e daqueles que reconhecem suas limitações. Às vezes, em nossa vida, há dias em que nos sentimos sem forças, sem saber como continuar ou onde encontrar ajuda. Mas é nesses momentos de fraqueza que a proteção e o cuidado de Deus se tornam mais evidentes. Quando a Bíblia fala dos "simples", refere-se àqueles que se aproximam de Deus com humildade, sem arrogância ou presunção. Deus não espera que sejamos perfeitos ou autossuficientes. Ele se alegra quando reconhecemos nossa dependência Dele, porque é aí que Ele pode agir com todo o Seu poder para nos salvar. Quando estamos sem forças, quando não vemos saída, Ele se aproxima e nos levanta com Sua força e graça. Se hoje você se sente esgotado, sem forças para continuar, lembre-se: o Senhor está com você. Ele vê suas lutas e está pronto para te salvar. Não importa o quão simples ou fraco você se sinta, Deus é o seu protetor. Confie Nele, entregue suas preocupações e deixe que Ele seja a sua força. Pense sempre que, quando você se sente fraco, é nesse momento que Ele está pronto para te salvar!

Pai, em meio às minhas lutas e fraquezas, que eu encontre refúgio em Teu amor e descanso em Tua presença. Amém.

"O Senhor protege os simples; quando eu já estava sem forças, ele me salvou."

Salmos 116:6

ANOTAÇÕES

05 DEZ

ESTABELEÇA MOMENTOS ÂNCORA EM SUA VIDA

Pai, ajuda-me a guardar a Tua Palavra no coração e a meditar nela diariamente. Amém.

> *"Não deixe de falar as palavras deste livro da lei e de meditar nela de dia e de noite (…) só então seus caminhos prosperarão e você será bem-sucedido".*

Josué 1:8

ANOTAÇÕES

Meditar e viver de acordo com a Palavra de Deus é a chave para uma vida plena, guardada e abençoada por Ele. Meditar na Palavra de Deus "de dia e de noite" significa trazer as verdades de Deus para todos os momentos da nossa vida. Isso não significa apenas ler a Bíblia como obrigação, mas permitir que ela molde nossos pensamentos e decisões. Quando permitimos que a Palavra de Deus penetre profundamente em nossos corações, ela transforma nossa perspectiva e nos dá sabedoria para lidar com os desafios da vida. A promessa de Deus a Josué é clara: se ele mantivesse a Palavra no coração e nos lábios, seus caminhos seriam prósperos e ele seria bem-sucedido. O sucesso aqui não se refere apenas a conquistas materiais, mas a uma vida alinhada com o propósito de Deus, experimentando Sua paz, direção e favor. No dia a dia, quando fazemos da Palavra de Deus nossa base, encontramos forças para enfrentar as dificuldades, discernimento para tomar decisões e fé para seguir em frente, mesmo nas situações mais desafiadoras.

QUANDO RECUAMOS, O INIMIGO AVANÇA

06 DEZ

A vida cristã é uma batalha espiritual constante. Em diversas situações, somos tentados a recuar, seja por medo, seja por cansaço, dúvidas ou desafios que parecem maiores do que podemos suportar. No entanto, quando baixamos nossa guarda, damos espaço para o inimigo avançar em nossa vida. Recuar não é apenas desistir de lutar, mas também abrir mão do que Deus nos deu, permitindo que o inimigo roube nossa paz, nossa alegria e a vitória que já foi garantida por Cristo. O inimigo não espera oportunidades perfeitas para atacar; ele busca momentos de fraqueza, quando estamos desanimados ou distraídos. Quando recuamos em nossa fé, quando deixamos de confiar em Deus ou de seguir Seus mandamentos, abrimos uma porta para que o inimigo ganhe terreno. É por isso que a Bíblia nos chama a resistir – a estar firmes e inabaláveis, confiando na proteção e na força de Deus. Resistir ao inimigo não significa lutar com nossas próprias forças, mas, sim, estar ancorados em Deus. Somos chamados a avançar, confiando que Deus vai à nossa frente, combatendo nossas batalhas. Isso não significa que não enfrentaremos lutas, mas que podemos ter certeza de que Deus está conosco, nos fortalecendo a cada passo.

Pai, reconheço que, sem Ti, sou fraco, mas em Ti sou forte. Tu és quem me fortalece. Amém.

"Portanto, submetam-se a Deus. Resistam ao diabo, e ele fugirá de vocês."

Tiago 4:7

ANOTAÇÕES

07 DEZ

PEÇA MAIS A DEUS

Pai, venho a Ti com o coração humilde, para que me abençoe de acordo com a Tua vontade. Amém.

"Oh! Que me abençoes verdadeiramente (…) que Tua mão esteja comigo e que me guardes do mal, que eu não possa causar dor."

1 Crônicas 4:10

ANOTAÇÕES

Há momentos em nossa caminhada de fé em que sentimos o desejo de pedir mais a Deus. Pedir não por egoísmo ou ambição, mas por algo maior: por Suas bênçãos que nos transformam, por uma vida guiada por Ele e por oportunidades de sermos instrumentos do Seu amor. A oração de Jabez, um homem que mal conhecemos nas Escrituras, nos mostra o coração de alguém que ansiava por mais de Deus, e confiava plenamente que o Senhor poderia fazer isso. Ao dizer, "Oh! Que me abençoes verdadeiramente", Jabez nos ensina a buscar aquilo que vem diretamente de Deus. Ele não está pedindo riquezas passageiras, mas bênçãos verdadeiras, aquelas que só o Pai pode nos dar – paz, alegria, propósito e um coração cheio da Sua presença. Muitas vezes nos encontramos em situações de dúvida, sem saber o que pedir. Mas o Senhor nos convida a ir até Ele com fé, sabendo que Ele ouve nossas orações e deseja nos abençoar. Hoje, faça essa oração com fé e confiança no Deus que te ama e cuida de você. Ele deseja te abençoar, te guiar e te proteger. Não tenha medo de pedir mais a Deus – não por egoísmo, mas porque Ele é bom e tem planos maiores para a sua vida.

Amanda Veras

08 DEZ

O AMOR RESTAURA

Chegou o tempo de restauração, de colocar em bom estado aquilo que foi destruído. Porém, a restauração só acontece quando a gente permanece. Ao fugir de situações desconfortáveis, não conseguimos reparar as brechas, não conseguimos falar o que precisa ser dito, curar, perdoar e restaurar. Existem formas de permanecer nos relacionamentos que desejamos restaurar: aja com fidelidade aos seus valores e princípios, suporte o tempo da espera e não desista quando se sentir pressionado; o desconforto faz parte do processo de restauração. Mantenha seu coração em humildade. Lembre-se de Jó, que permaneceu quando tudo o que ele amava se perdeu; aprenda com o pai do filho pródigo, que permaneceu mesmo quando viu seu filho ir embora; aja como Jesus, que permaneceu fiel quando todos os que caminhavam com ele o abandonaram. Para restaurar relacionamentos, permaneça no amor. Seja aquele que permanece, reparando brechas, construindo pontes e não muros. Veja se em sua vida existem relacionamentos que precisam ser restaurados. Diante de cada situação, aplique as ações compartilhadas no devocional: aja com fidelidade, suporte a espera e o desconforto, mantenha seu coração humilde, não desista e reconheça os frutos das suas ações.

Pai, que eu permaneça fiel e suporte a restauração necessária. Amém.

> *"(…) serão chamados de 'Reparadores de brechas' e 'Restauradores de veredas', para que o país se torne habitável."*
>
> **Isaías 58:12 (NAA)**

ANOTAÇÕES

_____
_____
_____
_____
_____
_____
_____
_____
_____

Conversa com Deus Pai

09 DEZ

O ABRAÇO FRATERNO

Pai, que em cada gesto do nosso dia a dia possamos refletir o Teu amor e a Tua presença. Amém.

"Assim, em Cristo nós, que somos muitos, formamos um corpo, e cada membro está ligado a todos os outros."

Romanos 12:5

ANOTAÇÕES

Com Cristo, nunca estamos sozinhos. Somos parte de algo maior: uma família espiritual, unida pelo amor de Deus. Fazemos parte de um corpo, em que cada um tem um papel importante e está conectado ao outro. Esta verdade se aplica em momentos comuns – como quando uma palavra de encorajamento em uma conversa transforma o dia de alguém ou quando um simples gesto de bondade reflete o amor de Deus para quem está ao nosso redor. Assim como o corpo humano depende de cada parte para funcionar bem, o corpo de Cristo depende dessa conexão constante entre seus membros. Isso significa que, quando alguém ao nosso redor está enfrentando dificuldades, podemos ser o apoio de que essa pessoa precisa. Em tempos de alegria, também podemos ser a voz que celebra junto. Pequenos atos, como um sorriso, uma palavra de conforto, uma oração silenciosa por alguém, são expressões dessa fraternidade divina. Quando as preocupações diárias pesam em nossos ombros, podemos nos lembrar de que há pessoas ao nosso redor, parte do mesmo corpo, que caminham conosco. Deus nos deu uns aos outros para que possamos nos apoiar, encorajar e cuidar mutuamente em nossa jornada.

Amanda Veras

A VOZ QUE NOS CHAMA FILHOS

10 DEZ

Em um mundo cheio de ruídos, onde quase sempre somos lembrados de nossas falhas, fraquezas e imperfeições, Deus nos lembra que, antes de qualquer coisa, somos Seus filhos amados. Para Jesus, essa declaração veio antes de qualquer milagre, antes de Seu ministério. O amor e o prazer do Pai não estavam baseados no que Ele faria, mas em quem Ele era. E, da mesma forma, Deus nos chama filhos amados, não por causa do que realizamos, mas simplesmente por quem somos em Cristo. A vida nos pressiona constantemente a provar nosso valor, a buscar aprovação em nosso desempenho ou no reconhecimento dos outros. Mas, como filhos de Deus, essa busca pode cessar. A aceitação que realmente importa já foi concedida. Assim como Jesus ouviu essa voz, nós também somos lembrados do amor incondicional de Deus, que não está condicionado a conquistas ou merecimentos, mas à graça. E que grande liberdade há nisso! Viver sob a verdade de que somos amados, não importa quão imperfeitos nos sintamos, nos dá a coragem de enfrentar os desafios diários com paz e confiança. Podemos seguir em frente, sabendo que o Criador do universo encontra prazer em nós, simplesmente por sermos Dele.

Pai, que eu descanse na certeza de que não preciso buscar aprovação em outros lugares. Amém.

"E uma voz dos céus disse: 'Este é o meu Filho amado, em quem me agrado'."

Mateus 3:17

ANOTAÇÕES

Conversa com Deus Pai

11 DEZ

PERMITA QUE SUA ALMA DESCANSE

Pai, que minha alma descanse em Ti, confiando que estás sempre ao meu lado. Amém.

"Retorne ao seu descanso, ó minha alma, porque o Senhor tem sido bom para você."

Salmos 116:7

ANOTAÇÕES

Em meio ao vai e vem da vida, quase sempre nos sentimos sobrecarregados e ansiosos, como se estivéssemos em uma constante batalha para manter tudo sob controle. É nesses momentos que o salmista nos lembra de algo profundamente reconfortante: podemos retornar ao descanso, porque o Senhor tem sido bom para nós. Quando nos encontramos em meio a dificuldades, dúvidas ou ansiedade, é fácil nos esquecer das bênçãos que já recebemos. Quando nos lembramos da bondade do Senhor em nossa vida – das portas que Ele abriu, dos livramentos que já experimentamos –, nossa alma descansa. Essa confiança em Deus nos permite soltar as tensões, os medos e as preocupações que nos consomem. Não precisamos carregar o peso do mundo em nossos ombros. Deus, em Sua bondade, já cuidou de nós no passado e continua a cuidar. Nossa tarefa é confiar Nele, lembrar-nos de Suas promessas e permitir que nossa alma volte a descansar. Hoje, seja qual for o desafio ou a preocupação que você tenha, faça uma pausa e lembre-se: o Senhor tem sido bom. Deixe que essa verdade acalme o seu coração e traga descanso à sua alma.

SUPERANDO BARREIRAS COM FÉ

12 DEZ

Todos enfrentamos barreiras em nossa jornada. Elas podem ser desafios externos, como problemas financeiros, dificuldades nos relacionamentos ou obstáculos no trabalho. Ou podem ser barreiras internas, como medo, dúvida ou falta de confiança. Em momentos como esses, é comum sentir-se desanimado ou até mesmo paralisado, achando que as dificuldades são grandes demais. No entanto, Deus nos convida a enxergar essas barreiras de uma forma diferente: não como obstáculos permanentes, mas como oportunidades para exercitar nossa fé e crescer. Quando olhamos para as Escrituras, vemos muitos exemplos de pessoas que superaram grandes desafios com a ajuda de Deus. Moisés enfrentou o mar, Josué enfrentou muralhas, e Davi enfrentou gigantes. Em todos esses momentos, Deus esteve presente, dando forças e guiando o caminho. A mensagem é clara: não importa o tamanho da barreira, Deus é maior. Ele nos convida a confiar Nele e a tomar passos de fé, mesmo quando não conseguimos ver a solução imediatamente. Superar barreiras não é sobre ignorar os desafios ou fingir que eles não existem, mas sobre confiar que, com Deus, eles podem ser vencidos. É olhar para os obstáculos e, em vez de se intimidar, entregar a situação a Deus e buscar Sua força.

Pai, que eu possa sentir a Tua presença me guiando e me fortalecendo a cada passo. Amém.

"Com o teu auxílio posso atacar uma tropa; com o meu Deus posso transpor muralhas."

Salmos 18:29

ANOTAÇÕES

13 DEZ

VENCENDO O CIÚME COM AMOR

Pai, eu Te peço que sondes meu coração e removas todo ciúme que nele se esconde. Amém.

"O amor é paciente, o amor é bondoso. Não inveja, não se vangloria, não se orgulha."

1 Coríntios 13:4

ANOTAÇÕES

O ciúme é uma emoção que todos nós já experimentamos em algum momento. Pode ser sutil ou pode crescer em algo mais forte, que afeta nossos pensamentos e relacionamentos. Mas o ciúme, embora comum, nos desvia do caminho do amor que Deus quer que trilhemos, pois muitas vezes somos alimentado pelo desejo de possuir algo que vemos nos outros. Ao nutrir o ciúme, acabamos perdendo a alegria do que Deus já nos deu. A Bíblia nos ensina que o amor de Deus é o oposto disso. O amor é paciente e bondoso. Ele celebra as conquistas dos outros, em vez de se ressentir. Quando o ciúme tenta fazer morada em nosso coração, Deus nos convida a lembrar que o que temos vem Dele, e que cada um de nós é chamado a um propósito único. Não há necessidade de competir ou de sentir que estamos em falta, porque o amor de Deus é abundante para todos. Quando escolhemos amar, começamos a ver os outros e a nós mesmos como Deus nos vê: preciosos e completos em Sua graça. Se o ciúme tem tocado o seu coração ultimamente, este é o momento de levá-lo a Deus. Peça a Ele que encha seu coração com Seu amor e que te ajude a ver os outros com bondade e gratidão. Que o amor de Deus te preencha de tal maneira que não haja espaço para o ciúme, apenas para a alegria e a paz.

Amanda Veras

TENHA SEMPRE UMA EXPECTATIVA POSITIVA

14 DEZ

Existem circunstâncias na vida em que para manter a expectativa positiva é bem desafiador. Imagine como era para Noé e sua família não ver uma gota de chuva, mas construir uma grande embarcação, uma arca, na espera de um dilúvio acontecer. Por cem anos, Noé e sua família dedicaram seus dias nessa empreitada. Eles cortavam, mediam, martelavam e continuavam esperançosos, mesmo diante de um cenário tão improvável. De igual modo, somos convidados por Deus a desenvolver uma mentalidade positiva, confiantes na expectativa de que muitas coisas em nossa vida só irão acontecer e se tornar realidade se acreditarmos de todo o nosso coração, e se nos empenharmos mesmo diante de cenários improváveis e mantivermos nossa fé em ação. Acredite, se você tem uma palavra de Deus, persevere, e suas expectativas serão superadas! Qual cenário você vive hoje que parece ser improvável ter alguma esperança? Apresente este cenário a Deus e visualize você o vivendo como se já fosse uma realidade em sua vida.

Pai, que diante dos cenários mais improváveis de minha vida eu possa continuar confiando em Ti. Amém.

"Faze para ti uma arca da madeira de gofer; farás compartimentos na arca e a betumarás por dentro e por fora com betume."

Gênesis 6:14

ANOTAÇÕES

Conversa com Deus Pai

15 DEZ

SEMEIE BOAS SEMENTES, CULTIVE BONS FRUTOS

Pai, oro para me tornar frutífero em cada área da minha vida. Amém.

"Mas o fruto do Espírito é amor, alegria, paz, paciência, amabilidade, bondade, fidelidade, mansidão e domínio próprio. Contra essas coisas não há lei."

Gálatas 5:22-23

ANOTAÇÕES

Toda vez que uma história é contada, ela sofre influência do ambiente em que está sendo contada; a linguagem precisa estar adequada à realidade do ouvinte. Você já reparou que Jesus, ao contar as suas parábolas, utilizava exemplos do dia a dia do povo? O apóstolo Paulo age de igual modo ao nos ensinar sobre um fruto que é produzido em nosso interior pelo espírito de Deus. Alegria, paz, bondade, fidelidade, mansidão e domínio próprio são como sementes de um fruto visível e produzido pela mudança do nosso comportamento. Nossa natureza carnal sempre buscará satisfação pessoal, mas, para aqueles que decidem cultivar, andar, viver uma vida conduzida por Deus, poderão escolher de forma sábia e prudente como irão viver, qual fruto desejam cultivar em seu interior. Deus não deseja que seus filhos sejam robôs que apenas obedecem aos seus mandamentos; o que ele deseja é que possamos desfrutar com satisfação e alegria uma vida de amor, integridade, respeito e paz.

PEÇA A AJUDA DE DEUS

16
DEZ

Somos movidos a planos, decisões e metas. Seguimos em frente, tentados a carregar sozinhos o peso de nossos problemas, confiando apenas em nossa própria força e em nosso entendimento. No entanto, Provérbios 16:3 nos dá um conselho simples, mas transformador: consagrar ao Senhor tudo o que fazemos. Consagrar significa entregar, dedicar, confiar inteiramente a Deus. É uma atitude de colocar nossos desejos, sonhos e até nossas preocupações nas mãos Dele, reconhecendo que, sem Sua direção, nossos esforços podem ser em vão. Quando confiamos nossos planos a Deus, Ele nos guia no caminho certo. Isso não significa que tudo sairá exatamente como imaginamos, mas que os planos de Deus, que são sempre melhores que os nossos, serão estabelecidos em nossa vida. Este versículo nos lembra que o verdadeiro sucesso não vem apenas do esforço humano, mas da dependência de Deus. Quando colocamos nossos planos nas mãos do Senhor. Ele não só nos ajuda a realizá-los, como também ajusta nosso coração e nossos pensamentos para que estejamos alinhados com a Sua vontade. E a vontade de Deus para nós é sempre boa, perfeita e agradável. Hoje, reserve um tempo para consagrar seus planos ao Senhor. Seja uma meta de trabalho, seja um sonho que você guarda no coração ou uma situação que te preocupa, entregue tudo nas mãos de Deus e peça que Ele guie seus passos.

Pai, eu consagro tudo o que faço a Ti, pedindo que guies meus passos e me direciones de acordo com a Tua vontade. Amém.

"Consagre ao Senhor tudo o que você faz, e os seus planos serão bem-sucedidos."

Provérbios 16:3

ANOTAÇÕES

17 DEZ

PRATIQUE A PAZ

Pai, que eu seja instrumento de reconciliação, e que a Tua paz reine ao meu redor. Amém.

"Se for possível, quanto depender de vocês, vivam em paz com todos."

Romanos 12:18

ANOTAÇÕES

Palavras ditas sem cuidado, mal-entendidos ou diferenças de opinião podem criar tensões e distâncias. Quando esses conflitos ocorrem, é fácil se sentir frustrado, magoado ou até sem esperança. Mas a boa notícia é que com Deus há sempre um caminho para a reconciliação e a paz. Deus nos chama a ser pacificadores, aqueles que trazem cura em meio aos conflitos. Isso não significa que sempre será fácil, mas, com a ajuda do Espírito Santo, podemos encontrar maneiras de resolver conflitos com amor e sabedoria. Portanto, diante de um conflito, peça a Deus sabedoria, paciência e discernimento para lidar com a situação. Dedique-se a ouvir o outro, não apenas com o intuito de responder, mas de compreender o que o outro está sentindo. A empatia e o respeito podem abrir portas para a reconciliação. Perdoe com sinceridade e seja humilde. Às vezes, manter a paz exige que deixemos de lado o orgulho e sejamos os primeiros a tomar a iniciativa de resolver o conflito. Hoje, se você está enfrentando um conflito em sua família, leve essa situação diante de Deus. Peça Sua ajuda para ser um pacificador e para encontrar maneiras de restaurar a paz. Lembre-se de que, com Deus, sempre há esperança para a cura e a reconciliação.

A BÊNÇÃO DA AMIZADE VERDADEIRA

18 DEZ

A amizade é um dos grandes presentes que Deus nos dá. Amigos verdadeiros são como irmãos que escolhemos, pessoas que nos apoiam, nos encorajam e, às vezes, nos desafiam a crescer. Assim como o ferro afia o ferro, amigos verdadeiros nos ajudam a ser melhores, a trilhar o caminho da vida com mais sabedoria, graça e alegria. Amizades saudáveis são aquelas que nos aproximam de Deus e nos encorajam a viver de acordo com Seus princípios. Elas nos dão forças quando estamos fracos, nos confortam quando estamos tristes e nos ajudam a ver a beleza da vida, mesmo nos momentos mais difíceis. Um amigo de verdade é alguém que caminha ao nosso lado não apenas nos momentos de alegria, mas também nas tempestades. No entanto, amizades verdadeiras exigem tempo, cuidado e, acima de tudo, amor. Elas envolvem sacrifício e a disposição de ouvir, apoiar e, às vezes, corrigir com amor. Amigos não estão presentes apenas nos momentos bons, mas também para nos ajudar a crescer, nos mostrando quando estamos errados e nos inspirando a seguir o caminho certo. Hoje, reflita sobre suas amizades. Quem são as pessoas que Deus colocou em sua vida para te afiar, encorajar e fortalecer? Como você pode ser um amigo melhor? Valorize e cultive suas amizades com amor, reconhecendo que amigos verdadeiros são presentes de Deus que nos ajudam a crescer e a caminhar com fé!

> **Pai, dá-me sabedoria para ser uma presença amorosa e verdadeira na vida daqueles que me cercam. Amém.**

> *"Assim como o ferro afia o ferro, o homem afia o seu companheiro."*
>
> **Provérbios 27:17**

ANOTAÇÕES

_____
_____
_____
_____
_____
_____
_____
_____

Conversa com Deus Pai

19 DEZ

CUIDE DO TEMPO COM PRUDÊNCIA

Pai, que eu possa executar de modo organizado todos os projetos e sonhos que a mim tens confiado. Amém.

"Pois qual de vós, querendo edificar uma torre, não se assenta primeiro a fazer as contas dos gastos, para ver se tem com que a acabar?"

Lucas 14:28

ANOTAÇÕES

O material mais importante de uma construção se chama tempo! Muitas vezes, ao iniciarmos novos projetos de forma empolgada, não paramos para analisar o custo deles. Podemos ter uma palavra clara de Deus acerca de um novo projeto e ser abençoados por Ele para agir, mas, se não formos prudentes no planejamento, no levantamento de custos, no tempo que será necessário para a execução, é possível que o projeto morra antes mesmo de nascer. Deus se importa com os detalhes de toda construção. E a forma como lidamos com aquilo que Ele nos confia nos aprova ou reprova diante de tudo que Ele poderá nos confiar. Como administramos nosso tempo, nossas prioridades e a agenda em grau de importância e urgência para cada demanda a nossa frente revelará o progresso ou o fim do projeto. A unidade de medida tempo é a mesma para cada um de nós, porém o que nos diferencia é a forma como administramos o precioso tempo. Seja diligente e sábio com o tempo!

Amanda Veras

20 DEZ

VIVA UMA VIDA DE FÉ

A fé é um presente precioso de Deus, e o caminho para recebê-la está claramente descrito neste versículo de Romanos. Muitas vezes, ao enfrentar dificuldades, nos perguntamos: *Como posso fortalecer minha fé?* A resposta está aqui: a fé nasce e cresce quando ouvimos a Palavra de Cristo. Há algo de poderoso em ouvir a verdade de Deus. Quando nos expomos à Sua Palavra, seja lendo a Bíblia, seja ouvindo pregações ou refletindo sobre Suas promessas, o Espírito Santo trabalha em nosso coração, plantando sementes de fé. Com o tempo, essas sementes crescem, nos dando força para enfrentar os desafios da vida com confiança em Deus, sabendo que Ele está no controle. A fé não é algo que podemos produzir por nossa própria força de vontade. Não é um esforço de tentar acreditar mais ou de pensar positivamente. Em vez disso, a fé surge quando permitimos que a Palavra de Deus nos preencha, nos molde e transforme nossa maneira de ver o mundo. Ao ouvir a mensagem de Cristo, somos lembrados de Sua fidelidade, Seu amor incondicional e Suas promessas de estar conosco em todas as circunstâncias. Se hoje você sente que sua fé está fraca ou vacilante, lembre-se de que a solução não está em tentar mais, mas em se voltar à Palavra. É nela que a verdadeira fé se renova. Quanto mais ouvimos a voz de Deus por meio das Escrituras, mais nossa confiança Nele é fortalecida.

Pai, Tua Palavra me fortalece e me enche de fé. Amém.

"Consequentemente, a fé vem por se ouvir a mensagem, e a mensagem é ouvida mediante a palavra de Cristo."

Romanos 10:17

ANOTAÇÕES

Conversa com Deus Pai

21 DEZ

A MISERICÓRDIA DE DEUS

Pai, eu Te agradeço por Tua misericórdia em minha vida. Amém.

"Jesus, porém, não permitiu e disse: 'Volte para sua casa e para sua família e conte-lhes tudo o que o Senhor fez por você e como ele foi misericordioso'."

Marcos 5:19

ANOTAÇÕES

Jesus nos lembra de algo profundo e poderoso: nosso testemunho tem um impacto imenso sobre aqueles ao nosso redor. A transformação que experimentamos quando encontramos a misericórdia e o amor de Deus não deve ser mantida em segredo. Em vez disso, somos chamados a compartilhar com os outros as maravilhas que o Senhor realizou em nossa vida. Muitas vezes, pensamos que para servir a Deus precisamos de grandes gestos ou estar em lugares distantes, mas Jesus nos mostra que nossa missão está em nossa própria casa, entre aqueles que nos conhecem melhor. Eles veem a mudança em nós, e nosso testemunho pessoal do poder de Deus pode trazer luz, esperança e cura para a vida deles. Não precisamos ser especialistas ou ter respostas para todas as perguntas. Basta contarmos o que Deus fez por nós, como Ele nos resgatou, como Sua graça nos alcançou. O simples fato de compartilhar o que experimentamos pode tocar vidas de maneiras que não imaginamos. Hoje, encontre oportunidades de contar aos outros o que Deus tem feito por você. Mesmo nas situações mais simples, seu testemunho pode impactar vidas e trazer pessoas para mais perto de Cristo!

UM CONVITE À CONFIANÇA

22 DEZ

Em uma sociedade que valoriza poder, força e sabedoria humana, Deus inverte esses valores, escolhendo usar os que são considerados fracos e insignificantes para revelar Sua glória. Esse versículo faz parte de uma mensagem maior que o apóstolo Paulo transmite aos coríntios, mostrando que a sabedoria de Deus não se manifesta da maneira que o mundo espera. Paulo nos lembra que Deus opera de maneira diferente do que esperamos. Ele não procura os mais fortes, poderosos ou influentes para cumprir Seus propósitos. Em vez disso, Deus escolhe os fracos, aqueles que o mundo despreza, para mostrar que a verdadeira força vem Dele. Muitas vezes, nos sentimos insuficientes ou incapazes diante dos desafios da vida. No entanto, este versículo traz conforto: não é nossa força ou habilidade que importa, mas, sim, o poder de Deus agindo através de nós. Quando somos fracos, Deus é forte em nós. Ele nos chama a confiar Nele, não em nossas capacidades. Deus nos escolhe do jeito que somos: com nossas limitações, fraquezas e imperfeições. Quando confiamos em Deus, Ele transforma nossas fraquezas em uma oportunidade para revelar Sua glória ao mundo. Não importa o quão inadequado você se sinta, Deus é capaz de transformar sua vida e usá-lo para Sua glória.

Pai, eu Te agradeço porque, mesmo em minha fraqueza, Tu és forte. Amém.

"Mas Deus escolheu as coisas loucas do mundo para envergonhar os sábios, e escolheu as coisas fracas do mundo para envergonhar as fortes."

1 Coríntios 1:27

ANOTAÇÕES

23 DEZ

A CORAGEM DIANTE DE DEUS

Pai, que minhas ações reflitam o Teu amor e a Tua justiça. Amém.

"As parteiras, porém, temeram a Deus e não fizeram o que o rei do Egito lhes tinha ordenado; deixaram os meninos com vida."

Êxodo 1:17

ANOTAÇÕES

A história das parteiras no Egito é uma lição poderosa sobre obediência a Deus e coragem moral. Elas estavam diante de uma ordem impiedosa do faraó para destruir vidas inocentes, mas, em vez de ceder, escolheram agir com reverência a Deus e preservar a vida. Esse ato de desobediência ao poder humano em favor de uma obediência superior nos mostra o valor imenso que Deus dá à integridade e à coragem. Em nossa realidade, essa história ecoa profundamente, nos lembrando que a verdadeira grandeza não está em seguir os comandos humanos, mas em seguir a direção de Deus, mesmo quando ninguém mais está olhando. A coragem dessas mulheres não é apenas admirável, é reflexo da fé que confia no plano de Deus para o bem. Elas sabiam que, acima de qualquer autoridade terrena, estava o comando de um Deus que valoriza a vida. O que as parteiras nos ensinam é que, diante de qualquer cenário, nossa decisão de honrar a Deus sempre será a escolha mais segura e poderosa. Quando agimos com base no respeito e no amor a Deus, nos tornamos instrumentos de Sua vontade, capazes de trazer vida e transformação para os que estão ao nosso redor. Que o exemplo das parteiras em Êxodo te inspire a sempre seguir o caminho que honra a Deus, sabendo que cada escolha de fé é uma oportunidade para trazer vida e transformação ao mundo ao seu redor!

Amanda Veras

PACIÊNCIA NO DESERTO

24 DEZ

A jornada do povo de Israel pelo deserto foi marcada por muitos desafios. Eles haviam recebido promessas de Deus, mas a realidade do caminho, árido, difícil e longo, começou a pesar sobre eles. O versículo nos mostra que, mesmo caminhando sob a orientação divina, o povo se tornou impaciente. Eles haviam sido libertados da escravidão, mas o deserto parecia interminável, e a terra prometida parecia distante. Pense! Quantas vezes, em nossa vida, passamos por "desertos" que parecem não ter fim? Mesmo sabendo que Deus está conosco, é fácil perder a paciência quando a estrada é difícil e a promessa ainda está longe. A mensagem de Deus é clara: mesmo na dificuldade, Ele continua sendo fiel. Ele não nos prometeu uma jornada sem desafios, mas prometeu estar conosco em cada passo. Quando nos impacientamos, é importante lembrar que o deserto também faz parte da jornada. Muitas vezes, é no deserto que Deus nos molda, nos fortalece e nos ensina a confiar mais profundamente Nele. Acredite em Deus, mesmo diante de todas as dificuldades. Seja paciente, pois esse é um exercício de fé que temos de fazer todos os dias, em todas as ocasiões. Deus sempre nos renova e nos dá a força necessária para continuar.

Pai, dá-me a paciência e a fé para continuar crendo que Tua promessa se cumprirá. Amém.

"Partiram do monte Hor pelo caminho do mar Vermelho, contornando a terra de Edom. Mas o povo impacientou-se no caminho."

Números 21:4

ANOTAÇÕES

_____

_____

_____

_____

_____

_____

_____

_____

Conversa com Deus Pai

25 DEZ

SÓ AVANCE SE DEUS FOR COM VOCÊ!

Pai, desejo a Tua presença de forma constante em minha vida, para que eu não vá a lugar algum se o Senhor não for comigo. Amém.

"Se a tua presença não for comigo, não nos faças sair deste lugar."

Êxodo 33:15 (NAA)

ANOTAÇÕES

Existem pessoas cuja presença contagia e perfuma o ambiente; porém existem aquelas cuja presença polui o ar e traz grande desconforto onde estão presentes. Clamar a Deus por Sua presença fará toda a diferença na caminhada. Grandes homens e mulheres não alcançaram o seu destino porque em algum momento da vida perderam a presença divina. Deus é quem alinha o nosso coração, é quem retira todo lixo emocional e nos faz enxergar ao outro com misericórdia e compaixão. Conta a história que Israel teve um grande rei chamado Saul e que, ao perder a presença de Deus em sua vida, seu reinado foi marcado por ira, inveja e derrota. A presença do Pai purifica, traz justiça, e a vitória que favorece a todos, não somente uma pessoa. A presença de Deus faz toda a diferença. E para que você seja diferente e faça a diferença por onde andar, é preciso estar cheio da presença de Deus, pois ela nos dá prudência, sabedoria e discernimento para fazer as escolhas corretas, além de nos permitir alcançar o destino de forma leve e prazerosa. Cultive a presença de Deus em sua vida, em sua sua casa e em sua família.

A ESPERANÇA QUE RESIDE EM NÓS

26 DEZ

Esse versículo nos chama para algo muito precioso e desafiador: sermos portadores de esperança. Pedro nos exorta a santificar Cristo como Senhor em nosso coração. Isso significa colocá-lo no centro de nossa vida, permitindo que Ele guie nossos pensamentos, atitudes e reações. Quando Cristo ocupa esse lugar central, nossa esperança não se baseia nas circunstâncias, mas em quem Ele é: o Salvador fiel, que tem um plano maior para nós. Ao vivermos com essa esperança, é natural que as pessoas ao nosso redor percebam algo diferente. Talvez elas estejam enfrentando crises, desafios ou dificuldades, e nossa postura de confiança em Deus pode ser uma luz para elas. É por isso que Pedro nos instrui a estarmos sempre preparados para dar uma resposta. Ele não fala de debates ou argumentos, mas de compartilhar, com mansidão e respeito, a razão da nossa esperança. Essa esperança que temos em Cristo não é arrogante, mas humilde. Ela nos leva a caminhar com compaixão, reconhecendo que todos enfrentam batalhas, e que o amor de Deus pode transformar qualquer situação. Ao compartilhar a razão da nossa esperança, somos chamados a refletir a graça de Cristo: sempre com respeito, paciência e amor. Que hoje você encontre a oportunidade de compartilhar a esperança que há em você, sendo um reflexo da graça de Cristo, com mansidão e amor, em todas as suas conversas e encontros.

Pai, ajuda-me a viver de maneira que a Tua esperança brilhe em mim. Amém.

"Antes, santifiquem Cristo como Senhor em seu coração. Estejam sempre preparados para responder a qualquer pessoa que lhes pedir a razão da esperança que há em vocês. Contudo, façam isso com mansidão e respeito."

1 Pedro 3:15

ANOTAÇÕES

Conversa com Deus Pai

27 DEZ

A RENOVAÇÃO DO ESPÍRITO

Pai, que meu coração e meu espírito sejam restaurados pela Tua graça. Amém.

> *"Cria em mim um coração puro, ó Deus, e renova dentro de mim um espírito estável."*
>
> **Salmos 51:10**

ANOTAÇÕES

Após enfrentar suas próprias falhas e pecados, Davi se volta a Deus com um pedido profundo: ele deseja um coração puro, livre de impurezas e pecados, e um espírito renovado e firme diante do Senhor. Este versículo faz parte de uma das orações mais sinceras e poderosas da Bíblia, o Salmo 51, onde Davi clama a Deus por perdão e restauração. Esse clamor de Davi é algo que ressoa em cada um de nós. Todos passamos por momentos em que reconhecemos nossas falhas e precisamos de renovação. O desejo de um coração puro não é apenas de não pecar, mas de ter um coração sincero diante de Deus, buscando viver em comunhão com Ele, sem máscaras ou barreiras. O pedido por um "espírito estável" nos lembra que, além da pureza, precisamos de firmeza em nossa caminhada. Davi entendia que, por si só, ele era frágil, e que somente Deus poderia sustentar seu espírito e torná-lo forte para resistir às tentações e viver de maneira íntegra. Quando oramos como Davi, pedindo a Deus que crie em nós um coração puro e renove nosso espírito, estamos nos colocando nas mãos do Oleiro, permitindo que Ele nos molde conforme Sua vontade. É uma oração de humildade e rendição, confiando que Deus é o único capaz de transformar nosso interior. Hoje, permita que Deus molde sua vida de acordo com a Sua vontade e Sua graça.

RECONCILIANDO-SE EM AMOR

28 DEZ

No Sermão da Montanha, Jesus nos ensina sobre a importância de reconciliação e resolução de conflitos antes que eles se agravem. O conselho de "entrar em acordo sem demora" nos lembra da necessidade de buscar a paz com os outros, em vez de deixar que disputas se prolonguem e nos prejudiquem espiritualmente e emocionalmente. Jesus nos ensina que não devemos esperar até que as situações se tornem irreversíveis, como ilustrado pela possibilidade de ser levado a julgamento e, eventualmente, à prisão. Em vez disso, Ele nos convida a praticar a reconciliação ativa: não por medo de consequências legais, mas porque isso reflete o coração do evangelho: perdão, humildade e amor. Resolver conflitos com rapidez e sinceridade é um caminho para a paz e para a restauração de relacionamentos quebrados. À medida que caminhamos nesta jornada da vida, a reconciliação nos liberta de amarguras e ressentimentos. Esta é a melhor maneira de viver em paz, sempre refletindo o amor de Deus em nossos relacionamentos.

Pai, guia-me no caminho da paz e do entendimento. Amém.

"Entre em acordo sem demora com o seu adversário, enquanto você está com ele a caminho, para que o adversário não o entregue ao juiz, o juiz o entregue ao guarda, e você seja jogado na prisão."

Mateus 5:25

ANOTAÇÕES

_____
_____
_____
_____
_____
_____
_____
_____
_____

29 DEZ

O AMOR QUE UNE PERFEITAMENTE

Pai, ajuda-me a entender que o amor é o elo que une todas as virtudes, e que sem ele minhas ações perdem o verdadeiro valor. Amém.

"Acima de tudo, porém, revistam-se do amor, que é o elo perfeito."

Colossenses 3:14

ANOTAÇÕES

Neste versículo, Paulo nos lembra que o amor é o alicerce de todas as outras virtudes cristãs. Ele nos chama a "revestir" nossa vida com o amor, pois é ele que une todas as outras qualidades, como bondade, humildade, mansidão e paciência. O amor é o elo que mantém essas virtudes em equilíbrio e as torna completas. Sem amor, as boas ações podem ser vazias ou motivadas por razões egoístas, mas, com amor, tudo o que fazemos se torna significativo e verdadeiro. Paulo está falando de um amor que vai além do sentimento; ele se refere a um compromisso diário de agir em favor dos outros, colocando seus interesses e necessidades à frente dos nossos. Esse tipo de amor reflete o caráter de Cristo e é o que une os cristãos em perfeita harmonia. O amor é o que dá coesão ao nosso comportamento e nos leva a viver em paz uns com os outros. Assim como nos vestimos com roupas todos os dias, somos chamados a nos revestir desse amor em todos os aspectos de nossa vida: seja em casa, seja no trabalho ou na comunidade. O amor de Deus que habita em nós é o que faz a diferença em como nos relacionamos com os outros.

Amanda Veras

ACALME-SE E CONFIE EM DEUS

30 DEZ

Ser tentado a resolver tudo com nossas próprias forças, nos esquecendo de que Deus é soberano e está no controle de todas as coisas... Todos os dias queremos partir para o embate na força. O convite de Deus em Salmos 46:10 é claro: pare de lutar, acalme seu coração e reconheça que Ele é Deus. "Parar de lutar" significa interromper o esforço incansável e a ansiedade que nos consome. Isso não é um chamado à passividade, mas à confiança plena em Deus, que está sempre trabalhando em nosso favor. Ao reconhecermos que Ele é Deus, somos lembrados de que, independentemente das circunstâncias, Ele é exaltado e Seu propósito prevalecerá. Essa confiança nos dá a paz de que precisamos em meio às adversidades. É um lembrete de que não precisamos carregar todo o peso das preocupações, pois Deus está conosco. Ele é nossa fortaleza, nossa segurança, e podemos descansar no Seu poder e soberania. Que hoje você encontre paz ao parar de lutar com as próprias forças, confiando que Deus, em Sua soberania, está guiando cada parte da sua vida.

Pai, ajuda-me a acalmar meu coração e confiar plenamente em Ti. Amém.

"Parem de lutar! Saibam que eu sou Deus! Serei exaltado entre as nações, serei exaltado na terra."

Salmos 46:10

ANOTAÇÕES

31 DEZ

COM QUEM VOCÊ ESTÁ HOJE?

Pai, alegro-me por este dia de modo especial, pois reconheço a grandeza e o presente que é viver. Amém.

"Este é o dia que o Senhor fez; nele nos alegraremos e exultaremos."

Salmos 118:24

ANOTAÇÕES

Cada dia é uma oportunidade de viver na presença de Deus. Ao nos alegrarmos Nele, descobrimos o valor de cada momento e a beleza das Suas promessas. A alegria verdadeira não depende das circunstâncias, mas da nossa fé no Deus que nos sustenta. Quando escolhemos começar o dia com gratidão, nossa perspectiva muda, e vemos o mundo com olhos de esperança e confiança. Hoje, decida começar o dia agradecendo e entregando cada momento ao Senhor. Lembre-se de que Ele é fiel e que, ao confiar Nele, encontramos motivos para celebrar, mesmo nas pequenas coisas. Portanto, aprenda a se alegrar sem se importar com os olhares em sua direção, simplesmente porque se é grato pelo presente diário que se chama hoje, que se chama vida. Abra os braços e sorria, celebre. Este dia está registrado na sua história de maneira única. Como você deixará sua marca e seu registro nele? Ontem ficou para trás, já não nos pertence mais, porém hoje nos convida a uma celebração que vai além de uma simples alegria, porque, quando temos a capacidade de reconhecer tamanha dádiva divina que é a vida, temos motivos suficientes para agradecer pelo ar que respiramos, pelos desafios à nossa frente, pela família que temos e até mesmo por aquilo ou por quem perdemos.